EXPLORATIONS
LA LITTÉRATURE DU MONDE FRANÇAIS

Second Edition

Susan Schunk
University of Akron

Janet Waisbrot
University of Akron

Heinle & Heinle Publishers, Inc.
A Division of Wadsworth, Inc.
Boston, Massachusetts 02116

Publisher: Stanley J. Galek
Editorial Director: E. Kristina Baer
Developmental Editor: Christopher Foley
Senior Assistant Editor: Petra Hausberger
Production Supervisor: Patricia Jalbert
Manufacturing and Production Manager: Erek Smith
Project Management: Editing, Design & Production
Cover Art and Design: Karyl Klopp
Illustrator: Patricia Olstad
Art Director: Len Shalansky

PHOTO CREDITS

Canapress Photo Service, photos of Yves Thériault (Chapter 4) and Félix Leclerc (Chapter 6).
Editions Leméac, photo of Michel Tremblay (Chapter 17).
Emmanuel Roblès, photo of Emmanuel Roblès (Chapter 14).
French Cultural Services, photos of André Maurois (Chapter 2), Gabrielle Colette (Chapter 5), Michelle Maurois (Chapter 8), Georges Simenon (Chapter 9), René Goscinny and Jean-Jacques Sempé (Chapter 12), Joseph Kessel (Chapter 13), Gilbert Cesbron (Chapter 18).
Marie-José Thériault, photo of Marie-José Thériault (Chapter 3).
Robert D. Cesare, portraits of Guy de Maupassant (Chapter 10) and Alphonse Daudet (Chapter 11) from which photos were made.

Heinle & Heinle Publishers is a division of Wadsworth, Inc.

Manufactured in the United States of America

ISBN 0-8384-1945-3

10 9 8 7 6 5 4 3 2 1

TABLE DES MATIÈRES

FOREWORD

Explorations: La Littérature du monde français welcomes the intermediate-level student to the world of French literature. The second edition continues to stress reading skill development and places an even stronger emphasis on reading strategies than did the first edition. Although the basic concept of the second edition remains the same as that of the first, all aspects of the text have been carefully reevaluated. Prereading exercises have been completely revised, new selections have been added, some stories have been more logically positioned, and postreading exercises have been condensed.

The text is suitable for use in the second year of college or the third or fourth year of high school. It can be used alone in a one-semester reading course or in combination with other intermediate materials (grammar and/or culture) to constitute a full-year sequence.

We have selected a wide variety of readings in contemporary language (19th and 20th centuries), all complete and unabridged. There are short stories, poems, and a play—from French, French Canadian, and African authors. These selections offer variety in subject, tone, and level of difficulty. We feel that, at the intermediate level, appealing to students' intellectual sophistication rather than to their relatively modest linguistic ability in French enhances their motivation to read and discuss literature. Through a variety of carefully planned pre- and postreading activities, each selection has been made accessible to the intermediate-level student. Active use of spoken French can be stressed through the conversational possibilities suggested in the chapter exercises. Classroom testing has revealed that students find the readings highly interesting and that they consider their efforts to understand the selections extremely worthwhile.

Goals Because of the heterogeneous nature of most intermediate French classes in terms of backgrounds, learning styles, academic goals, and personal attitudes, this text has been designed to offer a flexible approach to meeting both instructor and student goals, needs, and interests.

Making the transition from courses that emphasize oral proficiency, grammar, vocabulary acquisition, and elementary reading skills to courses that focus on reading comprehension and discussion is often difficult for students. **Explorations** eases the transition into a literary world by helping students develop the skills, preparation, and confidence that they will need to enter advanced literature courses. Upon completion of this text, students will be pleasantly surprised at the level their reading abilities have reached. We hope they will be inspired to continue their excursion into *"le monde de la littérature française"* on their own or in a higher-level literature course.

Not all students reach the same level of proficiency in all areas, nor should they be expected to do so. Not all instructors will wish to stress all of the goals listed below. Once you have given careful consideration to the following goals, choose those that best suit your own teaching style and the needs of your students.

1. To help students develop their ability to read efficiently and with understanding. Chapters 1 and 2 offer a variety of reading strategies and suggestions that are progressively reinforced throughout the book.
2. To diminish the frustration many students encounter when they are faced with an overwhelming amount of new vocabulary in literary readings. By working with **mots apparentés, familles de mots,** and reading new words in context, and by applying their knowledge of basic French grammar, students can learn to use what they already know to help them approach new material.
3. To stress vocabulary acquisition through appropriate comprehension and vocabulary exercises.
4. To emphasize the importance of understanding and appreciating the cultural and historical setting of the reading as well as the style and language used by the author.
5. To promote students' ability to express themselves through paraphrasing.
6. To encourage and stimulate discussion and conversation about the reading through a variety of suggested topics and activities.
7. To guide students in developing an appreciation of the authors and selections by encouraging them to analyze characters and plots and to react personally to what they have read.
8. To maintain student interest by providing the intellectual stimulation necessary for a pleasurable and rewarding learning experience.

Organization and features

The book is divided into several parts. Part I consists of Chapters 1–7 followed by an *Entracte.* Part II consists of Chapters 8–14 followed by an *Entracte,* and Part III contains Chapters 15–18. There are appendices on the *passé simple* and negative constructions as well as a French–English *lexique.*

Five new reading selections have been added to the second edition to provide more flexibility, variety, and choice. Several of the short stories have been repositioned into a more logical sequence. Exercises have been diversified, streamlined, expanded, added, or deleted in order to meet more effectively the special needs students may have as they work with each selection.

Part I (Chapters 1–2)

Chapter 1 has been completely revised and expanded. It outlines some of the positive approaches and techniques that can help students read efficiently in French. It also warns against common pitfalls. It guides the students toward developing their own techniques and encourages them as they begin the first story. Other special features found in the second edition include:

- A step-by-step procedure for approaching each new reading selection
- New exercises specially designed to help students understand how to apply efficienct reading strategies
- Expanded and more explicit information about cognates, word families, and reading new words in context
- Lists of function words and useful literary terms

- A one-page story that brings into play all of the reading strategies discussed in the chapter, enabling the students to gain needed practice with global reading skills. This initial practice reading is accompanied by a few short, simple exercises that verify whether or not the students have understood the gist of the selection.

Chapter 2 acquaints the students with the format of most of the chapters in the text. It contains the first story, a short one, and it continues to help the students put the reading strategies presented in Chapter 1 into practice. The most difficult paragraph of the story is presented in the prereading **Lisez et Réfléchissez** exercise. A guided presentation which uses a mixture of French and English without actually translating any words, shows students how to determine meaning without recourse to the dictionary. Possible answers to all of the comprehension exercises are provided at the end of this chapter only. By studying these answers after they have prepared their own, the students can learn what is expected in terms of preparation for class. Furthermore, they can begin to see the value of paraphrasing—one of the skills they will practice throughout the text.

Part I (Chapters 3–7)

Chapters 3–7 each begin with *Préparation à la Lecture.* The **Pratique** exercises in this section reinforce the reading suggestions provided in Chapters 1 and 2. The **Lisez et Réfléchissez** exercises, one of the special features of **Pratique,** provide hints that show students how context facilitates understanding. English hints are gradually replaced by hints given in French. By Chapter 5, students are expected to come up with "hints" on their own. The instructor may wish to go over the **Pratique** sections of the early chapters with the students. Once students have grasped the importance of using varied techniques for determining word meaning, the prereading exercises can be assigned as out-of-class preparation. We recommend that Chapters 1–5 be read in order because of the gradual progression of reading assistance that the text provides.

Entracte

The *Entracte* is offered as an intermission. Several poems are included to show variety of subject and style, to introduce poetry as a source of pleasure, and to provide diversity to the text. Instructors can do as much or as little as they wish with this chapter. Questions are provided with each poem, as are biographies of the poets. Since the biographies are brief, they are in French. No attempt is made to treat this chapter as a study of poetry as a genre.

Part II (Chapters 8–14)

Six out of the seven readings in Part II are more difficult in terms of vocabulary and structure than the selections of Part I. The comprehension exercises gradually become more demanding. Since the students have begun to develop more efficient reading practices, less emphasis is placed on determining the meaning of unknown vocabulary and more emphasis is placed on vocabulary acquisition. Chapter 12, an easier reading, is positioned intentionally in this section of the text to provide a change of tone and pace.

Entracte

The second *Entracte* offers an additional choice of poetry, presented in the same manner as it is in the first *Entracte*. The two poems by African writers have proven to be an excellent stimulus for discussion.

Part III
(Chapters 15–18)

The stories included here are purposefully easier than those in the preceding section. The students should be surprised and pleased at the facility with which they will be able to read these chapters. The first two selections are by authors who were introduced earlier in the book. Therefore, the students will be familiar with the style, language, background, and author before they begin. These selections provide a rarely offered opportunity to read and discuss a second story by the same author. These specific authors were chosen because classroom testing has shown that they have a high interest appeal.

In order to prepare the students for the "real world" of reading in French, the last two chapters contain readings by authors new to the students. Brief biographies similar to those on a book jacket are provided.

Even though the selections in Part III will appear to the instructor to be easier to read than some of the previous ones, students are now completely on their own. There are no prereading exercises, no glosses, and no **Vrai/faux** or **Résumé** exercises. Only brief introductions, global content questions, and discussion topics are provided. The chapters in Part III can be assigned as out-of-class preparation to determine how well the students can do without guidance, or they can be worked with in class.

Chapter
organization

The chapters vary in format, since both the format and the exercises have been specially tailored to the reading selection. In general, each chapter includes:

- *Biographical information about the author (in English)*. This information is included as background. Instructors may do as much or as little as they wish with this material.
- *Préparation à la Lecture*
  Background information (in English). This material may be of an historical, a cultural, or a linguistic nature. It is provided to set the scene for the story or play. Again, the instructor may wish to work with it in class or assign it as preparation for the class discussion of the reading.
  Pratique (Prereading exercises in French). This section includes one or more of the following exercises:
  Mots Apparentés, Familles de Mots, Lisez et Réfléchissez (reading new words in context), **Vocabulaire Utile** + exercise (when appropriate)

The prereading **Pratique** exercises have been completely revised and expanded. Each of the above exercises is treated in a different manner in each chapter in order to provide variety. Not only are the new exercises more challenging than those found in the first edition, but also they reinforce more effectively the reading strategies presented in Chapter 1.

Etablissons les faits! (in French). This section has also been completely revised. It has now been expanded to three parts in order to provide more explicit guidance to the user.

Expérience Personnelle enables students to focus their thoughts on the topic of the reading in a general way, so that they may approach it from a logical frame of reference. Prior to reading the selection, the students discuss a few general questions by drawing on their personal experience and knowledge.

Le Titre et l'Illustration, included only in the early chapters, emphasizes the importance of predicting content from the title and illustrations. A few questions point out to the students how much information they can frequently glean from these two sources before they even begin to read.

Vue Panoramique includes a few broad questions based on general story content. The questions in this section set the scene and help the students understand the overall framework of the story. The students should study these questions before they read the selection in order to know what information to look for. They should then read the selection without using the dictionary. At this point, students should seek to understand only the gist of the reading. After an initial, global reading, they should be able to respond briefly to the **Vue Panoramique** questions. Equipped with the basic story line and more confident that they are on the right track, the students are then ready to fill in facts and details by reading the story a second time before attempting the postreading exercises.

Introduction au conte (in French). Many chapters include an introduction. These introductions may contain cultural information, language information, or hints on how to approach the selection.

- *The reading selection, with footnotes and marginal glosses.*
- *Exercices de Compréhension* (postreading exercises). These exercises are graded in difficulty. The **Vrai/faux, Résumé,** and **Questions de compréhension** exercises provide the repetition and reinforcement of vocabulary and structures that are a necessary component of language learning. Each exercise is different and challenging in itself while reinforcing and building upon the others.

The **Vrai/faux** and **Résumé** exercises check comprehension of facts. The **Questions de compréhension** not only deal with facts but also require inference and interpretation. In the second edition, the number of items in each of these exercises has been reduced in order to make them more manageable and to reduce some of the repetition.

We recommend that all three exercises be assigned for at least the first few chapters. Once the students realize how the **Vrai/faux** and **Résumé** exercises can help them prepare for the class discussion of the **Questions de compréhension** and the **Réactions orales ou écrites,** the first two can be assigned for self-study if the instructor so desires. The *passé simple* is avoided in all exercises. We encourage our students to use the more conversational *passé composé.*

Vrai/faux. In most cases, students are asked to correct the false statements. The exercise checks comprehension but makes only minimal demands on speaking ability.

Résumé. There are many kinds of résumé exercises—word clues, phrase clues, illustrations to describe, multiple choice questions, etc. In most cases, the exercise guides students to summarize the story by using their own linguistic structures.

Questions de compréhension. Provided with the information, vocabulary, and simpler structures of the **Vrai/faux** and **Résumé** exercises, the students are now ready to formulate their own answers to the more challenging content questions.

Réactions orales ou écrites. Various topics are provided to encourage the students to react to, develop, interpret, explain, and discuss what they have read. Some topics, though content-based **(synthèse du texte),** challenge the students to view the reading as a whole in order to synthesize information needed to discuss a specific aspect of the story. Other topics **(Réaction Personnelle),** requiring more personal reactions and interpretations, challenge the students to be creative. This variety attempts to satisfy the broad range of needs, levels, and interests of an intermediate class.

- *Glosses.* All glosses refer to the meaning of the word or phrase as it is used in the story, play, or poem. Glosses are in French where possible, but if a French word or phrase would only confuse the student further, an English gloss is used. Some words are purposefully not glossed in order to encourage the students to read new words in context. The *passé simple* is avoided in glosses. Any English glosses are italicized to differentiate them from the French glosses. All glosses have been carefully reviewed for the second edition, and additions, replacements, and deletions have been made.
- *Footnotes.* Footnotes (in French whenever possible) provide various kinds of explanations, such as cultural information, a change of word order to aid understanding, a paraphrase of a difficult sentence, a grammatical explanation or clue, or a question to cause the students to search for meaning on their own. All footnotes have been reevaluated and updated for this edition.

Acknowledgments

The authors would like to thank the following individuals who helped in the preparation of this text. We are especially indebted to Monique M.C. Périssé-Zavinski, for her meticulous proofing and editing of the original manuscript, and for her unflagging interest in and enthusiasm for our text; Dr. James Davis who contributed suggestions for this second edition; Stanley J. Galek, Vice President and Publisher of Heinle & Heinle Publishers for his continuing confidence in our project; Christopher Foley, Developmental Editor, Petra Hausberger, Project Manager, and Patricia Jalbert, Production Supervisor, for their help; and finally, our husbands, Sam and Dick, and Susan's son Andrew, for their moral support, patience, help, and love.

We should also like to acknowledge Dr. Boris Blick, Mme Claude Boucton, Dr. Claude Meade, Dr. Walter Meiden, and Dr. Isaac Yetiv for their assistance in contacting authors, and for verifying certain historical and cultural information for the first edition of *Explorations.*

Susan J. Schunk and Janet W. Waisbrot

PART I

EACH of the chapters in this section is divided into four parts: biographical information about the author of the selection; prereading exercises, pertinent cultural information, and a variety of reading hints; the reading itself, accompanied by glosses and footnotes; and comprehension exercises and activities. Chapter 1 will familiarize you with reading strategies that can help you develop a productive and efficient approach to reading in French. In subsequent chapters, the prereading exercises will reinforce these strategies, so that eventually you will be able to use them on your own without guidance. For example, you are encouraged to watch for cognates and word families, to determine the meaning of unknown vocabulary by using the context in which it is found, to learn useful vocabulary before reading the selection, and to approach the reading from a logical perspective by considering its general topic before you begin. In the early chapters, hints (given at first in English and later in French) will show you, by example, how you can apply these reading techniques.

It is extremely important to study the prereading material before you begin each new selection. It is equally important to make a conscious effort to apply the strategies as you read. By doing so, you will acquire efficient and effective reading habits that will greatly increase your comprehension and your enjoyment of reading in French.

Chapter 2 demonstrates the comprehension and interpretation exercises used in the text, with suggestions for how to prepare them. As you progress through Part I, remember that the information in Chapters 1 and 2 is readily available for your reference.

1

THE FIRST STEP . . .
READING STRATEGIES

THE FIRST STEP . . . DEVELOP AN EFFICIENT APPROACH

Reading is one of the greatest sources of learning, pleasure, and relaxation known to mankind. You probably now enjoy reading in English without any conscious strain. Throughout your past, you have been exposed to a variety of writing styles, innumerable new words, and many exciting reading discoveries. A composite knowledge of your native language, drawn from the total of your life and learning experiences, has enabled you to grow in your ability to understand the written word. Each individual brings a somewhat different composite knowledge, or background, to the study of a foreign language. This knowledge, as well as some of the skills you use while reading in your native language, can also be an asset to your reading in French. Research has shown, however, that native language reading skills do not automatically transfer to a foreign language. There are several reasons for this. Your grasp of structure and grammar is not nearly as sophisticated in a foreign language as it is in English. Your vocabulary base is much smaller in French. The cultural context of the readings is different, and you, as an American, view both the language and the content from your own cultural perspective. Since all of these reasons combine to make reading in French more difficult from the outset, it is important for you to learn to recognize those native language reading skills that can help you and to allow them to work for you as you read in French. This is, in part, the purpose of this chapter.

Of the four foreign language learning skills (listening, speaking, reading, and writing), it has been determined that reading is the skill that endures the longest and that has the greatest likelihood of being used and appreciated throughout one's lifetime. Your approach to developing this skill will differ somewhat from that used in prior foreign language courses, where your efforts were concentrated primarily on speaking, grammar, and vocabulary acquisition. The knowledge you have gained from those courses has, along with your own native language experience, formed an important foundation for the development of your ability to read in French. Once again, allow this foundation to work for you as you embark upon a new aspect of foreign language learning.

Just as it took time and effort to learn to read English, it will also take time and effort to learn to read French. There is no magic answer, no single method, no enchanted key that will open the door to an immediate, one-hundred-percent comprehension of written French. There are, however, many helpful suggestions that, if consistently applied, will eventually make your reading more efficient. By developing appropriate techniques at the outset, by allowing what you know to help you with what you do not know, and by striving to maintain a positive attitude, you will become far less frustrated by your efforts. Your rewards in terms of learning and pleasure will begin to match your expectations.

This chapter points out some of the positive approaches and techniques that can help you to read efficiently in French. It also warns against common pitfalls. Read the material carefully. As you progress in your reading of French, you will discover that some strategies may be more helpful to you than others. You are, after all, an individual with your own unique combination of interests, abilities, acquired knowledge, needs, and ambitions. What you consider interesting, another student may find dull; what you find easy, another may consider difficult. Each student may approach and react to a reading selection in a different manner. Develop your own approach, using those suggestions that suit you personally. Be aware of the various techniques that can help you to accomplish your goal. Be patient with yourself. Learn to develop a certain tolerance for your mistakes and a willingness to make intelligent assumptions as you read. Developing skill in reading is a constant process of learning, forgetting, relearning, and forgetting less, until you finally reach the level of comprehension that you now enjoy in your native language.

Practices to avoid

The following list contains some of the less efficient tactics employed by many students as they begin to read in a foreign language. Many of them are natural first reactions and seem to be quick solutions to the problem of decoding the unknown elements of the text you are trying to understand. For this reason, it is difficult to steer clear of them at all times, and you will probably have to make a concerted effort to replace them with strategies that are more productive in the long run.

1. **TRY TO AVOID TRANSLATING WORD FOR WORD INTO ENGLISH.**
   In most cases, your instructor is not asking for an exact translation, but for general comprehension.

2. **DO NOT WRITE THE ENGLISH WORD ABOVE THE FRENCH WORD IN THE TEXT.**
   When you reread, your eye will immediately register only the English word, and you will probably resort to looking up the same French word again and again.

3. **DO NOT TREAT UNKNOWN WORDS AS ISOLATED UNITS OF MEANING.**
   These unknown words form part of a complete thought, and they relate to the words, sentences, and paragraphs in which they are found.

4. **AVOID IMMEDIATE AND CONSTANT RECOURSE TO THE DICTIONARY.**
   There will be too many new words to look up. It is more important to understand the general meaning being conveyed than to remember all of the new vocabulary.

5. **READ EACH SELECTION SEVERAL TIMES.**
   Read through a paragraph or a page once without stopping, and try to understand the general idea(s). Then read a second time more closely, using the context, marginal glosses, and footnotes to work out meanings. More specific suggestions are presented in the section entitled "Reading New

Words in Context to Determine Their Meaning," on p. 11. Finally, read through the material a third time to verify your understanding. This time, use the dictionary to look up any remaining words or phrases that continue to block your comprehension.

6. **AVOID CRAMMING.**

Repetition and reinforcement are important credos in the development of any skill. Just as you would not expect to win a tennis tournament after one lesson, you cannot expect to be adequately prepared for class after one cursory reading of the assigned text. Allow yourself enough preparation time.

Suggestions for efficient reading

The suggestions that follow are intended to guide your approach to reading a text in French. They will not all be applicable all of the time, but it is important for you to try them out in order to choose those strategies that best suit your own needs. The application of some of these hints may be time consuming at first, but a conscientious effort to practice them will enable you to develop more effective reading skills.

1. **READ CAREFULLY THE BACKGROUND MATERIAL PROVIDED BEFORE EACH SELECTION.**

This material is generally in English. It is provided in order to acquaint you with the author, the historical and/or cultural setting of the selection, and, in some cases, the general theme of the reading. Profit from it. You would not take a trip to unknown parts without a road map, would you?

2. **PREPARE THE PREREADING EXERCISES BEFORE YOU READ THE SELECTION.**

Some exercises provide practice with strategies that will help you to determine the meaning of unknown vocabulary. Others introduce new words and phrases that are found in the reading. Working with new vocabulary before you read the selection will facilitate your comprehension and will enable you to use the new words correctly in postreading discussion. Read the title and study the illustrations. What do they tell you about the selection before you even begin? Determine the genre of the reading. Is it a story, a poem, a play? Your approach to each may differ. Be aware that sometimes your own experience or knowledge can help increase your understanding. Pausing to consider what you may already know about the subject can provide a frame of reference that will help you to read with more purpose and direction. Predicting content from the title, the illustration(s), the setting, the introduction, and personal experience helps you to organize your thoughts before you begin and enables you to test your hypotheses while you read.

3. **READ THROUGH THE SELECTION THE FIRST TIME FOR GENERAL COMPREHENSION.**

Your goal in a first reading is not to study details but to understand the general idea(s) being conveyed. Look for the primary meaning and direction of the selection. Search for lead-in or topic sentences within paragraphs. Concentrate on understanding the nouns and verbs within sentences, since they usually convey the principal information. Adjectives, adverbs, and descriptive phrases can be left for the second and third readings, when you are seeking to add dimension to what you have read. Skip unknown words, or make intelligent guesses as to their meaning. If you have difficulty with a particular sentence or paragraph, it might help to reread preceding sentences or to disregard the trouble spot and move on. Try not to use the dictionary at this time. Learn to use your common sense to predict, anticipate, and hypothesize. When you have finished, return to the prereading exercise, **Etablissons les faits!**, to check your comprehension of the main points.

4. **READ THE SELECTION A SECOND TIME TO FORMULATE A CLEARER IDEA ABOUT THE SETTING, CHARACTERS, MAIN STORY ELEMENTS, AND PLOT BUILD-UP.**

a. Determine the meaning of new words in context.

Instead of using the dictionary, try to determine the meaning of unfamiliar words within the context of the sentence or paragraph. You will often find clues that help to clarify meaning in other words, phrases, or sentences. Use the glosses and footnotes. Draw upon your knowledge and personal experience. Take a calculated risk and guess at a logical meaning. "Suggestions for Handling New Vocabulary," pp. 8-12, offers more specific guidance.

b. Try to read in French as much as possible.

Most of the readings in *Explorations* are short stories. Try to visualize descriptive passages and characters. Use the illustrations to help you when they are provided.

c. Use your knowledge of grammar, structure, and spelling to help you read.

▶ We expect what we read to make sense. Sometimes this expectation is based on our assumption that a logical sequence of words will occur. In French, as in English, the usual word order is **subject + verb + complement.** When a sentence proves difficult, it will help to search for these elements. Read the following sentences. Circle the subject, underline the verb, and bracket the complement.

1) A l'âge de huit ans, Jacques Saint-Clair a perdu à la fois son père et sa mère dans un accident de chemin de fer.

2) Sur ce thème qui l'émouvait comme la chaleur d'un feu par une nuit fraîche, le vieil homme a commencé à composer un poème.

▶ Knowing a word's grammatical function in a sentence often aids comprehension, even when the word's exact meaning is unclear. At this point, it should be relatively easy for you to recognize nouns and verbs. You also know that many French adverbs end in **-ment.** In addition, you know that although English adjectives precede the words they describe, most French adjectives follow the words they describe. Furthermore, the same word can perform different grammatical functions. For example, the word **milk** in the following sentence is used first as a verb, then as a noun, and finally as an adjective.

After we **milk** the cow, we put the fresh **milk** in the **milk** jug in the refrigerator.

In the sentences below, some of the words are unfamiliar, but this need not prevent you from determining their grammatical function. First identify the function of the italicized word (noun, verb, or adjective). Then take a logical guess at its meaning. Did knowing the function help you? How?

1) Noreddine a trouvé ses sandales au bout de la *natte* sur laquelle il avait dormi.

2) L'argent qu'il *percevait* lui permettait de vivre.

3) Les enfants sont revenus, les yeux *luisants* de curiosité.

▶ Be aware of verb tenses. Is the action happening now, did it already happen, will it happen in the future, or is it supposed to happen? You have already learned how to form various tenses in French. Keeping in mind the time frame of events is crucial to understanding what you read. Read the following sentences. What does the tense tell you about the time frame?

1) A dix-sept ans, Saint-Clair a passé son baccalauréat et s'est préparé à l'école de droit.

2) Je me lève à midi. Je viens ici, je déjeune, je bois, j'attends la nuit, je dîne, je bois; puis, je retourne me coucher.

3) Depuis dix ans, il posait cette même question mais n'écoutait pas la réponse.

4) Ce sera moi que la maîtresse enverra chez le directeur.

5) Il a dit qu'il se plaindrait, qu'il se tuerait.

▶ Be attentive to pronoun usage. Understanding pronouns helps you to follow references. As you know, pronouns come in many forms (subject, possessive, relative, stress, etc.). Can you determine to what the italicized pronouns refer in the following sentences?

1) Il avait apporté à table les journaux du soir, mais sans *les* déplier comme d'habitude.

2) Il nous faudrait beaucoup de temps pour raconter toutes les aventures du petit tramway. Contentons-nous d'*en* choisir quelques-unes.

3) Le petit tramway attendait les exclamations habituelles *que* provoquait sa vue.

4) Les noms étaient dans l'ordre dans *lequel* les agents s'étaient placés autour de la maison.

5) Ceccioni appelle la police. *Celle-ci* le voit rentrer chez *lui* et *l'y* trouve mort quelques heures plus tard.

▶ Be aware that word order may change. At times, it helps to rearrange the sentence in order to understand it better.

Above all, do not waste time. If you feel that you are getting nowhere, move on to the next sentence or put your book down and turn to something else. When you return to the passage, you may be surprised to find that a fresh approach was all you needed. If you have tried hard and you still do not understand, mark the problem area and ask about it in class. You are, after all, learning a new skill, and your instructor understands this.

d. Always attempt to summarize in French, and in your own words, what you have read.

You can summarize orally or in writing, according to your own or your teacher's wishes. The postreading **Vrai/faux** and **Résumé** exercises will guide you in various ways of doing this effectively. Turn to these exercises when you have completed your second reading. Try to describe the characters and the setting. Think about the order of events. Ask yourself, *Who? What? Why? Where? How? When? To whom?*

5. **IF NECESSARY, READ THE SELECTION A THIRD TIME IN ORDER TO FILL IN ANY GAPS AND/OR TO ANSWER COMPREHENSION AND DISCUSSION QUESTIONS.**

Meaning becomes much clearer with repeated reading. You may have to reread only certain passages, or you may not have to reread the selection at all. The difficulty of the text in question and your instructor's assignment and goals will have a great deal to do with how much rereading is necessary. Some comprehension and discussion questions may lead you to search for elements or to formulate interpretations that did not occur to you during your initial readings. In any case, reading the selection thoughtfully and reflectively a third time will undoubtedly enhance your overall appreciation of what you have read.

6. **ALWAYS ATTEMPT TO FORMULATE A PERSONAL REACTION OR CONCLUSION REGARDING THE SELECTION YOU HAVE READ.**

Can you find any important message? Is it possible to apply what the author is saying to reality? What is your opinion of the reading? Do you agree or disagree with the characters' behavior? Which character did you like the best or the least, and why? The varied discussion topics at the end of each chapter can help you to make a personal evaluation of what you have read.

Suggestions for handling new vocabulary

Students often report that reading in a foreign language is time consuming because they have to look up so many new words. You have already been advised against using the dictionary before you use your sense of logic and reason. Of course, sometimes you will have to use the dictionary. However, you already have a wealth of information that can help you to determine word meanings. Your task is simply to remain conscious of what you know and to try to make your knowledge work for you.

A. EASILY RECOGNIZABLE WORDS Are you aware that two-fifths of the English language comes from French? Many of these words are spelled the same in both languages and have the same meaning. These words are called cognates, or **mots apparentés.** Some examples are: **immobile, brouhaha,** and **supplication.** Cognates are easy to recognize. If you do not know the meaning of the English word, take the opportunity to increase your vocabulary and look it up in an English dictionary.

Other cognates have only slight or predictable spelling changes and should give you no problem. Some examples are: **amuser, admirer, irriter, accomplir, anxiété, éternel, docteur,** and **riche.**

B. WORD FAMILIES Sometimes the meaning of a word becomes obvious when you can recognize a familiar word within the new word. An example of a word family built around the English verb **to compare** would be **comparison, comparable, comparative,** etc. Your knowledge of grammar can help you to determine whether the word in question is a noun, a verb, an adjective, or another part of speech. For instance, most students of French know the meaning of the verb **jouer.** If you see **un jouet,** you would probably assume that **jouet** is a noun meaning "something to play with," or "a toy." The article **un** indicates the part of speech.

As you study the italicized words in the sentences below, try to find the familiar element that can help you to determine their meanings. Remember to identify each word as a noun, a verb, or an adjective.

1. Si un *rasoir* est quelque chose qui sert à *raser,* que veut dire le mot *fermoir?*
2. Si *mangeable* veut dire que quelque chose peut être *mangé,* que veut dire *faisable?*
3. Si *combattre* veut dire *battre avec,* que veut dire *concourir?*
4. Si la *boulangerie* est la boutique du *boulanger,* qu'est-ce que c'est qu'une *laiterie?*

Certain prefixes and suffixes, similar in many cases in both French and English, can also help you to determine meaning when they are added to a known word. Examples are the prefixes **in-,** meaning "deprived of" or "not" **(inhumain),** and **sub-,** meaning "under" **(submerger);** and the suffixes **-aine,** used with numbers to mean "about" **(une centaine),** and **-ette,** often used with nouns to mean "little" **(une fillette).** If you know that the suffix **-eur** refers frequently to a person who carries out the action of the verb, you can easily determine the meanings of nouns such as **joueur, chasseur, laboureur,** and **danseur.**

Other unfamiliar words can often be understood because they are compounds, or words made up of two or more elements. An example is the verb **souligner** (**sous** means "under" and **ligne** means "line"). Another is **malentendu** (**mal** means "badly" and **entendu** means "heard"; the word means "badly heard" or "misunderstood").

Being aware of **familles de mots** (word families), prefixes, suffixes, and compound words helps to make your assumptions as to word meaning more valid.

C. IDIOMS Idioms, or **expressions idiomatiques,** are groups of words that signify something different from the individual meanings of each word. In other words, the whole is not always equal to the sum of its parts. For example, **chercher du poil aux œufs** does not mean "to look for hair on egg shells" but "to nit-pick" or "to be picky." The expression **donner sa langue au chat** does not mean "to give one's tongue to the cat" but "to throw in the towel" or "to give up."

Becoming familiar with idioms is an important part of learning a new language. In many cases, idioms are explained in the marginal glosses and/or chapter exercises in this book. When unsure of their meaning, ask your instructor to explain.

D. FALSE COGNATES False cognates are words that look like cognates (are similar in spelling to an English word) but mean something different in French. Many times you will realize that your original assumption about their meaning simply does not fit in relation to the sentence in which they are used. False cognates, or **faux amis** as they are known to French students, can cause problems for those unaware of their existence. An example is **prétendre.** A speaker of English might assume incorrectly that it means "to pretend." Its real meaning is "to claim," "to intend," or "to maintain." (**Faux amis** will be indicated by the letters **FA** in the marginal glosses.)

E. FUNCTION WORDS Function words such as articles (a, an, the), conjunctions (however, since, but), prepositions (to, at, for), and adverbs (when, finally, then) are among the words that you are least likely to be able to guess from context. Because they link thoughts and clarify shades of meaning, they often provide clues that can help you to unravel other unknown elements of the sentence. Since function words often occur in predictable patterns, it is important to learn their meanings so that you can use them to help you to anticipate the kind of information that may follow. You are already familiar with many of these words, such as: **après, avec, depuis, mais, parce que, parfois, peut-être, pour, si, maintenant, quand,** and **sans.** Others may not be as familiar. The list below provides many common conjunctions and adverbs that you will encounter in the readings of *Explorations.* If you do not know their meanings, look them up now and learn them. As you encounter others, add them to your list and review them frequently as needed.

Function words can be indicators of:

Time relationships:	après que	autrefois	avant que
	dès que	lorsque	pendant que
Contrast:	alors que	bien que	cependant
	par contre	pourtant	quoique
Explanation:	car	parce que	puisque
Result:	ainsi que	alors	donc
Addition:	aussi	de plus	en outre
Order of events:	après que	d'abord	enfin
	ensuite	puis	

Other function words include: **d'ailleurs, ailleurs, ou bien, afin que, à moins que, tandis que, comme, quant à,** and **également.**

If you feel that you know the meanings of the above function words, try the following exercise. Choose the logical ending to the sentence. Note that although you may not know the exact information that follows, the function word can often help you to predict what **kind** of information to expect.

  1. Jean-Paul est très courageux, **mais** son frère est vraiment...
    a. heureux
    b. timide
    c. triste
  2. **Quoique** Thérèse rate souvent ses examens, elle...
    a. participe très bien en classe
    b. a peur de son professeur
    c. est toujours malheureuse
  3. Marie-Alice n'a pas beaucoup d'argent. **Donc,** elle...
    a. va acheter une Porsche
    b. part en vacances
    c. veut travailler cet été

F. READING NEW WORDS IN CONTEXT TO DETERMINE THEIR MEANING There are several ways to approach the determination of vocabulary meaning by context. You will be surprised at how many words you can figure out if you remain aware of how the surrounding elements can help. Once you have looked carefully at the form of the word and have determined its grammatical function, study the words, phrases, and sentences around it to look for context clues such as possible definitions, explanations, examples, or comparisons.

Below is a list of English sentences that contain nonsense words. You will find that you can guess their meanings because you are unconsciously using elements of the sentence to help you. This exercise will help you to understand the kinds of clues to look for if you make this a conscious process. As you complete each sentence, explain to yourself **HOW** you were able to come to your conclusion about meaning. Be sure to replace a noun with a noun, a verb with a verb, an adjective with an adjective, and so on. If you have trouble coming up with a word, use a short phrase such as "what you do when . . ." or "the thing you use for . . .".

  1. We began **glubbing,** that is, cleaning out the barn, at 5 A.M.
  2. The baby was very **fratulous,** cranky, and ill-tempered because of his cold.
  3. Jean was extremely kind to her friends, but Joan was downright **binkly.**
  4. If you bring me the **pestik,** I'll wipe the spilled milk off of the table.
  5. Pour the lemonade into the glasses and **dundle** the cake into thin slices.
  6. After standing in the rain for two hours, Stephanie was totally **blethered.**

When you are reading in French, train yourself to look for similar kinds of context clues. Try the same strategies you used above as you work out the general meanings of the boldfaced words in the following French sentences.

  1. La jeune fille était complètement **sourde.** Elle ne pouvait absolument rien entendre.
  2. Mes cousins nous ont donné une réception amicale, **chaleureuse** et cordiale.
  3. Mon oncle est très généreux mais ma tante est extrêmement **pingre.**
  4. Il est vraiment **ivre** parce qu'il a trop bu.
  5. Pendant que Marc fume une cigarette, Chantal boit son vin et Yves **brife** un grand sandwich.

6. Il ne pleut pas depuis des semaines. Si nous **n'arrosons pas** ces fleurs, elles vont mourir.

Context clues such as definitions, synonyms, antonyms, and explanations, as well as logic and personal experience, should have helped you with both sets of sentences.

Reading in context does not mean making careless guesses. It means making thoughtful and appropriate choices about meaning by using what you know and by taking the time to search for available clues. Do not assume that the meaning of every new word can be determined by context. Sometimes the meaning becomes clear only if the word reappears later in the reading. Sometimes the same word may reappear with a different meaning. Sometimes there is no way to determine the meaning at all. At these times, your dictionary is indispensable. If you make an effort to determine word meaning from context, however, you will probably retain the new vocabulary much better, and your chances of recognizing it in the future will be far greater. In addition, you will significantly reduce the amount of time you spend thumbing through the dictionary.

Below is a summary of possible ways to seek clues from context. When you encounter a new word as you read, try asking yourself one or more of the following questions.

1. Is there a definition or description of the unknown word in the sentence or paragraph?
2. Is there a synonym or an antonym of the word that would enable you to compare or contrast meaning?
3. Is the word explained by an example?
4. Does your own personal experience, common sense, or logic help?
5. Does the spelling or the grammatical use of the word help?
6. Can you rearrange the sentence without the word and understand what is happening?
7. Does it help to visualize the action or event?
8. Does the meaning you have chosen fit into the meaning of the sentence or paragraph as a whole?
9. Does the word occur elsewhere in a context that gives a clearer sense of its meaning?
10. Does the tone, mood, or setting help to determine the meaning?
11. Does it help to reread preceding or following sentences?

The passé simple

As you begin to read the stories in this book, you will immediately notice that an unfamiliar tense is often used. This is the **passé simple,** a literary tense that corresponds in meaning to the **passé composé,** but that you may not have learned yet. Your instructor may ask only that you learn to recognize it and understand its meaning. For regular verbs, this does not usually pose a problem, since the stem of the verb is easy to discern. Some irregular verbs are more difficult to recognize in the **passé simple.** For a list of these verbs, consult Appendix A, p. 264. Do not hesitate to refer to this list until the verb forms become more familiar to you.

Useful literary terms

When you discuss or write about the readings in this text, you will need to have some basic literary terms at your disposal. Some of these terms are cognates or close cognates. Others are false cognates (marked with an asterisk), and still others are simply new French words. A list of basic literary terms follows. Study them carefully, and refer to the list as necessary.

auteur *m.* **écrivain** *m.*	author, writer
cadre *m.*	framework, plan, setting
caractère* *m.*	personality, quality, moral strength, disposition
conte *m.* **histoire** *f.*	story, tale
dénouement *m.*	solution, conclusion, winding down of plot
genre *m.*	kind, sort, or style (of writing) (such as: *une comédie, un conte, une pièce,* etc.)
héros *m.*	hero
héroïne *f.*	heroine
intrigue *f.*	plot (of a story or novel, etc.)
lecture* *f.*	reading
ligne *f.*	line of prose
narrateur *m.*	narrator
nouvelle *f.*	short story (longer than a *conte*)
œuvre *f.,* **ouvrage** *m.*	work (of literature or art)
chef d'œuvre *m.*	masterpiece
personnage *m.*	character in a literary work
protagoniste *m./f.*	main character
roman *m.*	novel
romancier *m.*	novelist

Reading practice

Try to apply some of the reading strategies you have learned as you read the following short story, *Le Pot d'or* ("The Pot of Gold"). It was written by Yves Thériault, a French-Canadian author whom you will meet again in Chapter 4. The story takes place in a small mountain village in rural Canada. This selection is presented to give you a chance to practice both global comprehension (understanding the "gist") and contextual guessing. Read through the story without using the dictionary. It is not necessary to pay attention to detail. Instead, concentrate on understanding the main ideas. Some marginal glosses have been provided for you. Hints and questions will help you through the initial paragraphs. After that, you are on your own! When you have finished, try the short exercises that follow to check your comprehension.

 # *Le Pot d'or*

trunk

QUAND Véronique mourut, on découvrit, caché dans son bahut,° un pot rempli de pièces d'or anciennes qui valaient certes une fortune.

(This introductory sentence sets the scene. You probably had no problem understanding who died or what was discovered.)

a parlé
le soir

**Ce fut grande stupéfaction dans toute la montagne et l'on en causa°
à veillée° longue pendant six jours.**

(A few raised eyebrows here, perhaps? Remember—you are looking for
the main idea only. The cognate **stupéfaction** is a key word. You know that
5 there was **grande stupéfaction** everywhere.)

examinait

**Surtout, chacun épiait° le visage de Jérôme, son mari. C'était une
bonne fortune à laquelle il ne se serait jamais attendu. Lui, tel qu'il était,**

braggart

**paresseux et hâbleur,° on imaginait bien qu'il n'avait jamais amassé cet
or lui-même.**

10 (*Est-ce Jérôme qui a travaillé et gagné cette fortune?* Think about the
attitude of others [**leur grande stupéfaction**] and what they are doing [**ils
épiaient Jérôme**]. What adjectives describe Jérôme? Now you should be
able to answer the question.)

Il avait à peine de tout son temps à courir les jupes de la fille Coudois,

ici: habite

15 **qui reste° au Gros Morne.**

(What did Jérôme spend all of his time doing? You don't know? Of
course you do. The verb **courir** and the nouns **jupe** *de la* **fille** are your
clues. Can you picture this? Do not be bothered by the strange words
Coudois and **Gros Morne**. Just as in English, these words beginning with
20 capital letters are proper names.)

**Elle n'a plus vingt ans et loin de là, et c'était Jérôme qu'elle avait
voulu soudain, après trop d'années de sécheresse.**

(*Quel âge a la fille Coudois?* The negative expression **ne... plus vingt ans**
and the phrase **loin de là** tell you that the **fille Coudois** is years past the age
25 of being pursued by young men.)

concern

**Et lui s'était accommodé de ces amours, sans souci° des larmes de
Véronique.**

(How did Jérôme react to **la fille Coudois?** How did Véronique react?
Now continue on your own, never losing sight of the fact that in **this** story
30 you are reading for an overall picture rather than for detail.)

On concluait sans effort: Jérôme n'avait rien eu à voir avec cet or.

demandé

**——Mais qui donc? s'est enquis° l'entier du village, conjecturant à
l'heure longue.**

enlightened
made a merry time of
it / outside of / écrit
régions / slopes

On fut éclairé° à la fin, quand vinrent des hommes de loi qui avaient à lire
35 **le testament de Véronique. On en fit liesse,° l'événement le vaut car, hors°
Valois-le-riche qui pourrait toujours, qui donc rédige° un testament en ces
parages?° Qui donc laisse en mourant quelque chose à léguer, en ces pentes°
arides et rocailleuses?**

On fit donc liesse un soir entier et, le lendemain, on entendit avec grande

notary

40 **attention ce que lisait le tabellion.°**

**«Je laisse» avait écrit Véronique «le pot d'or hérité de ma mère morte aux
Amériques, à la fille Coudois, comme consolation et récompense qu'elle
mérite bien pour avoir si souvent hébergé mon mari dans son lit.»**

C'était simple, et pourtant il fallut bien des jours pour qu'on le

slyness

comprenne. Il faisait beau temps traiter Véronique de folle, mais on devait à la fin découvrir l'astuce° de la femme.

La fille Coudois, savez-vous, cria grandement de joie en recevant la fortune, et cette nuit-là elle chassa brutalement Jérôme quand il vint la
5 trouver.

henceforth
est allée

Le lendemain, la fille Coudois désormais° riche, quitta la montagne et s'en fut° à la plaine, dans les grandes villes peuplées et bruyantes où, de l'or plein les mains, il lui fut très facile de se trouver un mari jeune et beau, et fort en muscles.

EXERCICES DE COMPRÉHENSION

A. LE PASSE SIMPLE Look back at the story and underline the verbs in the **passé simple.** Did you recognize them easily, or do you need to study Appendix A more carefully?

B. IDENTIFIEZ Identify the main characters by choosing the appropriate description.

1. Véronique
2. Jérôme
3. la fille Coudois
4. le tabellion

a. le personnage qui lit le testament
b. la maîtresse de Jérôme
c. la femme qui est morte
d. le mari de Véronique

C. VOCABULAIRE Can you define the following vocabulary words you encountered?

1. Il n'avait jamais **amassé** cet or lui-même. *(Look at the spelling. Is it a cognate? What part of speech is it?)*
2. Jérôme avait passé son temps à **courir les jupes** de la fille Coudois. *(What can you assume Jérôme was doing, now that you have finished the story? Did visualizing the phrase help?)*
3. Les hommes de loi sont venus lire le **testament** de Véronique. *(What do you think the word means? How did you know?)*
4. Je laisse le pot d'or à la fille Coudois... pour avoir si souvent **hébergé** mon mari dans son lit. *(What helps you to determine the meaning? Did this further explain **courir les jupes?**)*

D. RESUME Form a *résumé* of the story by completing the following phrases. Try to use your own words. If you wish, you can verify your comprehension by looking back at the reading.

1. Quand Véronique est morte, on a découvert...

2. Après avoir discuté de cette nouvelle étonnante, les gens du village ont décidé que...
3. Jérôme avait passé tout son temps...
4. Quand le tabellion a lu le testament de Véronique, on a découvert que...
5. La fille Coudois, très contente, a quitté Jérôme et...

E. REACTION PERSONNELLE

1. A votre avis, pourquoi Véronique a-t-elle laissé sa fortune à la fille Coudois? Selon vous, avait-elle raison?
2. Imaginez que vous êtes Jérôme. Quelle aurait été votre réaction en apprenant la nouvelle que votre femme avait laissé sa fortune à votre maîtresse? Qu'est-ce que vous auriez fait?
3. L'intérêt des voisins aurait-il été aussi fort si Jérôme, Véronique et la fille Coudois avaient habité dans une grande ville? Expliquez votre réponse.

MAINTENANT, BIENVENUE A LA LECTURE DE LA LITTERATURE DU MONDE FRANÇAIS! ETES-VOUS PRET? ALORS... TOURNEZ LA PAGE ET COMMENCEZ! AMUSEZ-VOUS BIEN!

2

LA CARTE POSTALE
PAR
ANDRÉ MAUROIS

ANDRÉ MAUROIS (1885–1967)

A prolific and versatile author, André Maurois achieved success both in Europe and the United States as a biographer, historian, novelist, essayist, and literary critic. His career spanned almost five decades, and he wrote one of his best works, *Prométhée, ou la Vie de Balzac,* at the age of eighty. His literary craftsmanship and his lucid prose style make the characters of his books come alive for the reader.

Maurois was born Emile Herzog in Elbeuf, near Rouen, where his Alsatian parents had moved at the close of the Franco-Prussian War in 1871. In later years, he remembered his childhood as a happy one, filled with peaceful days, loving parents, and the world of books.

A brilliant student, Maurois received many scholastic prizes throughout his formal education. His professors were quick to recognize and nurture his outstanding talent. His philosophy professor at the University of Caen, Emile Chartier, better known as Alain, was to have a long-lasting influence on Maurois' literary tastes and ideas.

After completing his military service, Maurois entered the family textile business. In 1912 he married Janine de Szymkiewicz. They had three children—a daughter Michelle, who was later to become an author in her own right, and two sons, Gérald and Olivier.

With the outbreak of World War I, Maurois rejoined his old regiment and served as an interpreter and liaison agent with the British. His experiences with the British Army formed the basis of his first novel, *Les Silences du Colonel Bramble,* published in 1918. Since he was still serving in the army, Maurois had to obtain permission from his superiors to publish the book. They suggested that it be published under a pseudonym. The author chose the first name André, that of a beloved cousin killed early in the war, and the last name Maurois, that of a small village. Thus Emile Herzog became André Maurois.

After the war, Maurois devoted himself to his writing. When his first wife died in 1923, Maurois left Elbeuf and moved to Paris. He married his second wife, Simone de Caillavet, in 1926. She was to become an enormous help to his literary endeavors. Aided by his already fine reputation as an author, Maurois and his wife developed an ever-widening circle of friends, including both the literary and the political giants of the day.

In 1930, Maurois was invited to lecture at Princeton. He immediately fell in love with the youthful enthusiasm, strength, and openness of life in America. Although asked to remain at Princeton permanently, he returned to Paris.

In 1938, Maurois was elected to the prestigious Académie Française.[1] During

---

1. **Académie Française:** a highly respected institution of forty scholars and writers, founded in 1635 and located in Paris. One of its aims has been to supervise the revision of a comprehensive dictionary of the French language.

World War II, he once again served as a liaison officer with the British. When France fell to Germany, Maurois, disheartened by the armistice agreement, fled to England. Shortly afterwards he joined his wife in Canada, and from there the two returned to the United States, where he encouraged support for the liberation of France. From 1939 until 1946, Maurois lectured widely in the United States and continued his writing. He became one of the best known interpreters of American and English life and letters for his fellow Frenchmen. After the war, he and his wife returned to Paris, where he continued to pursue his literary career until his death.

His novels include *Les Discours du docteur O'Grady* (1921), *Bernard Quesnay* (1926), *Climats* (1928), and *Le Peseur d'âmes* (1931). Maurois is also especially well known for his critical essays and historical works. He is often credited as being the originator of the biographical novel, and among his best known biographies are: *Ariel, ou la Vie de Shelley* (1923), *La Vie de Disraeli* (1927), *Byron* (1930), *Franklin, Vie d'un optimiste* (1945), *Eisenhower* (1945), and *Lélia, ou la Vie de George Sand* (1952).

Maurois wrote many short stories, both for adults and children. Most are situated in the bourgeois world he knew best, and he once stated that they may turn out to be the best things he has written. He did not consider the short story to be a minor literary form, stating that "a small canvas by Vermeer is no less beautiful than an immense Rubens." "*La Carte postale*" comes from a collection of short stories entitled *Toujours l'inattendu arrive*. Since he often drew upon his own life and that of his family and friends as subject matter, it is possible that Maurois found the little Nathalie of *"La Carte postale"* in his own wife Janine, whose French mother had left her Russian father to marry a Swiss diplomat. In this story, Nathalie is recalling a childhood event that formed a lasting impression on her life.

PRÉPARATION À LA LECTURE

Les exercices qui suivent ont pour but de vous aider à mettre en pratique les suggestions que nous vous avons présentées dans le premier chapitre.

Pratique   **A. MOTS APPARENTÉS** En lisant, vous rencontrerez beaucoup de mots apparentés. Ce conte en a environ 7. En voici huit. Qu'est-ce qu'ils veulent dire? Identifiez la nature de chaque mot... est-ce un nom, un verbe, ou un adjectif? Comment le savez-vous?

le départ   la nuance
galoper   l'odeur *f.*
l'incendie *m.*   orné
    (*adj.* incendiaire)   protéger
mobile

B. FAMILLES DE MOTS Examinez les mots à gauche ci-dessous. Vous les connaissez déjà, n'est-ce pas? Les mots entre parenthèses sont peut-être nouveaux. Essayez de déterminer le sens des mots en italique dans les phrases de droite. Soyez logique.

1. merci (remercier)   Je *remerciai* papa...
2. nom (nommer)   ... je le *nommerais* Heinrich.
3. tomber (tombant)   Il... avait préparé pour la nuit *tombante*.
   Tuyau [hint]: la terminaison **-ant** veut souvent dire **-ing** en anglais
4. jouer (jouet)   Les *jouets* neufs...
   ● **même famille:** joueur, jeu
5. sourire (souriant)   Il... admira en *souriant*...

C. PASSE SIMPLE Pour chaque phrase ci-dessous, (1) identifiez l'infinitif du verbe en italique et (2) mettez le verbe au passé composé. Si vous ne pouvez pas encore reconnaître le passé simple, relisez Appendix A, p. 264.

1. Ma mère *quitta* mon père.
2. Nous *restâmes* à Leipzig.
3. Maman *dut* revenir à Moscou.
4. Elle *eut* une conversation.
5. Elle *promit* de m'envoyer chez lui.
6. Je ne *fus* pas déçue.
7. Il ne *put* retrouver les jouets.
8. Le déjeuner me *rendit* malade.
9. Ma Fräulein *vint* me chercher.
10. Je *fis* voir la carte.

D. LISEZ ET REFLECHISSEZ! Vous avez lu Chapitre 1 et étudié avec soin les suggestions données. Vous avez fait les deux exercices de vocabulaire et vous vous êtes assuré que vous savez reconnaître le passé simple. Maintenant commencez la lecture d'un paragraphe de «La Carte postale».

Look at the paragraph below. You will notice that no words are defined. We are going to help you put into practice some of the techniques suggested in the first chapter. Refer to those reading strategies frequently. Keep in mind that it will take time both to develop the strategies that are most successful for you and to become comfortable using them.

The paragraph we have chosen to work with is not the initial paragraph of the story. When you begin to read any selection, you will, of course, always begin at the beginning. Although it may seem illogical to choose a paragraph from the middle of the story, we have done so for two reasons. First, this portion is the most demanding part of the story; second, the passage lends itself well to showing you that you can read and understand French without constantly thumbing through a glossary to find English definitions.

1. First, read the entire paragraph. Think in French. Do not look up new words. Remember that after this first reading, you may have only a general idea of the context.

Papa était un homme très bon, mais d'une maladresse infinie. Tout ce qu'il avait organisé avec tant d'amour échoua. Les jouets neufs ne firent qu'aviver mes regrets de jouets anciens que je réclamai et qu'il ne put retrouver. Le beau déjeuner, mal préparé par des domestiques que ne surveillait plus aucune femme, me rendit malade. Une des fusées du feu d'artifice tomba sur le toit, dans la cheminée de mon ancienne chambre et mit le feu à un tapis. Pour éteindre ce commencement d'incendie, toute la maison dut faire la chaîne avec des seaux et mon père se brûla une main, de sorte que ce jour qu'il avait voulu si gai me laissa le souvenir de flammes terrifiantes et de l'odeur triste des pansements.

2. Next, we will reread together and talk about each sentence. We will show you how you can determine meaning in context, and how to use what you know to help you understand.

a. Papa était un homme très bon, mais d'une maladresse infinie.

There should be no problem with the first clause, but in the subordinate clause, you may not know what **maladresse** means. You do know that **papa était bon,** and the **mais** tells you that something that is not altogether **bon** is to follow. The **mal** of **maladresse** is another clue that **quelque chose n'est pas bon.**

b. Tout ce qu'il avait organisé avec tant d'amour échoua.

You probably know the verb **échouer,** but if not, keep on using logic. We are still pursuing the **quelque chose qui n'est pas bon.** Therefore you can surmise that what has happened is that **tout n'est pas bon,** and since **tout a échoué,** perhaps **rien n'a réussi.** The next sentence, at first reading, seems complicated.

c. Les jouets neufs ne firent qu'aviver mes regrets de jouets anciens que je réclamai et qu'il ne put retrouver.

Your first reading may find you understanding no more than the fact that the sentence has to do with new toys and old toys. That is fine for now. You could surmise at this point that since everything went wrong, whatever is the case with the toys probably failed as well. The next sentence also appears difficult, but is it really?

d. Le beau déjeuner, mal préparé par des domestiques que ne surveillait plus aucune femme, me rendit malade.

Le beau déjeuner is the subject. What did it do? Our common sense, as well as the form **préparé,** tells us that we must look elsewhere for the verb. Logic rejects **surveillait,** since a meal cannot watch over anything. The only verb left is **rendit.** You know now that **à cause du beau déjeuner, Nathalie est devenue malade.** The other clause, **mal préparé par des domestiques que ne surveillait plus aucune femme,** is going to give us more information about the meal. This clause becomes manageable once we use logic and our knowledge of basic grammatical structures. Who prepared the meal? That's right—**les domestiques.** Now, what is the subject of the verb **surveillait?** It can't be **que,** for **que** is an object pronoun. It can't be **domestiques,** for the verb **surveillait** has a singular ending. We read on and determine that **femme** is the subject. Let's rearrange the clause to read **aucune femme ne surveillait plus.** You are probably saying, Aha! I don't know what **aucune** means! **Patience!** The **ne... plus** tells you that you are working with a negative construction, therefore **aucune femme ne...** means **qu'il n'y a pas de femme.** It has become clear that **une femme n'a pas surveillé les domestiques et pour cette raison le déjeuner a été mal préparé et Nathalie est devenue malade.**

e. Une des fusées du feu d'artifice tomba sur le toit, dans la cheminée de mon ancienne chambre et mit le feu à un tapis.

The first reading tells you that **quelque chose est tombé sur le toit et dans la chambre de Nathalie, puis a fait quelque chose.** If you know what **mettre le feu** means, fine, but if you don't, you are O.K. so far. Just go on to the next sentence . . .

f. Pour éteindre ce commencement d'incendie, toute la maison dut faire la chaîne avec des seaux et mon père se brûla une main, de sorte que ce jour qu'il avait voulu si gai me laissa le souvenir de flammes terrifiantes et de l'odeur triste des pansements.

Are you thinking "**Au secours!** Help! That's a long sentence, what do I do now?" **Lisez et Réfléchissez!** Once you see **incendie** and **flammes,** you know you are dealing with a fire. What would you do with a fire in the house? Obvious answer, therefore you know the meaning of **éteindre.** If you were unsure of the meaning of the phrase **et mit le feu** in the previous sentence, you know now that what fell into the room set fire to something in the room. For the rest of the sentence, draw upon your basic knowledge. You can guess what **faire la chaîne** means. Form a picture in your mind of people working to put out a fire in days gone by.

3. Now reread the entire paragraph. You should have a fairly good understanding of what has happened. Certainly there are details that you have missed. But remember that you haven't yet read the parts of the story that occur before or after this passage. In addition, you have been reading without the help of the marginal glosses that accompany most of the stories in this book. If you wish, you may look up any remaining words that you feel you must know in order to understand all aspects of the paragraph, or you can wait until you meet this paragraph again within the context of the story.

The authors hope that this exercise has shown you that logic, reasoning, self-confidence, and a positive approach can help you to understand and enjoy many passages that at first might appear incomprehensible.

Etablissons les faits!

- Answer the **Expérience personnelle** questions before you read the story. Their purpose is to help you to focus your thoughts so that you can approach the reading with a logical frame of reference.
- **Le Titre et l'illustration** questions will also help you before you begin. These questions are specific to the story. You will be surprised at how much information you can glean from just the title and illustration.

● Next, read the **Vue panoramique** questions. You cannot answer them yet, but they will give you an idea of the kind of general information you should look for during your first global reading. Then read the story without looking up words. Test yourself with the **Vue panoramique** questions. Before attempting the postreading exercises, read the story again to gain a more in-depth comprehension. Finally, do the postreading exercises.

A. EXPERIENCE PERSONNELLE Qu'est-ce que vous savez même avant de lire ce conte? Faites appel à votre mémoire, à vos expériences personnelles, à vos connaissances, à ce que vous avez lu, et à votre logique en considérant les questions suivantes.

1. Que savez-vous de l'effet du divorce sur les enfants?
2. Comment les enfants réagissent-ils en général au deuxième mariage de leurs parents?
3. Qu'est-ce que l'introduction à l'auteur vous apprend au sujet de ce conte?

B. LE TITRE ET L'ILLUSTRATION

1. Qu'est-ce que c'est qu'une carte postale?
2. Pensez-vous qu'une carte postale joue un rôle important dans ce conte? Pourquoi?
3. Combien de personnes y a-t-il dans l'illustration à la page 24?
   a. Qui sont-elles, selon-vous?
   b. Où sont-elles? Comment le savez-vous?
   c. Que font ces personnages?
   d. Qu'est-ce qui a causé l'incendie? (Que voyez-vous dans les flammes?)

C. VUE PANORAMIQUE Lisez les débuts de phrases ci-dessous. Ensuite lisez le conte. Ne vous servez pas de votre dictionnaire! Après avoir lu le conte, complétez ces phrases.

1. Après une longue séparation, la petite Nathalie...
2. Le père de Nathalie essaie de donner une journée parfaite à sa fille, mais...
3. Une fusée cause un incendie dans...
4. Le père de Nathalie lui donne...
5. Après son retour à l'hôtel où reste sa mère...

LA CARTE POSTALE

J'AVAIS quatre ans, dit Nathalie, quand ma mère quitta mon père pour épouser ce bel Allemand. J'aimais beaucoup papa, mais il était faible et résigné; il n'insista pas pour me garder à Moscou.[1] Bientôt, contre mon

---

1. **Moscou:** *(Moscow)* capitale de l'Union des Républiques socialistes soviétiques (U.R.S.S.); centre administratif et culturel et grande ville industrielle.

volonté, désir / le second
   mari de sa mère /
   arranger

gré,° j'admirai mon beau-père.° Il montrait pour moi de l'affection. Je refusais de l'appeler Père; on finit par convenir° que je le nommerais Heinrich, comme faisait ma mère.

Nous restâmes trois années à Leipzig,[2] puis maman dut revenir à Moscou
5 pour arranger quelques affaires. Elle appela mon père au téléphone, eut avec lui une conversation assez cordiale et lui promit de m'envoyer passer une journée chez lui. J'étais émue,° d'abord de le revoir, et aussi de retrouver cette maison où j'avais tant joué et dont je gardais un merveilleux souvenir.

moved (touched)

10   Je ne fus pas déçue.° Le suisse[3] devant la porte, la grande cour pleine de neige ressemblaient aux images de ma mémoire. Quant à° mon père, il avait fait des efforts immenses pour que cette journée fût[4] parfaite. Il avait acheté des jouets neufs, commandé un merveilleux déjeuner et préparé pour la nuit tombante un petit feu d'artifice° dans le jardin.

disappointed
as for

fireworks (display)

15   Papa était un homme très bon, mais d'une maladresse infinie. Tout ce qu'il avait organisé avec tant d'amour échoua.° Les jouets neufs ne firent qu'aviver° mes regrets de jouets anciens que je réclamai° et qu'il ne put retrouver. Le beau déjeuner, mal préparé par des domestiques que ne

n'a pas réussi
only served to increase /
   (j'ai) demandés

---

2. **Leipzig:** ville d'Allemagne orientale *(eastern);* centre du commerce de la librairie; nombreuses industries; université célèbre.

3. **le suisse:** portier, concierge d'une grande maison aux XVIIᵉ et XVIIIᵉ siècles. Son costume ressemblait à celui des mercenaires suisses.

4. **fût:** imparfait du subjonctif du verbe **être,** sens de **serait.**

rockets

set fire to

bandages

tears

pitied (inf. plaindre)
avoir honte (de) = to be
 ashamed (of)

spangled / stars / glued
sleigh
cardboard hinge

necklace / evening attire

faire voir = montrer

leaned

surveillait plus aucune femme, me rendit malade. Une des fusées° du feu d'artifice tomba sur le toit, dans la cheminée de mon ancienne chambre et mit le feu à° un tapis. Pour éteindre ce commencement d'incendie, toute la maison dut faire la chaîne avec des seaux et mon père se brûla une main, de
5 sorte que ce jour qu'il avait voulu si gai me laissa le souvenir de flammes terrifiantes et de l'odeur triste des pansements.°

Quand le soir ma Fräulein[5] vint me rechercher, elle me trouva en larmes.° J'étais bien jeune, mais je sentais avec force les nuances de sentiments. Je savais que mon père m'aimait, qu'il avait fait de son mieux
10 et qu'il n'avait pas réussi. Je le plaignais° et, en même temps, j'avais un peu honte° de lui. Je voulais lui cacher ces idées, j'essayais de sourire et je pleurais.

Au moment du départ, il me dit que c'était l'usage en Russie de donner à ses amis, pour Noël, des cartes ornées, qu'il en avait acheté une pour moi
15 et qu'il espérait qu'elle me plairait. Quand je pense aujourd'hui à cette carte, je sais qu'elle était affreuse.[6] En ce temps-là j'aimais, je crois, cette neige pailletée° faite de borate de soude,[7] ces étoiles° rouges collées° derrière un transparent bleu de nuit et ce traîneau° qui, mobile sur une charnière de carton,° semblait galoper hors de la carte. Je remerciai papa, je l'embrassai
20 et nous nous séparâmes. Depuis il y a eu la Révolution[8] et je ne l'ai jamais revu.

Ma Fräulein me ramena jusqu'à l'hôtel où étaient ma mère et mon beau-père. Ils s'habillaient pour dîner chez des amis. Maman, en robe blanche, portait un grand collier° de diamants. Heinrich était en habit.° Ils
25 me demandèrent si je m'étais amusée. Je dis sur un ton de défi que j'avais passé une journée admirable et je décrivis le feu d'artifice sans dire un seul mot de l'incendie. Puis, sans doute comme preuve de la magnificence de mon papa, je fis voir° ma carte postale.

Ma mère la prit et, tout de suite, éclata de rire:
30 —Mon Dieu! dit-elle. Ce pauvre Pierre n'a pas changé... Quelle pièce pour le musée des Horreurs!

Heinrich, qui me regardait, se pencha° vers elle, le visage fâché:
—Allons, dit-il à voix basse, allons... Pas devant cette petite.

Il prit la carte des mains de ma mère, admira en souriant les paillettes de
35 neige, fit jouer le traîneau sur sa charnière et dit:
—C'est la plus belle carte que j'aie jamais vue; il faudra la garder avec soin.

---

5. **Fräulein:** Nathalie avait une gouvernante allemande. (Fräulein = Mademoiselle)

6. **affreuse:** *Try to determine the meaning of this word as you read on in the story. The next sentence contains a description of la carte postale. On the first reading, it is not necessary to understand every word.*

7. **borate de soude:** *borax, a chemical compound with many industrial and other uses. (Here the borax crystals are used on the card to simulate snow.)*

8. **la Révolution:** la Révolution de 1917 en Russie.

J'avais sept ans, mais je savais qu'il mentait, qu'il jugeait comme maman cette carte affreuse,[9] qu'ils avaient raison tous deux et que Heinrich voulait, par pitié, protéger mon pauvre papa.

ripped

Je déchirai° la carte et c'est depuis ce jour que j'ai détesté mon beau-père.

EXERCICES DE COMPRÉHENSION

Vrai/faux   Lisez les phrases suivantes et décidez si le sens de la phrase est vrai ou faux selon le texte. S'il est faux, corrigez la phrase. Ne vous contentez pas d'utiliser ou de supprimer les mots négatifs.

Exemple:	**Question:**	Quand Nathalie avait quatre ans sa mère a quitté son père et s'est mariée avec un beau Russe.
	Réponse:	*(Faux)* Quand Nathalie avait quatre ans sa mère a quitté son père et s'est mariée avec un **bel Allemand.**

1. Quand Nathalie avait quatre ans sa mère a quitté son père et s'est mariée avec un beau Russe.
2. Après trois ans, la mère de Nathalie est rentrée à Moscou pour voir son premier mari.
3. La mère de Nathalie a arrangé une réunion entre Nathalie et son père.
4. Le père de Nathalie avait acheté de nouveaux jouets pour elle.
5. Le père de Nathalie a préparé un déjeuner qu'elle a beaucoup aimé.
6. Le feu d'artifice a réussi.
7. Le père de Nathalie lui a donné une carte postale très ornée.
8. Nathalie a dit à sa mère qu'elle avait passé une journée affreuse.
9. La mère de Nathalie a admiré la carte postale.
10. Heinrich a dit que la carte postale était très jolie.
11. A la fin de l'histoire, Nathalie a mis le feu à la carte postale.
12. Nathalie a vu son père trois ans plus tard.

Résumé   Faites un résumé du conte. Utilisez les mots et les expressions ci-dessous dans l'ordre donné. Attention aux changements nécessaires. Formez des phrases complètes en donnant des détails supplémentaires.

Exemple:	**Question:**	avoir... ans / quitter / épouser
	Réponse:	Quand Nathalie avait quatre ans sa mère a quitté son père pour épouser un bel Allemand.

---

9. **affreuse:** *The meaning of this word should now be clear. Did you guess correctly that it means "frightful, ugly, or atrocious?"*

1. avoir... ans / quitter / épouser
2. rester / années / Leipzig
3. retourner / Moscou / les affaires
4. passer / une journée
5. père / faire des efforts
6. tout / échouer
7. une fusée / mettre le feu / le tapis
8. se brûler / l'incendie
9. la Fräulein / venir chercher / en larmes
10. le père / donner / la carte postale
11. la Fräulein / ramener / l'hôtel
12. faire voir
13. éclater de rire
14. Heinrich / admirer
15. déchirer / depuis / détester

Questions de compréhension

Ecrivez en français les réponses aux questions suivantes. Formulez vos propres réponses. Essayez de ne pas copier les phrases du texte.

1. Quelle était l'attitude de Nathalie envers son beau-père?
2. Où habitait le père de Nathalie? Où habitait Nathalie après le second mariage de sa mère?
3. Décrivez le père de Nathalie.
4. Quel âge avait Nathalie quand elle est retournée à Moscou?
5. Pourquoi Nathalie était-elle contente de passer une journée chez son père?
6. Quels préparatifs le père a-t-il faits pour amuser sa petite fille?
7. Pourquoi les nouveaux jouets n'ont-ils pas plu à Nathalie?
8. Pourquoi le dîner n'a-t-il pas réussi?
9. Qu'est-ce qui s'est passé pendant le feu d'artifice?
10. Comment était Nathalie quand la Fräulein l'a trouvée?
11. Quels sentiments Nathalie éprouvait-elle envers son père?
12. Au moment où son père lui a donné la carte postale, qu'est-ce que Nathalie en pensait? Et quand elle a été plus grande?
13. A l'hôtel, comment Nathalie a-t-elle décrit sa journée?
14. Quelle réaction sa mère a-t-elle eue quand elle a vu la carte postale? Qu'est-ce que Heinrich a pensé de cette réaction?
15. Qu'est-ce que Heinrich a suggéré de faire de la carte? Pourquoi l'avait-il admirée?
16. Pourquoi, selon vous, Nathalie a-t-elle déchiré la carte à la fin du conte?

Réactions orales ou écrites

A. SYNTHESE DU TEXTE

1. Faites un portrait verbal du père de Nathalie. Cherchez dans le conte tout ce qui le décrit, et ajoutez vos propres impressions.

2. Décrivez Nathalie du point de vue de ses réactions et de sa maturité. Est-ce que les enfants de sept ans que vous connaissez auraient réagi de la même façon que Nathalie? Soyez spécifique.

3. Recréez la scène finale qui se déroule entre Nathalie, sa mère, et son beau-père. Utilisez le dialogue du conte et imaginez ce qu'ils auraient pu dire d'autre. Faites attention à bien représenter le caractère, les attitudes, et les gestes des trois personnages.

B. REACTION PERSONNELLE

1. Imaginez que vous êtes le père de Nathalie. Quels seraient vos sentiments après le départ de votre fille?

2. C'est le lendemain de la visite de Nathalie chez son père. Heinrich et la mère de Nathalie parlent de Pierre (le père de Nathalie). Imaginez cette conversation. Qu'est-ce qu'ils disent de Pierre? Sont-ils du même avis tous les deux? Mentionnent-ils Nathalie? Comment cette conversation se termine-t-elle?

3. Bien des années ont passé. Nathalie est grand-mère. Sa petite-fille, dont les parents ont divorcé, lui rend visite après avoir passé une journée avec son père. Elle est très malheureuse car sa mère et son beau-père ont fait des remarques défavorables sur son père. Nathalie se souvient bien de sa jeunesse. Qu'est-ce qu'elle dit pour consoler et conseiller sa petite-fille?

4. Si vous aviez été soit Heinrich, soit la mère de Nathalie, auriez-vous réagi de la même façon qu'eux? Précisez. A votre avis, est-ce que Nathalie avait de bonnes raisons pour détester son beau-père? Justifiez votre réponse.

5. Vous êtes la Fräulein. C'est votre jour de congé. Vous racontez à votre famille ce que vous savez de cette journée que Nathalie avait passée avec son père. Ajoutez vos impressions personnelles sur Nathalie, sur ses parents, et sur son beau-père. Expliquez ce que vous pensez d'eux et justifiez vos sentiments à leur égard.

6. Un(e) ami(e) que vous aimez et respectez beaucoup va déménager pour aller habiter dans une ville lointaine. Vous ne savez pas si vous reverrez jamais cette personne. Créez la situation. Qui est cette personne? Pourquoi êtes-vous bons amis? Pourquoi déménage-t-il (elle)? Vous voulez lui offrir un cadeau en souvenir de votre amitié. Qu'est-ce que vous choisissez comme cadeau? Pourquoi? Quelle est la réaction de votre ami(e) à ce cadeau?

7. Quand vous étiez petit, avez-vous jamais offert à vos parents quelque chose dont vous étiez très fier—un cadeau que vous aviez fait vous-même, un objet que vous aviez trouvé... ? Comment vos parents ont-ils réagi à votre cadeau?

8. Nous avons tous, comme Nathalie, des souvenirs d'incidents plus ou moins frappants qui se sont déroulés au cours de notre enfance. Décrivez un tel souvenir. Qui a pris part à cet incident? Qu'est-ce que cette personne a fait ou n'a pas fait? Et vous, qu'avez-vous fait? Quelle émotion associez-vous à cet incident? A votre avis, pourquoi cet incident reste-t-il profondément gravé dans votre mémoire?

Réponses aux Exercices

In this chapter only, possible answers for the exercises are provided in order to guide you. Compare your answers with those given. You will probably discover that your answers vary somewhat for certain questions. Do not assume that yours are wrong, as there may be several correct possibilities. If you find that the content of your answer varies significantly, or if you wish to verify your grammar or structure, ask your instructor for help. Remember that before you begin these exercises, you should always reread the story to fill in the gaps and clarify details, as the reading hints provided in Chapter 1 suggest.

Vrai/faux   This type of exercise appears in many chapters. Its purpose is to help you check your comprehension of the events of the story. Note that in most cases only a word or a short phrase has been changed in order to make the false statement true. Note also that many of the statements are paraphrases in simpler French. These paraphrases may help you with your **Résumé** and/or **Questions de compréhension.**

1. *(Faux)* Quand Nathalie avait quatre ans sa mère a quitté son père et s'est mariée avec un **bel Allemand.**
2. *(Faux)* Après trois ans, la mère de Nathalie est rentrée à Moscou pour **arranger des affaires.**
3. *(Vrai)* La mère de Nathalie a arrangé une réunion entre Nathalie et son père.
4. *(Vrai)* Le père de Nathalie avait acheté de nouveaux jouets pour elle.
5. *(Faux)* **Les domestiques ont** préparé un déjeuner **qui a rendu Nathalie malade.**
6. *(Faux)* Le feu d'artifice a **échoué.**
7. *(Vrai)* Le père de Nathalie lui a donné une carte postale très ornée.
8. *(Faux)* Nathalie a dit à sa mère qu'elle avait passé une journée **admirable.**
9. *(Faux)* La mère de Nathalie a **trouvé la carte postale affreuse.**
10. *(Vrai)* Heinrich a dit que la carte postale était très jolie.
11. *(Faux)* À la fin de l'histoire, Nathalie a **déchiré** la carte postale.
12. *(Faux)* Nathalie **n'a jamais revu son père.**

Résumé   Every chapter has some form of **résumé.** The purpose of this exercise is to help you to paraphrase the story, using your own sentence structure and the new vocabulary. In some chapters, word clues provide the main sentence elements in the order of the story itself, to help you recall what occurred. In this exercise you are not asked to include descriptions, interpretations, or too many details, but to formulate a general story outline. Once again, your sentences may vary from those given. You should always try to do this exercise on your own, without looking back to or copying from the story you have read.

1. Quand Nathalie avait quatre ans sa mère a quitté son père pour épouser un Allemand.
2. Nathalie, sa mère, et son beau-père sont restés trois années à Leipzig.
3. La mère de Nathalie est retournée à Moscou pour arranger des affaires.
4. Nathalie a passé une journée avec son père.
5. Son père a fait des efforts pour offrir une journée parfaite à Nathalie.
6. Tout a échoué.
7. Une fusée a mis le feu au tapis.
8. Son père s'est brûlé (la main) dans l'incendie.
9. La Fräulein est venue chercher Nathalie, qui était en larmes.
10. Le père de Nathalie lui a donné une carte postale.
11. La Fräulein a ramené Nathalie à l'hôtel.
12. Nathalie a fait voir la carte postale à sa mère et à son beau-père.
13. Sa mère a éclaté de rire (quand elle a vu la carte).
14. Heinrich a admiré la carte.
15. Nathalie a déchiré la carte, et depuis ce jour-là, elle a détesté son beau-père.

NOTE: Whether you do the **Vrai/faux** and **Résumé** exercises in class or at home, the practice they offer in terms of both vocabulary and content will help you to prepare for class discussions.

Questions de compréhension

Always try to answer these questions by using your own sentence structure and incorporating the new vocabulary whenever possible. When the sentences in the story are clear and simply worded, you may find that your own answer correlates closely with them. When the answer is embedded in long and complex sentences in the text, however, always try to simplify and paraphrase. **NEVER** copy long, difficult sentences as your answers. This is not the way you speak, and you will probably not remember or perhaps even understand what you have written.

After you write each answer, reread the question and try to give the answer orally, without looking at your paper. This is a good way to check your paraphrasing and comprehension. Working orally on your own will also make it easier for you to discuss the questions during class with your book closed, and without having to read your written answer.

Below you will find two answers for every question. On the left are the sentences from the story that provide responses. They reflect how many students copy word for word, often without understanding what they are writing. On the right are shorter, simply worded answers. (The French that appears in parentheses is optional or additional information.) Note that the *passé simple* is replaced by the *passé composé* in the second set of answers. Your instructor will help you to determine which of the two tenses to use. Remember that there can be several ways to answer some of the questions. Check with your instructor when you are unsure. Refer to the **Vrai/faux** and **Résumé** sentences for help when necessary. Some questions require interpretation—you will not always find the answers per se in the text itself.

1. Contre son gré, Nathalie admirait son beau-père. Il montrait pour elle de l'affection. Elle refusait de l'appeler père; on finit par convenir qu'elle le nommerait Heinrich, comme faisait sa mère.

2. Le père de Nathalie habitait à Moscou. Après le second mariage de sa mère, Nathalie habitait à Leipzig.

3. Le père de Nathalie était faible et résigné; il n'insista pas pour la garder à Moscou.

4. Nathalie avait sept ans quand elle est retournée à Moscou.

5. Nathalie était émue, d'abord de revoir son père, et aussi de retrouver cette maison où elle avait tant joué et dont elle avait gardé un merveilleux souvenir.

6. Le père de Nathalie avait fait des efforts immenses pour que cette journée fût parfaite. Il avait acheté des jouets neufs, commandé un merveilleux déjeuner, et préparé un petit feu d'artifice dans le jardin.

7. Les jouets neufs ne firent qu'aviver ses regrets de jouets anciens qu'elle réclama et que son père ne put retrouver.

8. Le beau déjeuner, mal préparé par des domestiques que ne surveillait plus aucune femme, rendit Nathalie malade.

9. Une des fusées du feu d'artifice tomba sur le toit, dans la cheminée de son ancienne chambre et mit le feu à un tapis. Pour éteindre ce commencement d'incendie, toute la maison dut faire la chaîne avec des seaux et son père se brûla une main.

10. Quand, le soir, la Fräulein vint rechercher Nathalie, elle la trouva en larmes.

1. Contre son gré, Nathalie admirait son beau-père parce qu'il lui montrait de l'affection. Elle le nommait Heinrich au lieu de père.

2. *same (The question itself guides you to form your own answer.)*

3. Le père de Nathalie était faible et résigné. (Il n'a pas insisté que Nathalie reste à Moscou avec lui.)

4. *same (The question guides you to figure out her age and form your own answer.)*

5. Nathalie était contente parce qu'elle aimait son père et parce qu'elle allait voir son ancienne maison.

6. Le père de Nathalie avait acheté des jouets pour elle. Il avait commandé un déjeuner spécial et préparé un feu d'artifice.

7. Nathalie préférait ses vieux jouets, mais son père n'a pas pu les retrouver.

8. Les domestiques ont mal préparé le déjeuner, et Nathalie est devenue malade.

9. Une fusée est tombée sur le toit et dans la cheminée et a mis le feu au tapis. Le père de Nathalie s'est brûlé la main dans l'incendie.

10. Nathalie était en larmes.

11. Nathalie était bien jeune, mais elle sentait avec force les nuances de sentiments. Elle savait que son père l'aimait, qu'il avait fait de son mieux, et qu'il n'avait pas réussi. Elle le plaignait et, en même temps elle avait un peu honte de lui. Elle voulait lui cacher ses idées, elle essayait de sourire et elle pleurait.

11. Nathalie aimait son père et savait qu'il avait fait de son mieux. Mais parce que tout avait échoué elle le plaignait et avait un peu honte de lui. (Elle a essayé de lui cacher ses sentiments.)

12. Quand Nathalie pense aujourd'hui à cette carte, elle sait qu'elle était affreuse. En ce temps-là, elle aimait la carte.

12. Au moment où Nathalie a reçu la carte postale, elle l'aimait. Plus tard elle a compris que la carte était affreuse.

13. Elle dit sur un ton de défi qu'elle avait passé une journée admirable, et elle décrivit le feu d'artifice sans dire un mot de l'incendie, comme preuve de la magnificence de son père.

13. Nathalie a dit qu'elle avait passé une journée admirable. (Elle n'a pas mentionné que tout avait échoué.)

14. Sa mère la prit, et tout de suite, éclata de rire. Elle dit: «Quelle pièce pour le musée des Horreurs!» Heinrich a dit: «Pas devant cette petite!»

14. Sa mère a éclaté de rire quand elle a vu la carte. Heinrich a trouvé cette réaction cruelle.

15. Heinrich a suggéré à Nathalie de garder la carte avec soin. Nathalie avait sept ans, mais elle savait qu'il mentait, qu'il jugeait comme sa mère cette carte affreuse, qu'ils avaient raison tous deux et que Heinrich voulait, par pitié, protéger son pauvre papa.

15. Heinrich a suggéré à Nathalie de garder la carte (avec soin). Il a admiré la carte pour ne pas montrer à Nathalie ses vrais sentiments et, par pitié, il voulait protéger son père.

16. Nathalie savait que son beau-père mentait, qu'il jugeait comme sa mère cette carte affreuse, qu'ils avaient raison tous deux, et que Heinrich voulait, par pitié, protéger son pauvre papa.

16. *This question asks for your personal interpretation. There is no one correct answer. You will note that the answer at the left consists of words copied from the text. It does not answer the question.*

NOTE: **Which set of answers most closely resembles yours?**

3

LE RAMEAU D'OR
PAR
MARIE-JOSÉ THÉRIAULT

Marie-José Thériault

(1945–   )

Marie-José Thériault was born on March 21, 1945 in Montréal, Canada. Since 1972, when her first book of poetry was published, she has rightfully earned a position of renown among French Canada's popular young authors. Her father, Yves Thériault, was one of Canada's most prolific and widely read writers. Her mother, Michelle-Germaine Blanchet, was a journalist, and is currently known for her work as an artist and illustrator. Jacques Blanchet, her uncle, is a composer and singer. Raised in this artistic milieu, Marie-José learned to spell at the typewriter before she could even print the letters herself. She began writing consistently at the age of eight—"poems, a diary, and interminable letters."[1]

The Thériault family traveled extensively when Marie-José was a child, spending long periods of time in France and Italy. As a result, Marie-José and her brother mastered the Italian language at an early age. Later, she also became fluent in English and acquired a knowledge of Spanish, Russian, and Persian. Her passion as a young girl, however, was flamenco dancing. Trained in ballet, flamenco, and jazz, she abandoned her formal education in 1961, and at the tender age of sixteen she began a twenty-year career in the performing arts.

Between 1962 and 1982, Marie-José danced and sang professionally in theaters and nightclubs and on radio and television in Canada, Italy, Belgium, and Spain, often as a star soloist. Between performance contracts, she found her aptitude for languages a great asset, working as a receptionist, a multilingual secretary, a translator, and an interpreter for various companies and organizations. As she became "slightly dissatisfied with performing," Marie-José began to devote herself more seriously to her writing. When *Poèmes* was published in 1972, she was pursuing a dual career in performing and writing, and she continued both lives over the next ten years. She abandoned her performing career in 1984.

As is the case with many young authors, "writing offered no sustenance" at first. To supplement her income, Marie-José worked as an editor and translator for a musician's union information bulletin and did free-lance translation and manuscript reading for various publishers. Les Editions Hurtubise HMH offered her a job, first as an assistant to the publisher and then as literary director. She remained with this publishing company for ten years, all the while continuing to write more and more and to publish her own books, short stories, and articles. In 1980, Marie-José became a *parolière* (radio commentator). Since then, she has researched and participated in over 300 radio programs.

In 1984, Marie-José Thériault was awarded the Canada–Switzerland Literary Prize for a book of poetic prose entitled *Invariance*, suivi de *Célébration du prince*. This award "triggered a number of events" for her, both in Canada and abroad.

---

1. All quotations are the words of Marie-José Thériault and are taken from her correspondence with the authors of this text.

She left her job with the publishing firm and devoted herself full-time to her writing, translation, lecturing, and radio commentary. She has received several grants and has represented Canada at cultural events in Europe and South America, giving readings and lectures to promote cultural exchange between French-speaking and non-French-speaking countries.

During the last ten years, Marie-José Thériault's literary career has soared. She has published eleven books of different genres. In addition to *Invariance,* her books of poetry include *Pourtant le sud...* (1976), *Lettera amorosa* (1978, illustrated by her mother), and *Les Chants de l'oiseleur* (1988). Her collections of short stories include *La Cérémonie* (1978) and *L'Envoleur de chevaux et autres contes* (1986). "Le Rameau d'or," first published in the literary journal *Vice Versa* in 1985, is taken from the latter collection, which has been well received by both the critics and the public. Her novel *Les Demoiselles de Numidie,* appeared in 1984, and she published a book for children entitled *Agnès et le singulier bestiaire* in 1982. Some of her writings have already been translated into English, Spanish, German, and Welsh.

With the help of Horace, her computer, Marie-José Thériault continues to write at an astounding pace. Her fiction and nonfiction works are currently published in various prestigious magazines and journals in Canada, Europe, and the United States. She often writes, upon request, for school textbooks, having a special fondness for students, with whom she meets frequently to discuss her works. *"Ce qui est important,"* she states, *"c'est de donner le goût de la lecture aux jeunes."* In 1987, she founded Les Editions Sans Nom, Inc., for the purpose of publishing her father's works as well as art books and albums for adults and children who have "a taste for beauty."

Préparation à la Lecture

More reading hints

PUNCTUATION In French, a dash before a sentence generally indicates direct conversation or a change of speaker.

> —Plus que soixante.
> —Soixante quoi?

THE CONSTRUCTION FAIRE + INFINITIVE This is a causative construction in which the subject of **faire** is not performing the action but is causing it to be performed by someone else. The construction means "to cause/make/have someone do something," or "to have something done." The verb **faire** can be in any tense, and the infinitive is usually positioned directly after **faire.**

L'eau **fait pousser** les fleurs.   *The water makes the flowers grow.*

This story contains several examples of the **faire causatif.** Do you understand its meaning in the following examples?

Ne **fais** pas trop **monter** la flamme, dit Nora.
Une voix **se fit entendre.**

VOCABULARY Chapter 1 provided you with a list of common prepositions, conjunctions, and adverbs. Did you learn their meanings? You will recall that it is difficult to interpret what these words mean from the context of the sentence. Several of the words in that list appear in this story, along with the following four additional terms: **dès, plutôt, à peine,** and **au fait.** You may wish to review prepositions, conjunctions, and adverbs before beginning the story.

IMPERFECT TENSE Remember that the imperfect tense in French can relate a progressive past action (**il parlait** could mean "he was speaking") or a habitual past action (**il parlait** could also mean "he used to speak"). Both uses of the **imparfait** appear frequently in this story.

Pratique   **A. MOTS APPARENTES** Les mots apparentés tirés du conte, à gauche ci-dessous, diffèrent très peu des mots anglais. Trouvez dans la liste de droite les mots qui leur correspondent logiquement. Faites attention à l'usage du mot. Remplacez un infinitif par un infinitif, un adjectif par un adjectif, etc. S'il y a un mot anglais que vous ne connaissez pas, servez-vous de votre dictionnaire. De cette façon vous élargirez à la fois votre vocabulaire anglais et votre vocabulaire français.

1. manifester	**a.** la division de l'année (en jours, mois, etc.)
2. empaler	**b.** raconter
3. le calendrier	**c.** faire savoir
4. carboniser	**d.** renommer
5. le mutisme	**e.** prouver
6. relater	**f.** montrer
7. vérifier	**g.** séparer
8. détacher	**h.** brûler
9. rebaptiser	**i.** le silence
10. signaler	**j.** mettre sur un objet pointu

B. FAMILLES DE MOTS On peut parfois apprendre plusieurs mots en apprenant un seul nouveau mot. Par exemple:

1. Si le nom **terre** veut dire *earth*, que veut dire le verbe **enterrer?**

Il faut que... tu aies **enterré** le rameau sous... l'arbre.

● **même famille:** déterrer, la terrase, l'enterrement, terrestre, le territoire

2. Si le nom **feuille** veut dire *leaf*, que veut dire le verbe **feuilleter?**

Horace **feuilletait** le calendrier avant de revenir à table.

3. Si l'adjectif **chaud** veut dire *hot,* que veut dire le verbe **échauffer?**

Raconte-moi ce qui t'**échauffe.**

● **même famille:** chauffer, réchauffer, le chauffage central

C. LISEZ ET REFLECHISSEZ! Lisez les phrases suivantes sans consulter le dictionnaire. Essayez de déterminer le sens des mots en italique. Puis, choisissez **a, b,** ou **c** selon l'idée générale de la phrase.

1. Horace *tisonnait* le feu avec vigueur. Empalés sur une broche, des merles *(blackbirds)* rôtissaient.
   a. éteignait (le feu)
   b. activait (le feu)
   c. admirait (le feu)

Tuyau (hint): Did you realize that the first sentence did not give you enough information? When you read on, did your own experience with roasting something over a fire help you?

2. Il *chuchotait* derrière sa main pour que les murs ne l'entendent pas.
   a. murmurait
   b. mangeait
   c. chantait

*Tuyau: The sentence tells you that the action took place **derrière sa main** in order that the walls **ne l'entendent pas.** Did these known elements help you?*

3. Il faut que tu... aies enterré le rameau sous une *racine* de l'arbre où il pousse.
   a. une partie de la feuille
   b. une partie de la branche
   c. une partie du tronc

*Tuyau: Does the preposition **sous** lead you to the meaning of **racine?** You know that **un rameau** (branch) grows on a tree. What part of the tree grows **sous la terre?***

4. Ils burent un vin blanc qu'il *avait mis au frais.*
   a. avait chauffé
   b. avait refroidi
   c. avait acheté

*Tuyau: What does one usually do with white wine before drinking it? Do you remember the weather expression **il fait frais?***

5. Horace... avait manifesté les signes d'une intense *fébrilité.* Sa femme Nora cherchait en vain... les motifs de l'agitation de son vieux mari.
   a. calme
   b. nervosité
   c. mélancolie

Tuyau: Once again, reading on should have helped you to understand the meaning of the unknown word. Did you find a close synonym in the second sentence?

Etablissons les faits!

• *Avant de lire...*

A. EXPERIENCE PERSONNELLE

1. Avez-vous jamais rêvé de gagner à la loterie? Comment votre vie changerait-elle?
2. Avez-vous jamais rencontré une personne sans scrupule qui a utilisé des subterfuges pour devenir riche? Quelle est votre opinion sur cet individu?
3. Connaissez-vous des situations où quelqu'un a été dupé *(tricked)* par de fausses promesses de richesse? Commentez.

B. LE TITRE ET L'ILLUSTRATION

1. D'après son titre, avez-vous l'impression que ce conte
   a. est basé sur la réalité
   b. est un drame sérieux
   c. est une sorte de conte folklorique?
2. L'illustration à la page 39 dépeint la première scène du conte.
   a. Qui voyez-vous? Que font-ils?
   b. Quel âge ont ces personnes? Sont-elles heureuses ou tristes?
   c. Quels autres détails pouvez-vous mentionner?

• *Après la première lecture...*

C. VUE PANORAMIQUE
Pensez aux questions suivantes en lisant le conte pour la première fois. Ne vous servez pas de votre dictionnaire. Ensuite, répondez-y brièvement.

1. Qui sont Horace et Nora? Parmi les adjectifs qui suivent, soulignez ceux qui décrivent ces deux personnages.

   vieux, jeunes   naïfs, intelligents
   mariés, célibataires   paysans, fonctionnaires
   riches, pauvres

2. Pourquoi Horace est-il agité? Est-il agité
   a. parce qu'il a un secret
   b. parce que Nora est triste
   c. parce qu'il carbonise les merles
3. Quel projet Horace et Nora décident-ils d'entreprendre?
4. Qui est Marcellin-le-Fou? Est-ce la personne qui
   a. aide Horace et Nora
   b. dupe Horace et Nora
   c. coupe le rameau d'or

5. Horace et Nora réussissent-ils dans leur projet?
6. A la fin du conte, qui semble être le plus intelligent?

 # LE RAMEAU D'OR

tense

DÈS LES premiers jours d'automne, Horace—qui, pourtant, ne paraissait jamais tendu°—avait manifesté les signes d'une intense fébrilité. Sa femme Nora cherchait en vain à connaître les motifs de l'agitation de son vieux mari:

are plotting
5 —Qu'est-ce que tu mijotes?°

silencieux
hearth

Horace, muet,° souriait en tournant en rond comme un ours de la table à l'âtre,° de l'âtre à la fenêtre, de la fenêtre au calendrier qu'il feuilletait avant de revenir à table.

—Plus que soixante.

10 —Soixante quoi?

—Jours.

shrugged

Nora haussa° les épaules et répliqua:

—Vraiment, mon pauvre ami, je ne sais pas ce que tu peux trouver à attendre qui te mette dans un état pareil. Je ne vois que Noël au bout de ton
15 compte. Un autre Noël triste pour nous qui sommes vieux, seuls, sans

enfant, et pas riches… pour ne pas dire pauvres, comme dans les mauvaises histoires.

Horace, pour toute réponse, tisonnait le feu avec vigueur. Empalés sur une broche, des merles rôtissaient.

5 —Ne fais pas trop monter la flamme, dit Nora avec calme. Tu carbonises ces pauvres bêtes qui n'en demandent pas tant… Raconte-moi plutôt ce qui t'échauffe ainsi.

ici: waste of time

Peine perdue.° Horace tint bon[1] dans son mutisme jusqu'à la veille même de Noël.

candles

10 Ce soir-là, Horace surprit Nora en déposant des bougies° sur la table, et des petites fleurs qu'il avait trouvées Dieu sait où. Ils burent un vin blanc qu'il avait mis au frais et mangèrent leur dernière oie,° Horace ayant insisté pour qu'on la sacrifie en raison de son sale caractère.

goose

—De toute façon, avait-il prétexté, nous en aurons autant qu'il nous 15 plaira, d'oies.[2] Et grasses. Et douces.

—Que veux-tu dire? fit[3] Nora.

C'est alors qu'elle vit dans les yeux d'Horace une malice à laquelle il ne l'avait pas habituée. Il chuchotait derrière sa main pour que les murs ne l'entendent pas, et ses paupières° étaient froissées°de joie contenue (à peine):

eyelids / crinkled
swear
ne dis rien!
mais enfin!
(Can.) point
grove of hazel trees

20 —C'est Marcellin-le-Fou[4] qui me l'a raconté, et il m'a fait jurer° de ne le répéter à personne… alors, chut!° En retour, je lui ai promis 10% de tout.

—M'enffiinn!° Horace! De quoi parles-tu?

Nora atteignait le plus haut période° de l'exaspération.

—Paraîtrait-il que dans le bosquet de noisetiers° du côté de la Rivière-25 aux-Âmes,[4] il y a, qui pousse à la minuit de Noël, un rameau d'or. Qui le cueille° devient riche.

plucks

—Si c'est le cas, pourquoi Marcellin-le-Fou ne le cueille-t-il pas lui-même?

—Hé! pardi[5]… parce qu'il est bête!

des autres / warts

30 —Attention… dire du mal d'autrui° fait pousser des verrues° sur le nez…

Horace ne put s'empêcher de vérifier si ne naissait pas là quelque excroissance indue,[6] tout en faisant à Nora—dont il avait piqué la curiosité—le détail de l'affaire, telle que relatée par Marcellin-le-Fou (et

---

1. **tint bon:** passé simple de **tenir bon**, qui veut dire *to hold out.*

2. **nous… d'oies:** Nous aurons autant d'oies que nous voudrons.

3. **fit:** passé simple de **faire**, souvent synonyme de **dire**.

4. *Pay close attention to both the sound and the meaning of this word. It is important to your understanding of the story.*

5. **pardi:** (*fam.*) Exclamation par laquelle on renforce une déclaration. Horace renforce son affirmation, «il est bête!»

6. **Horace… indue:** Horace ne peut pas s'empêcher de se toucher le nez pour voir si des verrues y poussent.

trop longue pour qu'on la rapporte ici). Ensuite, il se mit à compter les heures.

sont allés

Enfin, arriva le moment où Horace et Nora s'en furent° du côté de la Rivière-aux-Âmes.

cherchaient

⁵ Nuit claire et douce. Pleine lune. Pas de neige encore. Dans le bosquet de noisetiers, Horace et Nora furetaient,° le nez en l'air, en quête du fameux rameau.

was flickering, sparkling
neon sign

Ils le trouvèrent au premier coup de minuit: le rameau clignotait° comme une enseigne lumineuse.° Tous deux grimpèrent à son assaut.⁷ D'abord l'un ¹⁰ perché sur les épaules de l'autre (mais qui sur qui, ça...), puis ensemble

astride / pruning knife

à califourchon° sur une branche et serpette° en main, ils entreprirent de tailler⁸ le rameau d'abondance.⁹

Une voix se fit entendre. Celle de Marcellin-le-Fou, au pied du noisetier.

—Ohé! Horace! il y a une petite chose que j'ai oublié de te signaler...

¹⁵ L'horloge du village sonna le cinquième coup.

—Vois-tu, il faut qu'avant le douzième coup de minuit tu aies enterré le rameau sous une racine de l'arbre où il pousse, sans quoi il tombera en

dust / struggled

poussière° et tu te seras escrimé° en vain...

Horace et Nora se regardèrent, inquiets: «Nous n'aurons pas le temps, ²⁰ pas le temps!»

close

—Mais si, mais si, fit Marcellin-le-Fou. Taillez vite! Je me charge du reste. Ce sera tout juste,° mais nous y arriverons.

Ainsi fut fait. Horace et Nora détachèrent le rameau de l'arbre au dixième coup. Au onzième, ils le jetaient à Marcellin-le-Fou. Au douzième,

ici: confusion

²⁵ ce fut la foire:° Marcellin-le-Fou mettait le rameau en terre, les anges chantaient dans la campagne et entonnaient l'hymne des cieux, tandis qu'Horace et Nora...

Mais, au fait... où sont passés Horace et Nora?

Marcellin-le-Fou (pas si fou que ça) avait omis de dire autre chose à ³⁰ Horace et Nora: qu'il ne faut jamais, au grand jamais, se séparer du rameau d'or, mais l'enterrer *soi- même*. Sans quoi on disparaît dans le néant.°

nothingness
wander

Funeste soir de Noël. Pour Horace et Nora, à tout le moins.¹⁰ Ils errent° toutes les nuits dans le bosquet de noisetiers sans jamais trouver de repos.

Et Marcellin-le-Fou? Ah...! Vous voulez parler de Marcellin-le- Fourbe?

country squire

³⁵ Il est aujourd'hui châtelain° et propriétaire de douze chevaux de course...

Quant à la rivière, on l'a rebaptisée Rivière-aux-Ânes.

---

7. **grimpèrent... assaut:** Horace et sa femme sont montés dans l'arbre avec effort pour arriver au rameau.

8. **tailler:** *Now that you know the meaning of* **serpette** *you should understand the meaning of this word.*

9. **le rameau d'abondance:** *the branch of riches; horn of plenty.*

10. **à... moins:** *at the very least.*

EXERCICES DE COMPRÉHENSION

● **N'oubliez pas de relire le conte avant de préparer les exercices suivants.**

Vrai/faux   Lisez les phrases suivantes et décidez si le sens de la phrase est vrai ou faux selon le texte. S'il est faux, corrigez la phrase. Ne vous contentez pas d'utiliser ou de supprimer les mots négatifs.

La première scène

1. Le conte commence au mois d'octobre.
2. Horace a l'air très calme.
3. Nora ne comprend pas l'attitude d'Horace.
4. Horace cache un secret.

La veille de Noël

5. Horace surprend Nora en refusant de manger.
6. Quand Horace révèle son secret, il parle vite et haut.
7. Dans un bosquet de noisetiers un rameau d'or pousse une fois par mois à minuit.
8. C'est Marcellin-le-Fou qui a raconté le secret à Horace.
9. La personne qui cueille le rameau d'or deviendra riche.
10. Horace et Nora quittent la maison pour aller chercher Marcellin-le-Fou.
11. Horace et Nora trouvent l'arbre facilement.
12. Marcellin-le-Fou offre de tailler le rameau pour Horace et Nora.
13. Il faut enterrer le rameau sous la racine d'un arbre devant leur maison.
14. A la fin du conte, Horace et Nora rentrent dans leur maison, fiers d'avoir le rameau.
15. C'est vrai que Marcellin mérite le nom de Marcellin-le-Fou.

Résumé   Pour faire un résumé du conte, remplacez les tirets par le mot approprié de la liste ci-dessous. Faites attention aux changements nécessaires.

bête	épaule	mutisme	pousser	se séparer
carboniser	errer	néant	racine	tailler
chuchoter	feuilleter	Noël	rameau	tisonner
cueillir	manifester	oie	repos	voix
enterrer				

Horace, depuis l'automne, _____ une grande agitation. Nora hausse les _____ parce qu'elle ne comprend pas ce qui se passe. Horace _____ le calendrier et annonce qu'il y a soixante jours qui restent avant ____. Horace _____ le feu et, dans son agitation, il risque de _____ les merles qui rôtissent sur une broche. Il refuse de dire pourquoi il est agité et garde son _____ jusqu'à la veille de Noël.

La veille de Noël, Horace et Nora mangent très bien, ayant sacrifié leur dernière ___. Ensuite, Horace révèle son secret. Il _____ derrière sa main parce qu'il veut que seulement Nora l'entende. Marcellin lui avait dit qu'un rameau d'or _____ dans un bosquet de noisetiers à la minuit de Noël. Selon Marcellin, la personne qui _____ le rameau deviendra riche. Horace trouve Marcellin ____ parce que Marcellin ne cherche pas le rameau lui-même.

Horace et Nora quittent la maison en quête du fameux _____. Quand ils le voient, ils grimpent l'arbre et commencent leur travail. A ce moment, ils entendent la ____ de Marcellin. Marcellin explique qu'il faut _____ le rameau sous une _____ de l'arbre avant le douzième coup de minuit. Il n'y a pas assez de temps pour cela, mais Marcellin a une idée. Si Horace et Nora _____ le rameau, lui, il se chargera du reste. Horace et Nora jettent le rameau à Marcellin qui l'_____ pour eux sous l'arbre.

Horace et Nora, où sont-ils maintenant? Marcellin ne leur a pas dit qu'il ne faut jamais __ _____ du rameau. Par conséquent, ils ont disparu dans le _____ et ils vont _____ dans le bosquet sans jamais trouver de _____.

Questions de compréhension

Ecrivez en français les réponses aux questions suivantes. Formulez vos propres réponses. Essayez de ne pas copier les phrases du texte.

1. Comment Nora savait-elle qu'Horace était agité?
2. Qu'est-ce qu'elle essayait de découvrir dans cette première scène?
3. Horace a seulement révélé qu'il n'y avait plus que soixante jours. De quoi parlait-il? Quelle a été la réaction de Nora?
4. Comment savez-vous que c'était l'heure du dîner?
5. Pourquoi Nora a-t-elle dit à Horace de ne pas faire trop monter la flamme?
6. La veille de Noël, quels aspects de leur dîner ont surpris Nora? Quelle explication Horace lui a-t-il donnée?
7. Quel grand secret Horace gardait-il depuis deux mois? Donnez les détails.
8. Qui avait révélé la légende du rameau d'or à Horace? Selon Horace, pourquoi ce personnage n'allait-il pas chercher le rameau lui-même?
9. Le moment d'aller en quête du rameau est arrivé. Horace et Nora ont-ils eu de la difficulté à le trouver? Expliquez.
10. A quel moment précis Horace et Nora ont-ils trouvé le rameau?
11. Décrivez l'assaut sur l'arbre.
12. Qui est arrivé pendant que Nora et Horace taillaient le rameau? Quel nouveau renseignement ce personnage a-t-il révélé?
13. Pourquoi Horace et Nora avaient-ils besoin de l'aide de Marcellin-le-Fou? Quelle solution Marcellin a-t-il offerte?
14. Qu'est-ce qui est arrivé à Horace et à Nora? Pourquoi? Quel est le dernier fait important que Marcellin-le-Fou n'avait pas mentionné à Horace?
15. A la fin du conte, qu'est-ce qui est arrivé à Marcellin-le-Fou et à la Rivière-aux-Âmes? Expliquez les changements. (Marcellin était-il si fou qu'on le prétendait?)

Réactions orales ou écrites

A. SYNTHESE DU TEXTE

1. Décrivez Horace, Nora, et Marcellin, selon le texte. Ajoutez vos propres impressions.

2. Nora dit à Horace qu'il faut faire attention parce que «dire du mal d'autrui fait pousser des verrues sur le nez». Que veut dire cette phrase? Quelle a été la réaction d'Horace? Connaissez-vous d'autres superstitions de ce genre? Lesquelles? Selon vous, pourquoi les superstitions existent-elles? Y croyez-vous? Expliquez votre point de vue.

3. Dessinez la scène où Horace et Nora grimpent à l'assaut du rameau.

4. Ce conte est riche en éléments comiques. Relevez ces éléments et faites-en une liste. Expliquez ensuite pourquoi vous les avez trouvés drôles.

B. REACTION PERSONNELLE

1. Vous êtes Marcellin. Comment raconteriez-vous l'histoire du rameau à vos amis?

2. Vous êtes Horace ou Nora. Vous errez dans le néant. Imaginez et racontez votre conversation avec votre compagnon.

3. Supposez qu'Horace se montre plus rusé que Marcellin et réussisse à posséder le rameau d'or à la fin du conte. Comment y parvient-il? Quelle est la réaction de Marcellin? Que va faire Horace de ce rameau d'or, une fois qu'il le possède?

4. Imaginez que Marcellin ait parlé avec Nora et non pas avec Horace. Créez leur conversation. C'est Nora qui décide de ce qu'il faut faire pour chercher le rameau d'or. Que fait-elle? Comment cette version du conte se termine-t-elle?

5. Les gens du village sont très jaloux de Marcellin. Ils ne comprennent pas l'absence d'Horace et de Nora. Ils accusent Marcellin de les avoir tués. Qu'est-ce qui se passe?

6. Quel effet la tentation de beaucoup d'argent a-t-elle sur une personne? Imaginez que vous avez acheté un billet de loterie. Vous rêvez de tout ce que vous allez faire si vous gagnez. Décrivez vos rêves. Gagnez-vous à la loterie ou non? Quels sont vos sentiments?

7. Connaissez-vous d'autres contes folkloriques, légendes, ou films auxquels vous pouvez comparer «Le Rameau d'or»? Choisissez-en un et établissez la comparaison.

4

AVEA ET L'HOMME LIBRE

PAR

YVES THÉRIAULT

YVES THÉRIAULT (1915–1983)

Born in Quebec City in 1915, Yves Thériault was French Canada's most prolific contemporary author. In addition to his many novels, he wrote a number of historical adventure stories for children and adolescents. The author of over 1300 radio and television scripts, he had more than sixty radio plays broadcast. At one point he was producing thirteen dramatic programs a week for three different radio stations. Added to this already voluminous evidence of his seemingly inexhaustible writing ability are plays, social satires, nonfiction works, prose poems, several collections of short stories, and articles for various literary and nonliterary periodicals. The quantity and variety of his writings have assured his popularity among the French-Canadian reading public, and translations of several of his novels have extended his reputation abroad. Thériault's literary success appears even more remarkable when one realizes that he was a writer with little formal educational background.

Largely self-taught, Thériault quit school at the age of fifteen. Between 1929 and 1933 he worked as a trapper, truck driver, nightclub employee, cheese salesman, and tractor salesman. The frantic pace of his lifestyle and a bout with tuberculosis forced him to spend one and a half years in a sanatorium. From 1935 until the early 1950's, Thériault worked in a variety of positions that fostered his writing interests. As an announcer for several radio stations, he wrote his first radio sketches, and published some of his earliest short stories in French-Canadian newspapers. In 1942 he married Michelle-Germaine Blanchet, also a writer, and was named director of a Toronto newspaper. Later, while serving as a script writer for Radio Canada, he published a number of novellas under various pseudonyms.

In 1950, Thériault received a scholarship from the French government to continue his education, but was obliged to refuse it due to the pressures of work. In 1952 he traveled around the world on an Italian freighter, and in 1961, by invitation, he attended the International Film Festival in Moscow. Thériault, of part Montagnais Indian descent, could speak the Cree dialect from the age of seven, and served as Cultural Director for the Department of Indian and Northern Affairs in Ottawa from 1965 until 1967.

In 1970 Thériault suffered a cerebral thrombosis that caused a paralysis and temporarily deprived him of the ability to speak and write. Following a long convalescence, he resumed his career in spite of continued ill health. Between 1972 and 1982 he published fifteen re-editions of earlier works and wrote nine new novels. Because of his charm, wit, literary expertise, and constant availability, many young writers were attracted to the numerous conferences and literary workshops that Thériault found time to offer during his later years.

Although criticized at times for writing hastily and carelessly, Thériault received a number of literary awards and was a member of several prestigious writers' organizations. His works are widely studied in the universities of Quebec. Many critics feel that he owed his dynamic and natural style to both his sketchy formal education and his varied life experiences. He found the subject matter for many of his works in the historical culture and heritage of his native country. His protagonists reveal the anguish of conflict between old beliefs and the modern world, between the rights of minority groups and the pressures of cultural assimilation, between an individual's search for freedom and the rigidity of a restrictive society, and between basic human instincts and forces of tradition and repression. A vigorous moralist, Thériault opposed superficial codes of conduct in order to seek something strong and fundamental in the quest for personal identity. He respected the independent spirit that makes individuals true to themselves. Nonetheless, he was aware of the value of being part of society and of the permanently unresolved conflict that an individual's search for true freedom engenders.

Thériault won international acclaim for his novel *Agaguk* (1958), based on Eskimo culture. Some of his other works include: *Contes pour un homme seul* (1944), *Le Dompteur d'ours* (1951), *Ashini* (1960), *La Rose de pierre* (1964), *Le Dernier Havre* (1970), *Agoak* (1975), and *La Quête de l'ourse* (1981). Only four of his plays are available in print, and of the more than 1000 short stories he wrote, many are still unpublished.

PRÉPARATION À LA LECTURE

Pratique   **A. MOTS APPARENTÉS** Les mots apparentés à gauche sont tirés du conte. Trouvez dans la liste de droite les mots qui leur correspondent logiquement.

1. lucide		**a.** minuscule
2. miniature		**b.** l'oasis
3. la misère		**c.** la rémunération
4. le refuge		**d.** présumer
5. le risque		**e.** certainement
6. le salaire		**f.** clair
7. supposer		**g.** la tristesse
8. sûrement		**h.** le péril

B. FAMILLES DE MOTS Vous connaissez déjà les mots entre parenthèses. Déterminez le sens des mots en italique dans les phrases à droite. L'usage du mot a-t-il changé? Par exemple, de nom à verbe? d'adjectif à nom? etc.

1. (nouvel)

... mon propriétaire n'aurait pas consenti à *renouveler* mon bail *(lease)*.

2. (acheter)

L'homme travaillait, il avait repris son appartement, s'était *racheté* des meubles.

• **même famille:** acheteur, achetable, rachetable, un achat

3. (la flamme)   Voilà que le Petit Tramway *s'enflammait.*
                                             Il parlait vite et haut.

4. (le parent)   Autrefois, quand toute ma *parenté* vivait
                                             encore, quand tous les tramways circu-
                                             laient dans Montréal,...

5. (Salut!)   ... mais les Pères Noël ne *saluent* pas...

- **même famille:** le salut, la salutation

6. (cacher)   Un jour AVEA avait décidé de rentrer
                                             dans sa *cachette.*

- **même famille:** cachant, caché, la cache, jouer à cache-cache

C. LISEZ ET REFLECHISSEZ! Lisez les phrases suivantes. Ne consultez pas le
dictionnaire. Trouvez dans la phrase les mots qui expliquent ou décrivent les mots
en italique. Ensuite, en vous servant de la phrase entière, essayez de déterminer
leur sens.

1. ... il se hâtait de rentrer car la nuit était un peu *frisquette* et il craignait de
prendre froid. .

Tuyau: Si on craint de prendre froid, quel temps fait-il d'habitude?

2. [AVEA] se balançait un peu sur ses *roues.*

Tuyau: Quand vous vous promenez, sur quelle partie de votre corps vous
balancez-vous? Et un tramway? Sur quoi se balancerait-il?

3. Vous n'avez pas peur de vous faire *écraser* par une auto, là où vous êtes assis,
au milieu de la rue?

Tuyau: Est-ce que c'est une bonne idée de s'asseoir au milieu de la rue?
Quel en est le risque?

4. Il *étendit* la main, toucha AVEA, comme pour s'assurer qu'il était bien là,...

Tuyau: Pour toucher quelque chose, qu'est-ce qu'on fait avec la main?

5. J'étais pris, *lié,* obligé.

Tuyau: Est-ce que la série de trois mots vous aide à découvrir le sens
général?

6. ... deux grosses larmes coulèrent sur son *pare-brise* [le pare-brise du petit
tramway]. Immédiatement le grand *essuie-glace* automatique vint sécher les
larmes...

Tuyau: Si une personne pleure, les larmes coulent sur son visage. Un
tramway n'a pas de visage. Qu'est-ce qu'il a? Pour sécher les larmes, une
personne utilise un mouchoir. Qu'est-ce qui essuie le pare-brise d'un véhicule
quand il pleut?

Etablissons les faits!

● *Avant de lire...*

A. EXPERIENCE PERSONNELLE

1. Qu'est-ce que c'est que la liberté pour vous? Est-ce que la liberté totale existe? Pourquoi ou pourquoi pas?
2. Dans les grandes villes du vingtième siècle, le phénomène récent des *bag people* (appelés **clochard(e)s** en français) devient un problème de plus en plus sérieux. Selon vous, est-ce que ces individus ont le droit de vivre comme ils le font? Ont-ils choisi leur vie ou y sont-ils forcés par la société? Expliquez.

NOTE: Le phénomène des *bag-people* existe aussi en France, quoiqu'il soit moins évident qu'aux Etats-Unis. Les termes **clochard** et **sans-abris** s'appliquent aux gens qui vivent dans les rues.

B. L'ILLUSTRATION

1. Qui voyez-vous sur l'illustration à la page 52? Où sont les deux personnages? Que font-ils? Quelle heure est-il, selon vous?
2. Trouvez d'autres détails qui pourront aider votre compréhension.

● *Après la première lecture...*

C. VUE PANORAMIQUE Pensez aux questions suivantes en lisant le conte pour la première fois. Ne vous servez pas de votre dictionnaire. Après la lecture initiale, essayez d'y répondre brièvement.

1. Comment s'appellent les deux protagonistes?
2. Dans quelle ville se passe l'action?
3. Qu'est-ce que vous savez du petit tramway? (Voir l'**Introduction au conte**.)
4. Le petit tramway est-il content de sa vie?
5. Que faisait l'homme quand le petit tramway l'a vu pour la première fois?
6. De quoi l'homme et le petit tramway discutent-ils?

Introduction au conte

Ce conte est tiré d'un livre pour enfants qui s'appelle *AVEA, le petit tramway*, publié en 1963. Le narrateur est AVEA, un petit tramway qui habite à Montréal, et qui sait parler et raisonner. Quand il est né, ses «parents» ont réfléchi longtemps avant de le nommer. Sa mère a enfin choisi le nom AVEA, tiré de la phrase, «Avancez en arrière!», une phrase criée constamment par le contrôleur du tramway quand les voyageurs montent à bord.

Un jour, les humains ont décidé de se débarrasser des tramways afin de les remplacer par d'autobus plus modernes. AVEA s'est caché derrière une grande porte le jour où les humains ont brûlé tous les autres tramways. On ne l'a pas découvert. A travers les années AVEA, chauffé par le soleil et trempé par la pluie, a rapetissé, c'est-à-dire est devenu plus petit. Maintenant il se cache pendant la journée et ne sort que la nuit dans les rues de Montréal. Dans ce conte AVEA, qui aime raconter ses expériences, nous parle d'une aventure spéciale—son aventure avec un homme qui croit avoir trouvé la vraie liberté.

AVEA ET L'HOMME LIBRE

aventures
     CE SERAIT long, que¹ de raconter toutes les péripéties° des promenades d'AVEA. Contentons-nous d'en choisir quelques-unes. Et si cela vous plaît, nous vous en narrerons beaucoup d'autres.

     La première concerne un «homme libre.»

comme d'habitude / passait
sans être vu / *watching
out for*
5   AVEA, comme à son accoutumée,° se faufilait° d'une rue à l'autre, guettant° la police, bien sûr, mais en ne perdant rien non plus de ce qui se passait autour de lui.

     Comme toujours, quand le *Petit Tramway* sortait, la ville dormait profondément. Tout le centre de Montréal était désert. Il était près de cinq
10 heures du matin, mais à cette période de l'année, c'était encore la nuit noire.

     Cette solitude ne plaisait pas à AVEA. Il préférait voir des gens, même au
disperser
risque de semer° la stupéfaction. Et même au risque d'alerter pour de bon la police.

rentrer (dans)
     Il avait donc décidé de réintégrer° sa cachette, sur les grands terrains
15 de la Commission des Transports, à l'angle des rues Frontenac et Ste-Catherine.

se dépêchait
     En fait, il se hâtait° de rentrer car la nuit était un peu frisquette et il craignait de prendre froid.

     A ce moment-là, il allait justement traverser l'intersection St-Denis et
a remarqué
20 Ste-Catherine quand il aperçut° un homme qui était assis par terre, sur le pavé de la rue.

(Can.) certainement
     AVEA, beau dommage,° ne s'étonnait pas de voir un homme assis. Mais il pouvait s'étonner de voir cet homme assis sur le pavé.

     Même à cinq heures du matin, il y a des endroits où l'on ne s'assoit pas.
25 Le pavé est sûrement un de ces endroits.

     Intrigué, AVEA s'arrêta devant l'homme.

     Celui-ci ne paraissait pas malade. Il leva sur le petit véhicule un regard très lucide, un peu moqueur même, mais ne dit rien.

expected
     AVEA s'attendait aux° exclamations habituelles que provoquait sa vue.²
d'ailleurs / accentuer
ici: son apparence un peu
bête
30 Même qu°'il se balançait un peu sur ses roues, comme pour souligner° son allure un peu mule.°

     Mais l'homme, drôlement assis, ne dit rien, ne montra aucun³ étonnement et il allait sûrement regarder ailleurs quand AVEA se décida à parler.

     —Vous n'avez pas peur de vous faire écraser par une auto, là où vous
35 êtes assis? demanda-t-il.

---

1. **que:** (figure de style en français) Le **que** n'ajoute rien au sens de la phrase.

2. **que... vue:** Quel est le sujet de **provoquait?**

3. **aucun:** *There are many negative expressions in this story. You may want to refer to Appendix B,* p. 266.

L'homme fit la moue,° hocha° un peu la tête et regarda AVEA d'un air amusé.

—Maintenant, dit-il d'une voix égale et jeune, j'aurai tout entendu. Jusqu'à un tramway-miniature qui parle...

Il étendit la main, toucha AVEA, comme pour s'assurer qu'il était bien là, et qu'étant là, il était fait de bois[4] comme le sont tous les petits tramways.

AVEA eut un petit rire.

L'homme s'étira° un peu mais sans se relever. Il examina l'intérieur du tramway, cherchant probablement si quelqu'un n'y était pas caché.

Voyant que le *Petit Tramway* était vide, il hocha de nouveau° la tête et répéta:

—J'aurai tout entendu!

—Vous n'avez pas répondu à ma question, demanda le *Petit Tramway*. Je veux savoir pourquoi vous êtes assis sur le macadam?[5]

L'homme soupira.°

—Autant° me résigner, dit-il.

—Vous résigner à quoi?

—A entendre parler un tramway.

—Répondrez-vous à ma question?

—Peut-être, si vous voulez me dire comment il se fait que vous parlez?

—Tous les tramways parlaient, répondit AVEA. Les gens ne le savaient pas évidemment, parce que c'est à l'heure où dorment les gens, que les tramways parlent...

Et AVEA reprit, tristement...

—Disons plutôt «... que les tramways parlaient[6]...» car je suis le dernier qui reste.

—Il me semblait aussi... dit l'homme. Mais vous êtes très petit?

—Oh, je suis sans entretien° aucun,[7] je couche[8] dehors, derrière une porte et un tas de° boîtes de bois. La pluie, le froid, le vent, cela me fait rapetisser... Tenez, cette nuit, c'est froid, eh bien! je ne pourrai vraiment pas me mettre à l'abri.° Je vais me blottir° dans mon coin...

—Pauvre petit!

—En me cachant de mon mieux sous l'une des boîtes, le vent ne m'atteindra pas° et je parviendrai° à me réchauffer... Cela me fait rétrécir°, naturellement.

—Oui, fit l'homme, je comprends...

—On ne choisit pas sa vie.

Glossary (left margin):
- a fait une grimace de mécontentement *(pouted)* / shook
- stretched
- encore une fois
- sighed
- ici: *might as well*
- care and maintenance
- beaucoup de
- trouver un refuge / *huddle*
- *will not reach* / réussirai devenir plus petit

---

4. **bois:** Les premiers tramways étaient faits de bois *(wood).* Plus tard, ils ont été faits en métal.

5. **macadam:** (synonyme de *blacktop*) Le mot vient du nom de l'inventeur, McAdam.

6. **parlaient:** *Note the meaning conveyed by the imperfect tense.*

7. **aucun:** *any (not a negative here)*

8. **couche:** *Canadian French frequently uses* **coucher** *for* **se coucher.**

Le petit tramway avait beaucoup de peine.

—Moi, je l'ai choisie, dit l'homme.

—Ah, oui?

à l'extérieur

—Oui… Vous couchez dehors?° Moi aussi. Vous avez froid? Moi aussi. Le vent vous secoue? Moi aussi. Seulement, moi, c'est par choix…

triste

5 Le *Petit Tramway* avait beaucoup de peine. Il se sentait le cœur gros.° Cet homme avait froid, il couchait dehors… Il avait peut-être faim.

—Avez-vous faim? demanda-t-il.

—Souvent.

C'était dommage.

10 —Mais vous dites que vous avez choisi cette vie? Pourquoi l'avez-vous choisie?

—Parce que je suis un homme libre.

Le *Petit Tramway* réfléchit à ces mots. Longuement… tristement… Qu'est-ce que c'est la liberté? Avoir de la misère? Il n'arrivait pas à

15 comprendre.

—Expliquez-moi ce que cela veut dire: homme libre?

—J'habitais une maison, dit l'homme. J'avais des meubles, le téléphone, un réfrigérateur, un appareil de télévision. Je travaillais à salaire et tous les matins, je devais me rendre au bureau. J'avais congé° le samedi et le

jour(s) où l'on ne travaille pas

20 dimanche, mais j'avais toujours la tête pleine de mon travail. Si je n'étais pas allé à la maison chaque soir, si je n'avais enlevé la poussière,° rangé les

dust

armchairs

choses, ce serait devenu un endroit malpropre. Il y avait des fauteuils° où m'asseoir; au bureau, j'avais ma chaise à moi…

Il eut un grand geste des deux bras mais resta assis sur le macadam.

comme je voulais

—Comprenez-vous? J'étais pris, lié, obligé. Je ne pouvais pas m'asseoir à ma guise,° par terre, dans la rue. On aurait rapporté la chose à la police, à mon patron; j'aurais perdu mon emploi, mes amis. Je serais devenu suspect et peut-être que mon propriétaire° n'aurait pas consenti à renou- veler mon bail.°

landlord
(FA) lease
a ri d'une façon sarcastique

5 veler mon bail.°

Il ricana.°

—Un jour, je me suis mis à réfléchir que je n'étais pas libre. Pas vraiment libre. Chaque heure de ma journée était occupée par quelque chose. Chaque chose que je devais faire, chaque sortie, même l'heure de mon lever et de mon coucher, était fixée par la vie que je menais. Alors, je suis devenu libre.

10 et de mon coucher, était fixée par la vie que je menais. Alors, je suis devenu libre.

—Qu'est-ce que vous avez fait?

—J'ai quitté mon emploi. J'ai vendu mes meubles. J'ai donné ce que je n'ai pu[9] vendre. Puis, aujourd'hui, je n'ai pas de maison, je suis sans emploi. Si je veux me coucher, je m'en vais dormir sous un escalier° quelque part. Si je veux manger, je quête° des sous. Je marche quand je veux, je m'arrête à ma guise. Si je veux m'asseoir par terre dans la rue, comme cette nuit, personne ne m'en empêche.° Je suis enfin libre.

stairway
beg

15 emploi. Si je veux me coucher, je m'en vais dormir sous un escalier° quelque

prevents

—Oui, dit le *Petit Tramway*. Mais vous avez froid et vous avez souvent faim. Et vous n'avez personne à qui parler. Vous pouvez vous asseoir dans la rue... et puis après?° Est-ce que vous en tirez vraiment de la satisfaction?

So what?

20 faim. Et vous n'avez personne à qui parler. Vous pouvez vous asseoir dans

—Sûrement.

Le *Petit Tramway* cherchait comment expliquer à l'homme toutes les pensées qui venaient en lui. Mais c'était difficile. Certes, il était déjà vieux de plusieurs années, le *Petit Tramway*, mais il était resté enfant...

25 de plusieurs années, le *Petit Tramway*, mais il était resté enfant...

—Moi aussi, j'avais le goût d'être libre, dit-il à la fin. Autrefois, quand toute ma parenté vivait encore, quand tous les tramways circulaient dans Montréal, souvent j'aurais aimé vivre à ma guise, aller où bon me semblerait...

sob

30 Il eut un sanglot° et l'homme le regarda d'un air étonné.

—Savez-vous, je vais vous faire une horrible confession. Quand j'ai réussi à me cacher, lorsque les hommes ont fait brûler tous les tramways, mes parents, mes amis et mes congénères,° j'ai eu de la peine, évidemment. Mais dans les jours qui ont suivi, quand je me suis rendu compte qu'on m'avait oublié, ou qu'on ne m'avait pas remarqué, je me suis senti presque heureux.

ceux qui sont comme moi

35 m'avait oublié, ou qu'on ne m'avait pas remarqué, je me suis senti presque

—Vous étiez enfin libre...

—C'est ce que je me disais aussi. Enfin, j'allais pouvoir me promener absolument à ma guise. Il n'y aurait personne pour sonner ma cloche,° m'envoyer à droite, ou à gauche, me faire aller là où je n'en avais aucune envie, et m'empêcher d'aller là où il m'aurait plu d'aller. Vous comprenez?

bell

40 m'envoyer à droite, ou à gauche, me faire aller là où je n'en avais aucune

—Si je vous comprends! C'est tout à fait mon histoire...

—Mais au bout de quelque temps, j'ai découvert quelque chose.

---

9. **je n'ai pu: Pas** *is frequently omitted after the verb* **pouvoir.**

—Ah, oui? Dites-moi.

—Savez-vous que je pouvais sortir à mon gré,° oui, mais seulement la nuit. Et en me cachant. Je peux aller où je veux, mais aux heures où j'y vais, 5 croyez-vous que ce soit intéressant? J'aurais aimé aller au Parc Lafontaine,[10] par exemple, voir jouer les enfants, assister° aux spectacles de marionnettes, entendre les concerts de musique, le dimanche après-midi... Pas possible... J'y vais la nuit, mais il n'y a personne et même pas de musique... Même chose pour la rue Ste-Catherine...

10 AVEA laissa échapper° un autre sanglot et deux grosses larmes coulèrent sur son pare-brise. Immédiatement le grand essuie-glace automatique vint sécher les larmes...

—Dans le temps de Noël, j'aimerais bien passer rue Ste-Catherine, voir les vitrines,° surtout quand les Pères Noël font bonjour de la tête et 15 envoient la main° aux passants. On entend des cantiques° qui envahissent° tout l'air froid... Moi, je ne peux passer que bien tard dans la nuit. Les vitrines sont éclairées, mais les Pères Noël ne saluent pas et les cantiques se sont tus...[11]

Il soupira.

20 —C'est toujours comme ça. Et j'ai froid souvent. Et je voudrais pouvoir sortir au soleil, dans le jour...

Il avança un peu, tourna, vint se placer légèrement à droite de l'homme qui était toujours assis.

—Vous, par exemple, monsieur. Vous dites que vous êtes libre. Vous 25 aviez le goût de venir vous asseoir sur le macadam, vous l'avez fait. Mais supposons que vous auriez le goût de vous asseoir au même endroit, à midi, au mois de mai?

L'homme sursauta,° se raidit.° Il regardait AVEA d'un air presque fâché.

—Ce n'est pas la même chose.

30 —Non? Mais vous ne pourriez pas. Il y aurait trop d'autos. Ni à midi, ni à trois heures, ni à six heures. Vous êtes libre de vous asseoir seulement la nuit, à cinq heures, hein?

Voilà que le *Petit Tramway* s'enflammait. Il parlait vite et haut.

—Et le froid? Vous êtes libre d'avoir froid, mais êtes-vous libre d'avoir 35 chaud? Voyez-vous, la liberté, pour être vraie, il faut qu'elle soit entière. Un homme n'est jamais vraiment libre. Même si vous étiez un Sauvage courant dans les bois, vous ne seriez pas toujours et continuellement libre. Si vous voulez aller en canot sur un lac, par exemple, pouvez-vous y aller si le lac est gelé?°...

40 L'homme secoua° la tête.

—Si vous vous mettez à prendre vos exemples dans le bois!...

---

10. **Parc Lafontaine**: un parc à Montréal dont une partie a toutes sortes de délices pour enchanter les enfants

11. **tus**: participe passé de **taire**

à ma guise

(ici: FA) attend

ici: sortir

grandes fenêtres des magasins wave / chants de Noël / pénètrent

a eu un mouvement brusque / est devenu rigide

frozen
shook

—Vous couchez dehors. Vous n'êtes pas libre de coucher dans une maison. Vous n'êtes pas libre de manger ce que vous voulez...

Le *Petit Tramway* prit une allure dégoûtée.

—Moi non plus, je ne suis pas libre, dit-il. Jamais on n'est libre. Et je vous dis que si j'avais à choisir aujourd'hui, je vivrais dans le confort et je me passerais bien d'°une bonne partie de ma liberté. Tiens, vous, monsieur, vous pourriez reprendre votre emploi, retourner dans votre appartement, dormir dans un bon lit, aller au cinéma le soir, ou rencontrer vos amis... Vous ne seriez pas libre de vous asseoir sur le macadam, mais dites-moi si c'est vraiment amusant d'être assis ici, en pleine nuit... Dites-moi franchement!

L'homme semblait fâché, il bougonnait° sous son menton.

Le *Petit Tramway* l'observa un moment d'un air absorbé.

—Vous ne croyez pas que j'ai raison? dit-il au bout d'un temps.

—Peut-être.

—Et qu'il vaut mieux une liberté qui vous laisse coucher au chaud, manger à votre faim,° vivre comme tout le monde, plutôt que de devenir tel que vous êtes, libre mais forcé de dormir au froid, de quêter pour vous nourrir, de vivre comme un clochard?°

L'homme se releva.

Il était grand, assez mince, bel homme. Son regard était intelligent.

AVEA comprit que cet homme ne méritait pas de devenir un rebut° de la société.

Un matin, avant d'aller travailler...

—Allez, dit-il, je vais vous conduire à un endroit…
L'homme hésitait encore.
—Me suivez-vous? insista AVEA…
L'homme le suivit.

5 Alors le *Petit Tramway* le conduisit vers un refuge de nuit où des gens s'occupèrent de lui.

Deux mois plus tard, ce même homme se faufila, un matin, avant d'aller travailler, jusqu'au coin secret où se cachait AVEA. Il venait le remercier de lui avoir rendu la véritable liberté. L'homme travaillait, il avait repris son
10 appartement, s'était racheté des meubles. Il vivait heureux.

—Et je crois que maintenant, je suis vraiment libre, dit-il pour conclure.
C'était bien ce que pensait AVEA.

EXERCICES DE COMPRÉHENSION

Vocabulaire Remplacez les mots en italique par une expression synonyme dans la liste suivante. Faites attention aux changements nécessaires. Essayez d'abord de répondre sans consulter le texte.

frisquet	manger à sa faim	faire la moue
la cachette	se hâter	faire mine de
le clochard	se passer de	guetter
se faufiler	à sa guise	au bout de

1. *A la fin de* trois ans, vous recevrez votre diplôme.
2. L'homme veut vivre *comme il veut*.
3. Ce *vagabond* vit sans travail ni domicile et dort dans la rue.
4. Maintenant que j'habite à la campagne, je peux très bien *vivre sans* ma voiture.
5. Marie n'aime pas du tout ce film. Pour faire plaisir à ses amis, elle *fait semblant de* s'amuser.
6. Cendrillon *s'est dépêchée* pour rentrer du bal avant minuit.
7. Je n'aime pas trop l'hiver, mais je trouve qu'un temps *un peu froid* est très agréable.
8. Les petits enfants aiment jouer à cache-cache, mais d'habitude il est très facile de trouver *l'endroit où ils se cachent*.
9. Pourquoi *faites-vous une grimace de mécontentement*?
10. Je suis un régime strict. *Je ne mange pas tout ce que je veux.*

Vrai/faux Lisez les phrases suivantes et décidez si le sens de la phrase est vrai ou faux selon le texte. S'il est faux, corrigez la phrase. Ne vous contentez pas d'utiliser ou de supprimer les mots négatifs.

1. AVEA est un jouet.
2. AVEA a grandi à cause du soleil et de la pluie.
3. Quand AVEA sort, la ville dort.

4. Une nuit, AVEA se hâte de rentrer chez lui parce qu'il est cinq heures du matin.
5. En traversant une intersection, AVEA voit un homme assis sur le pavé.
6. AVEA explique qu'il est le dernier tramway qui reste à Montréal.
7. AVEA couche dans un grand garage derrière les autobus.
8. L'homme explique qu'il a froid et a faim parce qu'il est très pauvre.
9. Le petit tramway plaint cet homme.
10. AVEA dit à l'homme qu'on ne choisit pas sa vie.
11. L'homme répond que lui, il a choisi sa vie parce qu'il aime s'asseoir sur le pavé.
12. L'homme a quitté son emploi pour pouvoir tout faire à sa guise.
13. Maintenant, l'homme couche chez ses parents et leur demande de l'argent quand il a faim.
14. AVEA explique que la liberté de cet homme est parfaite.
15. AVEA préférerait vivre comme l'homme et se passer de sa famille.
16. L'homme retourne à sa vie d'autrefois.
17. Deux mois plus tard, l'homme va voir AVEA pour lui dire qu'il n'est plus content.

Résumé

Choisissez **a, b,** ou **c** afin d'obtenir une phrase correcte. Quand vous aurez fini, relisez toutes les phrases. Vous découvrirez que vous avez un résumé du conte.

1. AVEA a beaucoup
   a. d'aventures
   b. de fantômes
   c. d'hallucinations
2. Un soir AVEA, en retournant à sa cachette, a vu un homme assis
   a. dans sa voiture
   b. sur le pavé
   c. à l'intérieur d'un autre tramway
3. L'homme a regardé AVEA d'un air amusé parce qu'AVEA
   a. parlait
   b. était si petit
   c. faisait la moue
4. AVEA a expliqué
   a. qu'il est le seul tramway à Montréal
   b. que seulement les tramways miniatures sont faits de bois
   c. qu'il s'est fait écraser par une auto
5. AVEA a dit à l'homme qu'on ne choisit pas sa vie. L'homme a répondu
   a. que c'est vrai, malheureusement
   b. qu'on a beaucoup de peine à choisir
   c. que lui, il a choisi sa vie
6. L'homme a dit que maintenant il est tout à fait
   a. libre
   b. misérable
   c. lié

7. L'homme a expliqué qu'il avait eu une maison, beaucoup de possessions, et un emploi. Par conséquent il se sentait
   a. libre
   b. pris
   c. suspect

8. L'homme a raconté qu'il avait décidé de tout abandonner parce qu'il voulait
   a. quitter sa ville
   b. quêter des sous
   c. vivre à sa guise

9. AVEA a avoué que lorsque tous ses parents et amis ont été brûlés, il s'est senti
   a. supérieur aux autres tramways
   b. heureux car il était libre
   c. content parce que sa cloche sonnait bien

10. AVEA a découvert qu'il pouvait sortir à son gré, mais qu'il ne pouvait pas toujours sortir
    a. quand il le voulait
    b. tout seul
    c. avec des marionnettes de la rue Ste-Catherine

11. Selon AVEA, pour que la liberté soit vraie
    a. il faut qu'elle soit entière
    b. il faut qu'il n'y ait pas de Sauvages
    c. il faut que les canots aillent sur le lac

12. AVEA a avoué à l'homme que s'il avait le choix il préférerait
    a. se passer de confort
    b. oublier le confort
    c. vivre dans le confort

13. AVEA voulait que l'homme
    a. reprenne sa vie d'autrefois
    b. devienne un rebut de la société
    c. vive comme un clochard

14. AVEA a insisté pour que l'homme le suive
    a. à sa cachette
    b. chez des gens qui l'aideraient
    c. au Parc Lafontaine

15. Deux mois plus tard l'homme est allé trouver le coin secret d'AVEA parce qu'il voulait
    a. le remercier
    b. se plaindre de lui
    c. lui offrir un appartement

16. A la fin du conte l'homme vivait heureux parce qu'il
    a. était lié de nouveau
    b. comprenait la liberté
    c. était accepté dans la société

Questions de compréhension

Ecrivez en français les réponses aux questions suivantes. Formulez vos propres réponses. Essayez de ne pas copier les phrases du texte.

1. Qui est AVEA? Quel talent spécial possède-t-il? D'où est venu son nom?
2. Pourquoi AVEA est-il le seul tramway qui reste à Montréal?
3. AVEA préférerait-il être seul ou avec des gens? Qu'est-ce qu'il risque s'il voit des gens?
4. Une nuit, en rentrant chez lui, qui AVEA a-t-il rencontré? Pourquoi a-t-il été étonné?
5. Qu'est-ce que l'homme a fait pour s'assurer qu'AVEA n'était pas une apparition?
6. Quelle question AVEA a-t-il posée à l'homme?
7. Pourquoi les gens ne savaient-ils pas que les tramways parlaient?
8. En quoi l'existence de l'homme ressemble-t-elle à celle d'AVEA?
9. Quelle est la différence entre la vie de l'homme et celle d'AVEA?
10. Quelle existence l'homme avait-il autrefois?
11. Expliquez ce que voulait dire l'homme quand il a remarqué qu'il «était pris, lié, obligé».
12. Pourquoi l'homme voulait-il être libre? Qu'est-ce qu'il a fait pour devenir libre?
13. AVEA a dit que lui aussi voulait être libre quand tous les tramways circulaient dans Montréal. Quelle confession a-t-il faite à l'homme?
14. Qu'est-ce qu'AVEA a découvert après un certain temps? Qu'est-ce qu'il aimerait faire et pourquoi est-ce impossible?
15. Qu'est-ce qu'AVEA a dit à l'homme au sujet de la liberté personnelle? Donnez un des exemples qu'il a cités pour expliquer son raisonnement.
16. L'homme a-t-il facilement accepté le raisonnement d'AVEA au sujet de la liberté? Expliquez.
17. Qu'est-ce qu'AVEA a suggéré à l'homme de faire?
18. AVEA a insisté pour que l'homme le suive. Où est-ce qu'il l'a conduit?
19. Qu'est-ce qui s'est passé deux mois plus tard?
20. Selon vous, l'homme a-t-il trouvé la vraie liberté?

Réactions orales ou écrites

REACTION PERSONNELLE

1. Maintenant que vous avez lu «AVEA et l'homme libre», est-ce que votre idée de la liberté personnelle a changé? Que représente pour vous la liberté?
2. Vous sentez-vous «pris, lié, obligé» par la vie que vous menez? Si votre réponse est affirmative, expliquez. Qu'est-ce que vous faites pour vous libérer de ces sentiments?
3. Selon vous, pourquoi Thériault a-t-il donné au tramway la faculté de parler et de raisonner? Pourquoi n'a-t-il pas donné de nom à l'homme dans ce conte?
4. Thériault a écrit *AVEA, le petit tramway* pour les enfants. Quand vous l'avez lu, avez-vous eu l'impression que la lecture était trop enfantine pour vous? Selon vous, ce conte s'adresse-t-il davantage aux enfants ou aux adultes? Expliquez votre réponse.

5. Imaginez cette situation: l'homme dans ce conte n'a jamais rencontré AVEA. Quelle sera sa vie dans deux ou trois ans?

6. Imaginez que vous êtes journaliste. Les policiers ont arrêté un petit tramway qui parle. Vous devez interviewer ce tramway pour une émission à la télé. Quelles questions lui poseriez-vous? Quelles seraient ses réponses? Vous pouvez choisir de préparer cette question avec un(e) camarade de classe.

7. L'introduction à «AVEA et l'homme libre» nous explique qu'AVEA a beaucoup d'aventures. De la liste suivante, choisissez l'idée d'une autre aventure et développez-la.

   a. AVEA aide un petit garçon perdu.

   b. Un policier chasse AVEA.

   c. AVEA va au Parc Lafontaine pendant la journée.

   c. Un enfant très riche veut que ses parents lui achètent AVEA comme jouet.

   e. (Inventez vous-même une aventure.)

8. Vous êtes choqué par le nombre et la condition des gens qui habitent les rues de votre ville. Imaginez une conversation avec une de ces personnes. Essayez de découvrir pourquoi cette personne mène une telle vie, en lui posant des questions sur sa vie passée. Selon vous, qu'est-ce qui va arriver à cette personne dans l'avenir?

5

L'Autre Femme

par
Colette

COLETTE (1873–1954)

When Colette died in 1954 at the age of eighty-one, she was a national celebrity. The French government accorded her the rare honor of a state funeral, and her public filed past her coffin for two days following the ceremony. The people of France felt a personal bereavement for this woman, whom they referred to as *notre grande Colette*.

Sidonie-Gabrielle Colette was born January 28, 1873 in the village of Saint-Sauveur-en-Puisaye. Her childhood was extremely happy, with loving parents whom she adored. Nature played a principal role in the life of the young Colette. Her mother, Sido, who knew and loved the woods with its plants, flowers, and animals, transmitted to her daughter a sensitivity to them and to their beauty. Colette's passion for all forms of life remained with her and was an integral part of her writing in the years that followed. Family pets were accepted as members of Colette's household, just as they had been in the home of her parents. As a young girl, Colette read voraciously, but gave no indication of ever wanting to write.

Colette's childhood paradise was lost when financial difficulties forced the sale of the family possessions at a public auction, followed by a move to the nearby town of Châtillon-Coligny. It was here that Colette met Henry Gauthier Villars, thirty-two, a distinguished-looking Parisian writer and man about town. He was a brilliant conversationalist and impressed the provincial family. Under the pseudonym Willy, he wrote music criticism, gossip columns, scientific studies, serious historical works, and light libertine novels. In 1893 Colette and Willy married and went to live in Paris in Willy's dark and gloomy bachelor apartment on the left bank. Colette realized quickly that the marriage was a mistake. The years she remained with Willy were times of loneliness and despair.

Upon one of the many occasions when funds were low, Willy suggested to his wife that she write down some of her memories of her schooldays. The thought of writing about Saint-Sauveur and reliving those happy days appealed to her. When the work was finished, she presented it to Willy. In 1900 *Claudine à l'école* appeared under Willy's name. The book was enormously successful. The character of Claudine enjoyed the popularity of today's film stars, and Willy's reputation continued to thrive. In the next three years, literally forced by her husband to continue writing, Colette produced three more Claudine novels. All were signed by Willy, although by this time the literary world was aware that Colette was the real author. In spite of the fact that Willy was an excellent writing master, much of his own literary output was the work of ghost writers.

In 1904 Colette published *Dialogues de bêtes* under her name, Colette Willy. Two years later she left Willy and settled for the first time in her own apartment, with her dog and cat. After her divorce from Willy, Colette appeared on the Paris stage as a mime, traveled all over France with a theatrical touring company, and at the same time continued to publish a book a year. She was now becoming a well-known figure in Paris literary and theatrical life. Her sexual tastes created an aura of scandal in her own time. Colette matter-of-factly accepted her intimate relationships with both men and women as part of her life. She refused to judge or deny herself or others on the basis of preconceived morality.

Colette began contributing regularly to *Le Matin*, one of the influential Paris newspapers of the period. She was a reporter and later literary editor at a time when the profession was dominated by men. In 1912 she married the handsome, gallant, and intelligent Henry de Jouvenel, editor of *Le Matin*. Their daughter Colette, called *Bel-Gazou* in her mother's writings, was born in 1913. This marriage was also doomed to failure.

In 1925 Colette met Maurice Goudeket, seventeen years her junior. He was her lover for ten years, her husband for nineteen, and her perfect companion, her *meilleur ami*, for the rest of her life. During this period Colette wrote magazine articles on food and fashion, opened a beauty salon in Paris, and spent five years (1933–1938) as a drama critic. During World War II she broadcast to America and wrote a weekly column about the occupation of France. During these troubled times, Colette wrote *Gigi*, one of her most lighthearted books.

Colette's final years were spent in constant pain. She was confined to a wheelchair, suffering acutely from arthritis. In spite of her infirmity she continued to write, always preoccupied with life and love, never with death—not even her own.

A number of Colette's writings were published posthumously. These include three volumes of stories and memoirs and five of letters. Among other well-known early works are: *La Vagabonde* 1910), *Chéri* (1920), *La Maison de Claudine* (1920), *La Femme cachée* (1924), *Sido* (1930), and *Le Fanal bleu* (1930).

PRÉPARATION À LA LECTURE

Pratique   **A. MOTS APPARENTES** Voici quelques mots apparentés tirés du conte. Est-ce que vous les comprenez? Indiquez pour chaque mot s'il s'agit d'un nom, d'un adjectif, d'un verbe,...

l'armoire f.   l'incompatibilité f.
dubitative   l'indulgence f.
la félicité   interroger
furtive   la lassitude
immodeste   le visage
incandescent

● Ne confondez pas le nom **incompatibilité** et l'adjectif **incompatible**.

B. FAMILLES DE MOTS Etudiez les mots en italique dans les phrases ci-dessous. Dans le nouveau mot soulignez un autre mot (ou partie d'un mot) que vous connaissez déjà. Essayez ensuite de déterminer la signification du nouveau mot dans chaque phrase.

1. Il... contempla la mer *décolorée* de midi, le ciel presque blanc...

● **même famille:** la coloration, colorier, tricolore

2. ... Alice riait parfois trop haut, et Marc [s'occupait de son apparence], *élargissant* les épaules...

    ● **même famille:** largement, la largesse, la largeur

3. Alice *s'éventait* avec irritation, et jetait de brefs regards sur la femme en blanc...

    ● **même famille:** ventiler, la ventilation, venteux

C. LISEZ ET REFLECHISSEZ! Lisez les phrases suivantes sans consulter le dictionnaire. Essayez de déterminer le sens des mots en italique en vous servant du contexte de la phrase entière. Ensuite, écrivez le mot, votre idée de la définition de ce mot, et ce qui vous a aidé. Soyez spécifique.

1. [Au restaurant]... il y a encore une table contre la *baie* si madame et monsieur veulent profiter de la vue.
    Mot _____   Définition _____
    Tuyau(x) _____

2. [Alice veut s'asseoir contre la baie, mais Marc] fit «ch... tt» tout bas, en la regardant fixement, et l'*entraîna* vers la table du milieu.
    Mot _____   Définition _____
    Tuyau(x) _____

3. Alice... *lança* dans leur ordre logique les questions inévitables.
    Mot _____   Définition _____
    Tuyau(x) _____

4. ... elle rougit de plaisir... elle *vouait* à son mari une gratitude éclatante.
    Mot _____   Définition _____
    Tuyau(x) _____

5. Il *souffla* de la fumée par les narines *(nostrils)*.
    Mot _____   Définition_____
    Tuyau(x) _____

D. VOCABULAIRE UTILE Les mots et les expressions suivants se trouvent dans «L'Autre Femme». Etudiez-les pour faciliter votre compréhension du conte.

VERBES

chuchoter	to whisper
(ch... tt!)	(sh!)
empêcher	to prevent
gaspiller	to waste, squander
gêner	to bother, annoy
profiter de	to take advantage of
vouloir bien	to be willing

ADJECTIFS

coupable	guilty, culpable
fier (fière)	proud, haughty
surmené	overworked, overtired

EXPRESSIONS

avoir bonne (mauvaise) mine	to look well (ill)
bien (mal) élevé	well- (ill-) bred;
	well- (ill-) mannered
froncer les sourcils	to frown
hausser les épaules	to shrug one's shoulders
mettre le couvert	to set the table
(le couvert)	(place setting)
Qu'est-ce que tu as?	What's the matter (with you)?
Qu'est-ce qu'il y a?	What's the matter?

EXERCICE Vérifiez votre compréhension. Lisez les phrases suivantes. Choisissez un mot ou une expression appropriée dans la liste ci-dessus et remplacez les tirets. N'oubliez pas de faire les changements nécessaires.

1. Le juge a trouvé le criminel _____ du vol de 2.000 francs.
2. Monsieur Boucton a un patron très sévère qui le force à travailler douze heures par jour. Le pauvre M. Boucton est vraiment _____.
3. Nicole essaie de faire ses devoirs dans la salle de séjour. Ses frères regardent la télé et jouent aux cartes. Tout ce bruit la _____ beaucoup.
4. Le dîner est prêt. Mme Desjardins a préparé l'omelette, et sa fille _____ dans la salle à manger.
5. Après une année difficile à l'université, Monique est partie en vacances. Elle s'est reposée pendant deux semaines et se sent beaucoup mieux. Maintenant elle _____.
6. J'aurais dû étudier pour l'examen, mais je _____ mon temps à regarder une émission stupide à la télé.
7. Ces enfants n'obéissent jamais à leurs parents. Ils se battent souvent et refusent de se coucher à l'heure. Ils sont _____.
8. Elle n'a pas réussi à ce cours. Ses mauvaises notes l' _____ d'obtenir son diplôme.
9. Mme Thierry montre des photos de ses enfants à tout le monde. Elle est très _____ de leurs accomplissements.
10. Jérôme n'a pas compris la leçon. Au lieu de répondre aux questions de son professeur, il _____.

Etablissons les faits!

A. EXPERIENCE PERSONNELLE

1. Etes-vous pour ou contre le mariage? Expliquez votre réponse.
2. Le divorce, êtes-vous pour ou contre? Commentez.

3. Quelle serait votre réaction si vous rencontriez pour la première fois l'ancienne *(former)* femme (ou l'ex-mari) de votre époux (épouse)?

B. LE TITRE ET L'ILLUSTRATION Relisez le titre et examinez l'illustration à la page 67. À votre avis, quel est le sujet du conte? Cherchez dans l'illustration ce qui vérifie vos conclusions.

C. VUE PANORAMIQUE Lisez le conte pour la première fois sans vous servir du dictionnaire. Ensuite écrivez cinq phrases, ou si vous préférez, créez cinq sous-titres *(subtitles)* qui décrivent les événements principaux du conte.

Introduction à «L'Autre Femme»

«L'Autre Femme» est un des contes de la collection *La Femme cachée*. Quoique Colette n'ait pas écrit un grand nombre de contes, ses talents littéraires s'adaptent bien à ce genre. Ses contes sont courts. L'intrigue est simple. L'auteur choisit un seul incident, le situe dans un cadre limité, et introduit deux ou trois personnages. Ensuite cette grande observatrice peint avec finesse et subtilité le caractère de ces protagonistes. Colette est extrêmement sensible à la psychologie féminine, et son génie se manifeste surtout dans son traitement des femmes et de l'amour.

Son style est concis, mais Colette accorde une énorme importance à certains détails. Il n'y a rien de superflu. Chaque mot, chaque geste, chaque moment de silence même a son importance et mérite attention. Très adroitement, l'auteur amène le lecteur à une conclusion, ou parfois, comme dans «L'Autre Femme», le laisse libre de choisir sa propre interprétation.

 # L'AUTRE FEMME

DEUX couverts? Par ici, monsieur et madame, il y a encore une table contre la baie, si madame et monsieur veulent profiter de la vue.

Alice suivit le maître d'hôtel.

—Oh! oui, viens, Marc, on aura l'air de déjeuner sur la mer dans un
5 bateau...

l'a arrêtée   Son mari la retint° d'un bras passé sous le sien.[1]

—Nous serons mieux là.

—Là? Au milieu de tout ce monde? J'aime bien mieux...

ici: s'il te plaît   —Je t'en prie,° Alice.

tightened his grip   10   Il resserra son étreinte° d'une manière tellement significative qu'elle se
turned around   retourna;°

—Qu'est-ce que tu as?

Il fit «ch...tt» tout bas, en la regardant fixement, et l'entraîna vers la table du milieu.

15   —Qu'est-ce qu'il y a, Marc?

---

1. **le sien**: pronom possessif qui remplace **son bras**

shrimp

—Je vais te dire, chérie. Laisse-moi commander le déjeuner. Veux-tu des crevettes?° ou des œufs en gelée?[2]

—Ce que tu voudras, tu sais bien.

Ils se sourirent, gaspillant les précieux moments d'un maître d'hôtel *was perspiring* surmené, atteint d'une sorte de danse nerveuse,[3] qui transpirait° près d'eux.

—Les crevettes, commanda Marc.[4] Et puis les œufs bacon. Et du poulet froid avec une salade de romaine. Fromage à la crème?[5] Spécialité de la maison? Va pour la spécialité. Deux très bons cafés. Qu'on fasse déjeuner mon chauffeur,[6] nous repartons à deux heures. Du cidre? Je me méfie[7]... Du champagne sec.

sighed / changé de place
Il soupira° comme s'il avait déménagé° une armoire, contempla la mer décolorée de midi, le ciel presque blanc, puis sa femme qu'il trouva jolie petit chapeau plat / sous un petit chapeau de Mercure° à grand voile pendant.°
hanging veil

imagine!
—Tu as bonne mine, chérie. Et tout ce bleu de mer te fait les yeux verts, figure-toi!° Et puis tu engraisses, en voyage... C'est agréable, à un point, mais à un point!...

---

2. **œufs en gelée:** *(eggs in aspic) An entrée served before the main course, this typically French dish consists of hard-boiled eggs served in an unflavored gelatin mold.*

3. **atteint... nerveuse:** Le maître d'hôtel, fatigué et nerveux, attend leur décision impatiemment.

4. Dans ce paragraphe, le maître d'hôtel et Marc se parlent. Les questions de Marc sont ses réactions aux suggestions du maître d'hôtel.

5. **fromage à la crème:** *This is a whipped, white, creamy cheese served after the meal. Because it is generally very bland, the restaurant has probably added chives or spices to it to make it a* **spécialité.**

6. **Qu'on... chauffeur:** Marc demande que quelqu'un s'occupe du repas de son chauffeur, qui ne déjeune pas avec eux.

7. **Je me méfie:** *French cider is alcoholic (hard cider). Because of its continuing fermentation, and its sometimes unsettling effect on the stomach, Marc is wary of ordering it. What is known as cider in the United States is called* **jus de pomme** *in France.*

avec vanité / ici: poitrine
(bosom) / while leaning

Elle tendit orgueilleusement° sa gorge° ronde, en se penchant° au-dessus de la table:

—Pourquoi m'as-tu empêchée de prendre cette place contre la baie?

n'a pas pensé

Marc Séguy ne songea pas° à mentir.

5   —Parce que tu allais t'asseoir à côté de quelqu'un que je connais.

—Et que je ne connais pas?

—Mon ex-femme.

Elle ne trouva pas un mot à dire et ouvrit plus grands ses yeux bleus.

—Quoi donc, chérie? Ça arrivera encore. C'est sans importance.

capacité de parler

10   Alice, retrouvant la parole,° lança dans leur ordre logique les questions inévitables:

—Elle t'a vu? Elle a vu que tu l'avais vue? Montre-la moi?

—Ne te retourne pas tout de suite, je t'en prie, elle doit nous surveiller...

sans chapeau

Une dame brune, tête nue,° elle doit[8] habiter cet hôtel... Toute seule,

15   derrière ces enfants en rouge...

—Oui. Je vois.

screened / wide-brimmed
avant

Abritée° derrière des chapeaux de plage à grandes ailes,° Alice put regarder celle qui était encore, quinze mois auparavant,° la femme de son mari. «Incompatibilité.» lui racontait Marc. «Oh! mais, là... incompatibi-

comme des

20   lité totale! Nous avons divorcé en° gens bien élevés, presque en amis, tranquillement, rapidement. Et je me suis mis à t'aimer, et tu as bien voulu être heureuse avec moi. Quelle chance qu'il n'y ait, dans notre bonheur, ni coupables, ni victimes!»

ici: coiffée / straight
brillait / ici: highlights

La femme en blanc, casquée° de cheveux plats° et lustrés où la lumière de

25   la mer miroitait° en plaques° d'azur, fumait une cigarette en fermant à demi les yeux. Alice se retourna vers son mari, prit des crevettes et du beurre,

sedately

mangea posément.° Au bout d'un moment de silence:

—Pourquoi ne m'avais-tu jamais dit qu'elle avait aussi les yeux bleus?

—Mais je n'y ai pas pensé!

kissed / basket
pas raffinée (earthy)
wavy
ici: profonde

30   Il baisa° la main qu'elle étendait vers la corbeille° à pain et elle rougit de plaisir. Brune et grasse, on l'eût trouvée[9] un peu bestiale,° mais le bleu changeant de ses yeux, et ses cheveux d'or ondé,° la déguisaient en blonde frêle et sentimentale. Elle vouait à son mari une gratitude éclatante.° Immodeste sans le savoir, elle portait sur toute sa personne les marques trop

35   visibles d'une extrême félicité.

Ils mangèrent et burent de bon appétit, et chacun d'eux crut que l'autre oubliait la femme en blanc. Pourtant, Alice riait parfois trop haut, et Marc

s'occupait de son
apparence physique /
sitting up straight

soignait sa silhouette,° élargissant les épaules et redressant la nuque.° Ils attendirent le café assez longtemps, en silence. Une rivière incandescente,

40   reflet étiré du soleil haut et invisible, se déplaçait lentement sur la mer, et brillait d'un feu insoutenable.[10]

---

8. **doit:** Il est probable qu'elle habite...

9. **brune... trouvée:** Si elle avait été brune et grasse, on l'aurait trouvée...

10. **Une... insoutenable:** (phrase descriptive) N'oubliez pas que le restaurant est près de la mer. Le reflet du soleil formait une lumière brillante sur l'eau.

—Elle est toujours là, tu sais, chuchota brusquement Alice.

—Elle te gêne? Tu veux prendre le café ailleurs?

—Mais pas du tout! C'est plutôt elle qui devrait être gênée! D'ailleurs, *ici: beaucoup* elle n'a pas l'air de s'amuser follement,° si tu la voyais...

5   —Pas besoin. Je lui connais cet air-là.

style   —Ah! oui, c'était son genre?°

Il souffla de la fumée par les narines et fronça les sourcils:

—Un genre... Non. A te parler franchement, elle n'était pas heureuse avec moi.

10   —Ça, par exemple!...

delightful   —Tu es d'une indulgence délicieuse,° chérie, une indulgence folle... Tu es un amour, toi... Tu m'aimes... Je suis si fier, quand je te vois ces yeux... oui, ces yeux-là... Elle... Je n'ai sans doute pas su la rendre heureuse. Voilà, je n'ai pas su.

15   —Elle est difficile!

fanned herself   Alice s'éventait° avec irritation, et jetait de brefs regards sur la femme en *cane (chair) back* blanc qui fumait, la tête appuyée au dossier de rotin,° et fermait les yeux avec un air de lassitude satisfaite.

Marc haussa les épaules modestement:

admitted / pity   20   —C'est le mot, avoua°-t-il. Que veux-tu? Il faut plaindre° ceux qui ne sont jamais contents. Nous, nous sommes si contents... N'est-ce pas, chérie?

Elle ne répondit pas. Elle donnait une attention furtive au visage de son mari, coloré, régulier, à ses cheveux drus,° faufilés° çà et là de soie blanche, *thick / ici: streaked*   25 à ses mains courtes et soignées. Dubitative pour la première fois, elle s'interrogea:

«Qu'est-ce qu'elle voulait donc de mieux, elle?»

s'informait   Et jusqu'au départ, pendant que Marc payait l'addition, s'enquérait° du chauffeur, de la route, elle ne cessa plus de regarder avec une curiosité 30 envieuse la dame en blanc, cette mécontente, cette difficile, cette supérieure...

EXERCICES DE COMPRÉHENSION

Vrai/faux   Lisez les phrases suivantes et décidez si le sens de la phrase est vrai ou faux selon le texte. S'il est faux, corrigez la phrase. Ne vous contentez pas d'utiliser ou de supprimer les mots négatifs.

1. Le maître d'hôtel veut placer Marc et Alice à une table au milieu du restaurant.
2. Alice veut s'asseoir à la table indiquée par le maître d'hôtel.
3. Alice ne comprend pas pourquoi Marc semble nerveux.
4. Marc commande des crevettes et Alice commande du porc.
5. Alice veut savoir pourquoi ils ne se sont pas assis à la table contre la baie.
6. Marc explique que la vue n'est pas bonne.

7. Alice a de la difficulté à ne pas regarder l'ex-femme de Marc.
8. L'ex-femme de Marc a les cheveux blonds et porte un petit chapeau.
9. Marc et sa première femme ont divorcé pour cause d'incompatibilité.
10. Le divorce a été long et difficile.
11. La présence de l'autre femme amuse Alice.
12. Marc avoue qu'il n'était pas heureux avec sa première femme.
13. Marc pense qu'Alice et lui sont très contents ensemble.
14. A la fin du conte, Alice regarde l'autre femme. Elle la trouve supérieure.

Résumé   Faites un résumé oral du conte en finissant les phrases ci-dessous.

1. Marc et Alice arrivent...
2. Le maître d'hôtel suggère...
3. Marc retient Alice et l'entraîne...
4. Marc et Alice gaspillent...
5. Marc commande...
6. Marc explique à Alice qu'elle allait s'asseoir...
7. Alice veut se retourner pour...
8. Marc et sa première femme ont divorcé...
9. Pendant le déjeuner Marc... et Alice...
10. Marc pense qu'Alice est gênée et offre...
11. Alice dit que l'ex-femme n'a pas l'air de...
12. Marc avoue qu'il n'a pas su...
13. Quand Marc demande à Alice s'ils sont contents, Alice...
14. Pendant que Marc paie l'addition, Alice...

Questions de
compréhension   Ecrivez en français les réponses aux questions suivantes. Formulez vos propres réponses. Essayez de ne pas copier les phrases du texte.

1. Quelle table le maître d'hôtel offre-t-il à Marc et à Alice? Pourquoi?
2. Où Marc entraîne-t-il Alice? Quelle est la réaction d'Alice?
3. Qu'est-ce qu'Alice veut commander pour le déjeuner?
4. Décrivez le maître d'hôtel. Pourquoi est-il nerveux?
5. Qu'est-ce que Marc commande pour le déjeuner? Que pensez-vous de son choix?
6. Pourquoi le chauffeur ne déjeune-t-il pas avec eux? Où pensez-vous qu'il déjeune?
7. Pourquoi Marc ne commande-t-il pas de cidre?
8. Qu'est-ce que Marc pense d'Alice?
9. Comment Alice réagit-elle quand elle découvre que l'autre femme est dans ce restaurant?
10. Où est l'autre femme? Avec qui est-elle? Qu'est-ce qu'elle fait?
11. Pourquoi et comment Marc et sa première femme ont-ils divorcé?
12. Pourquoi Marc dit-il qu'il a de la chance dans son deuxième mariage?
13. Selon vous, pourquoi semble-t-il important à Alice que l'autre femme ait les yeux bleus?

14. Comment savez-vous que Marc et Alice pensent à l'autre femme pendant le repas?

15. Comment l'auteur nous révèle-t-elle qu'à ce point Alice est très heureuse avec Marc?

16. Pourquoi Marc offre-t-il à Alice de prendre le café ailleurs? Comment est-ce qu'elle répond à cette suggestion?

17. Qu'est-ce que Marc avoue au sujet de sa première femme?

18. Marc dit qu'il faut plaindre ceux qui ne sont jamais contents. De qui parle-t-il?

19. Pourquoi Alice ne répond-elle pas quand Marc lui demande s'ils sont contents?

20. À la fin du conte, Alice regarde l'autre femme et la trouve «mécontente, difficile et supérieure». Selon vous, qu'est-ce qu'Alice veut dire?

Réactions orales et écrites

A. SYNTHESE DU TEXTE

1. Qu'est-ce que Colette nous dit de ces trois personnages? Ne considérez pas ce qui est suggéré ou implicite. Quels sont les faits que vous savez sur...
  a. Alice
  b. Marc
  c. l'autre femme?

2. Pendant ce déjeuner au restaurant, un changement a eu lieu dans l'attitude d'Alice envers Marc et envers leur mariage. Quel changement a eu lieu? A quel moment? Pourquoi? (Pensez à l'attitude d'Alice au début du conte, au milieu et à la fin.) Justifiez votre réponse.

3. Colette nous révèle le caractère et la personnalité de ses personnages à travers leurs gestes, leurs conversations et leurs opinions. Quel portrait psychologique de Marc est-ce qu'elle nous fait découvrir?

4. Ce conte a été écrit en 1924. Les attitudes, les modes, etc., ont bien changé depuis. Dans ce conte trouvez...
  a. ce qu'on considérerait démodé aujourd'hui
  b. ce qu'on aurait désapprouvé en 1924, mais qu'on accepte facilement aujourd'hui

B. REACTION PERSONNELLE

1. Il y a des qualités et des caractéristiques que l'on attribue typiquement aux femmes. Lesquelles? Il y en a d'autres que l'on attribue typiquement aux hommes. Lesquelles? Que pensez-vous des stéréotypes? Pourquoi existent-ils? Pensez-vous qu'Alice agisse selon le stéréotype dit «typiquement féminin»? Précisez.

2. A votre avis, comment sera le mariage de Marc et d'Alice dans trois ans? Expliquez.

3. Imaginez qu'Alice et l'autre femme se rencontrent et qu'elles aient l'occasion de se parler. Rapportez leur conversation.

4. Colette ne nous révèle que peu de choses de l'autre femme dans ce conte. D'après vous, pourquoi a-t-elle divorcé de Marc? A quoi pense-t-elle pendant la scène au restaurant? A-t-elle vu Marc et Alice? Pourquoi est-elle à l'hôtel? Quelle sorte de vie mène-t-elle maintenant? Est-elle mariée? Est-elle heureuse?

5. L'autre femme téléphone à Alice et lui apprend quelque chose de terrible au sujet de Marc. Que dit l'autre femme? Que fait alors Alice? Pourquoi?

6. Vous êtes le chauffeur de Marc. Vous êtes son employé depuis longtemps, bien avant même son premier mariage. Alors que vous déjeunez dans la cuisine avec les autres employés, qu'est-ce que vous leur racontez sur votre patron et ses femmes?

7. Avez-vous jamais été serveur dans un restaurant? Si oui, faisiez-vous de temps en temps des conjectures sur vos clients? Imaginez que vous êtes le garçon qui sert Marc et Alice. Racontez vos impressions d'eux à votre femme. Dites-lui ce qui était apparent. Ajoutez aussi ce que vos instincts vous ont amené à imaginer sur ce couple (situation financière, amis, intelligence, profession,...).

6

Le Passant charitable

par
Félix Leclerc

FÉLIX LECLERC (1914–1988)

The personal popularity of Félix Leclerc—author of stories, fables, plays, and memoires; song writer, poet, and troubadour par excellence—is simply but excellently expressed in a cover blurb for one of his novels: *"Félix Leclerc n'a pas besoin d'être présenté. Il est lui. Beaucoup plus qu'un célèbre, un grand Québécois."*

Leclerc was born August 2, 1914 in La Turque, a small village in the Laurentian mountains of the province of Québec. The sixth of eleven children, young Félix was reared in a musical ambiance. He was scarcely aware that every household did not have a violin, cello, piano, and guitar, or that all children did not spend their evenings gathered around the piano singing. Leclerc's love of music came from his mother. The dispenser of peace, dreams, courage, and confidence, she developed her children's awareness of the world around them. His father was a man of energy and solidity whose livelihood was dependent upon the land. Félix grew up surrounded by the raftsmen and lumbermen who worked for his father. In the Leclerc household could be heard the strains of Schubert harmonizing incongruously with the sounds made by the sharpening of axes and buzzing of saws.

Young Félix left his childhood behind when he departed from the family home at the age of fourteen to attend secondary school in Ottawa. He later attended the university there. Upon his return to Québec, he began a lengthy period searching for his true identity. An independent soul and a wanderer at heart, Leclerc spent his twenties and early thirties feeling the need to escape from the cares of daily life and to shake off the yoke of responsibility to others, but requiring also long periods of work, the companionship of friends, and a return to familiar terrain.

Leclerc spent three years as an announcer at *Radio-Québec*. He then returned to his family (now farmers), where he helped out as a cattleman, or as his father, who enjoyed coining words, used to say, a *bœuf-man*. Félix amused the household with his buffoonery and caused his parents to wonder what was to become of their *enfant prodigue.* In the evenings, to everyone's delight, he would sit on the staircase and sing his songs, accompanying himself on the guitar that he had learned to play in Québec. At this point in his life Leclerc made the decision to become a troubadour—free from any rules, advice, or restrictions, able to sing what was in his heart. For Leclerc, song was a necessity. It is like bread—one can do without it, but not for long.

Leclerc worked as a *scripteur* (scriptwriter) and announcer for the Canadian Broadcasting Company in Trois Rivières (1937–39) and Montréal (1939–43). He became a popular performer, acting in several series, reading his stories and poems, and singing his own songs. He was the precursor of the French-Canadian *chansonniers,*[1] who have become internationally renowned. In 1942 Leclerc joined

---

1. **chansonnier:** variety singer; one who composes or improvises satirical songs or monologues and who performs in cabarets.

the *Compagnons de Saint-Laurent,* an itinerant theater group for which he wrote plays, acted, and sang.

Although he married (1942) and had a child (1945), Leclerc continued his peregrinations. In 1950 he was offered the opportunity to go to France, where he made his debut in Paris as a folksinger. He was to realize later that the theater in which he appeared was one of the most famous music halls in the world. Dressed in a plaid shirt and accompanied by his guitar, Leclerc captivated the public with his full-bodied baritone voice and his strange Canadian accent. An instant success, he continued to perform and soon began to record. Leclerc's wife and son joined him in France, where they remained for several years. Known as *Le Canadien,* he toured eleven countries in Europe and the Near East.

Leclerc was completely at ease, whether he was directing his creativity to poetry, song, narration, or theater. His style of writing is spontaneous, fresh, and uncomplicated without being naive. The author's love of nature and folklore, his lighthearted attitude, and his delightful sense of humor are evident in his works.

Félix Leclerc has been acclaimed by the public, and he has been honored with many awards. Among his stories, plays, maxims, and songs are the following: *Dialogue d'hommes et de bêtes* (theater, 1949); *Moi, mes souliers* (autobiography, 1955); *Le Calepin d'un flâneur* (maxims, 1961); *L'Auberge des morts subites* (theater, 1964); *Cent Chansons* (1970); and *L'Avare et le violon magique* (short stories, 1981).

Préparation à la Lecture

The language of Quebec province

The language spoken by 6,000,000 people in the province of Quebec is French, but it is not a carbon copy of the French of the *métropole* (mother country). A vigorous and expressive speech, Canadian French is firmly established as the daily language of the *Québécois,* even though more than 200 years have passed since Canada was ceded to the British. It is a French enriched by many words and expressions for which there are no standard French equivalents. Terms referring to plants, animals, and fish indigenous to Canada cannot be found in standard French dictionaries such as the *Larousse* or the *Robert.* Various aspects of winter life, the milieu in which the *Québécois* live, certain measurements and foods, and many other terms specific to Canada simply cannot be expressed as well by the French of France.

The entire French-speaking population of Canada, as well as approximately 2,000,000 Franco-Americans, is descended from fewer than 10,000 original colonists who, speaking the different dialects of their native French provinces, emigrated to New France between 1608 and 1700. The constant threat of Indian attacks, coupled with other rigors of colonial life, forced these colonists to band together and embrace a common language that leveled both differences in dialects and class distinctions in the space of only three generations. As a result, Canadian French was standardized at a time when fully half of the population of

France itself was not yet speaking the same language. Early visitors from France were astounded to find such homogeneity of speech. When Canada was ceded to the British in 1763, direct contact with French influence came to an end. The French Canadians, however, clung obstinately to their language as the outward manifestation of their national identity and as the most vital expression of their existence. They continue to do so today.

Cut off from its parent stock by events of history, Canadian French reveals two major tendencies. On the one hand, it is archaic, retaining words, expressions, and pronunciations that disappeared long ago from standard French. An example, three centuries old, is the French-Canadian word *berlander*, meaning "to loaf." (The modern French word is *flâner*.) On the other hand, Canadian French is highly innovative, borrowing vocabulary from its English-speaking neighbors and often creating a syntax unknown to the French of France.

The various Indian tongues had little influence on Canadian French. Words adopted from native American Indian languages were limited to terms referring to objects for which no adequate French term existed, such as *babiche* (a rawhide thong for lacing snowshoes) and *mitasse* (a leather legging).

Since the early 1800's, attempts have been made to "purify" Canadian French of anglicisms. Rural Québec retains more of the archaic terms, while the larger cities embrace a heavier mix of French and English. As is always the case, however, the people themselves determine which direction the language will take, and the language of Quebec continues to evolve, providing a rich and colorful basis for the novels, poetry, plays, short stories, and song lyrics of modern French Canada.

Communicating in Quebec

English-speaking students are not always aware of the influence of their own language on the language of another country. A complete list of French-Canadian vocabulary words that come from English roots would be far too long to include here. A few examples are given below. The *Québécois* word[1] appears on the left. Note the pronunciation where indicated. The standard French equivalent appears on the right.

1. adidou	bonjour
2. botcher	mal faire un travail
3. Chadape! (interjection)	Taisez-vous! Finissez! En voilà assez!
4. la clause-pine	une épingle à linge
5. feeler (pron. filer) Je feele pas b'en.	se sentir
6. knock-offer (pron. nâque-âfer)	arrêter de travailler
7. la moppe	le balai éponge
8. la sauce-pan	la casserole

---

1. The *Québécois* vocabulary was found in *Dictionnaire de la langue québécoise* (1980) and its supplement (1981), compiled by Léandre Bergeron (VLB Editeur).

9. tchopper	couper en morceaux, hacher
10. le tchopsabsorbeur	l'amortisseur (de voiture)
11. too much! (pron. tou-motche)	fantastique! super!
12. le windshield (pron. ouinchile)	lé parebrise

Pratique

A. FAMILLES DE MOTS Lisez les phrases suivantes et essayez de déterminer la signification des mots en italique. Le mot clef donné entre parenthèses vous aidera, mais vous trouverez d'autres tuyaux dans chaque phrase. Soulignez ces tuyaux et expliquez comment ils vous ont aidé.

1. (la terre)

[Le passant] vêtu de noir, va à un *enterrement.*

2. (le lait)

Ordinairement le *laitier* met les bouteilles là, mais ce matin, il les a mises là.

3. (chausser)

Il *se déchausse* et va pour frapper [la fenêtre] avec son soulier.

- **même famille:** le chausseur, la chaussure

4. (le pied)

Ah! *J'ai piétiné* vos fleurs!

5. (devant)

Décor: *Devanture* de maison; porte extérieure; une fenêtre...

6. (habillé)

La femme se montre la tête. [Elle porte son] *déshabillé* du matin.

- **même famille:** s'habiller, le déshabillage, l'habillement

B. LISEZ ET REFLECHISSEZ! Lisez les phrases suivantes sans consulter le dictionnaire. Essayez de déterminer le sens des mots en italique en vous servant du contexte de la phrase entière. Ensuite, écrivez le mot, votre idée de la définition de ce mot, et ce qui vous a aidé. Soyez spécifique.

1. Un coup de vent referme la porte dans son dos... (Elle *fouille* dans ses poches.) Pas de clef...
   Mot _____   Définition _____
   Tuyau(x) _____

2. Je dis que c'est une *serrure* Yale; la *serrure* américaine. Terribles, les Américains, pour fermer les portes!
   Mot _____   Définition _____
   Tuyau(x) _____

3. Attendez, ça va *effrayer* les enfants. (Elle leur parle...) Gloria, Danton, n'ayez pas peur, mes trésors!
   Mot _____   Définition _____
   Tuyau(x) _____

4. Vous vous êtes coupé?... Ça *saigne*... Avez-vous un mouchoir?
   Mot _____   Définition _____
   Tuyau(x) _____

C. VOCABULAIRE Les mots et les expressions suivants se trouvent dans «Le Passant charitable». Etudiez-les avant de lire la saynète (courte pièce).

NOMS

la boue	mud
la caserne	barracks
la clef	key
les dégâts m.	damage
l'échelle f.	stepladder
l'escabeau m.	step stool
le gâchis	mess, disorder
le pompier	fireman

VERBES

effrayer	to frighten
fouiller	to rummage, search
lancer	to hurl
soulever	to lift

EXPRESSIONS

à la guerre comme à la guerre	one must take things as they come
un coup de vent	a gust of wind
se mettre à quatre pattes	to get down on all fours
perdre la boule (fam.)	to lose one's head
rire jaune	to force a laugh, to give a sickly smile
sauter aux yeux	to be self-evident, obvious
tirer d'embarras	to help (someone) out of a difficulty

EXERCICE Vérifiez votre compréhension en complétant les phrases ci-dessous.

1. Il pleuvait. Le petit Marc est tombé dans le jardin. Maintenant il est couvert de...
   a. pattes
   b. boule
   c. boue
   d. fleurs

2. Les photos que Suzanne voulait étaient sur le réfrigérateur. Parce qu'elle était petite, elle est allée chercher...
   a. un pompier
   b. un escabeau
   c. une clef
   d. un livre

3. Quand on est dans une situation difficile, on doit réfléchir sérieusement. On ne doit pas...
   a. sauter aux yeux
   b. être intelligent
   c. se mettre à quatre pattes
   d. perdre la boule

   4. Pour trouver sa clef, il...
   - **a.** a fouillé dans ses poches
   - **b.** a lancé son soulier
   - **c.** a soulevé l'escabeau
   - **d.** est allé à la caserne

   5. La tempête a dévasté le quartier entier. Après, on a vu partout...
   - **a.** des coups de vent
   - **b.** de grands dégâts
   - **c.** des bouteilles de lait
   - **d.** de jolies fleurs

   6. Comment? Vous ne comprenez pas le problème? C'est facile! La solution...
   - **a.** confond tout le monde
   - **b.** saute aux yeux
   - **c.** rit jaune
   - **d.** se déchausse

   7. Cette émission est vraiment trop violente pour les enfants. Elle va les...
   - **a.** effrayer
   - **b.** lancer
   - **c.** tirer d'embarras
   - **d.** enchanter

   8. Elle ne savait pas la réponse et se sentait humiliée. Quand les autres étudiants se sont moqués d'elle, elle...
   - **a.** s'est mise à quatre pattes
   - **b.** a chanté «La Marseillaise»
   - **c.** a téléphoné aux pompiers
   - **d.** a ri jaune

Etablissons les faits!

A. EXPERIENCE PERSONNELLE

   1. Préférez-vous lire un livre, assister à une pièce tirée de ce livre, ou voir un film basé sur ce livre? Expliquez.

   2. Tout le monde fait des bêtises de temps en temps. On oublie souvent de faire quelque chose d'important ou l'on dit quelque chose de stupide. Racontez un incident où vous vous êtes senti assez bête à cause de votre propre stupidité.

   3. Aimez-vous aider les autres? Vous êtes-vous jamais trouvé dans une situation compromettante parce que vous aviez aidé quelqu'un? Expliquez.

B. VUE PANORAMIQUE Pensez aux questions suivantes en lisant la pièce pour la première fois. Ne vous servez pas de votre dictionnaire. Ensuite répondez-y brièvement.

   1. Quel genre de saynète est-ce? tragédie? aventure?...
   2. Quels sont les personnages de la saynète?
   3. Où se passe la plus grande partie de l'action?
   4. Quel événement est à la base de l'action de la saynète?

5. Pourquoi l'auteur a-t-il intitulé la saynète «Le Passant charitable»?
6. Qu'est-ce que les deux personnages principaux essaient de faire?
7. Quel adjectif choisiriez-vous pour décrire la fin de la saynète?
8. Regardez de nouveau l'illustration. Est-ce qu'elle vous a donné des idées sur ce qui se passe dans la pièce? Expliquez.

Introduction au «Passant Charitable»

«Le Passant charitable» se trouve dans *le p'tit bonheur*, un livre de 12 saynètes écrit par Leclerc en 1959. Puisque c'est la seule saynète dans ce livre, il faut faire attention à certains aspects qui la différencient des contes. N'oubliez pas que les œuvres dramatiques sont écrites pour offrir des plaisirs visuels aussi bien qu'auditifs. Lisez bien toutes les indications scéniques. Répétez le dialogue à haute voix. Essayez de jouer les rôles vous-même afin d'être sûr de comprendre tout ce qui se passe et d'apprécier l'effet dramatique.

Le langage de cette saynète n'est pas du tout littéraire ou érudit. C'est le parler familier des Québécois ordinaires en train de poursuivre leurs activités quotidiennes. Certains éléments de cette langue familière sont facilement identifiables. Quelques mots et constructions grammaticales diffèrent de beaucoup de ce que l'on étudie quand on apprend le français à l'école. Par exemple:

1. Le **ne** est très souvent omis dans les constructions négatives. («Ça fait rien... »)
2. On utilise **Y a** ou **y a pas** quand on veut dire **Il y a** ou **Il n'y a pas.** («Y a pas un voisin... ?»)
3. **Ça** s'utilise très souvent pour remplacer une personne, une chose ou une idée. («Ça saigne... »)
4. Quelques expressions montrent encore l'influence du vieux français des ancêtres des Québécois. **Y** est souvent ajouté à **C'est** ou à un verbe, donnant le sens de **n'est-ce pas** ou **si.** («C'est-y-bête... » veut dire «C'est bête, n'est-ce pas?» ou «C'est si bête!»)

Le Passant charitable

Personnages:

ELLE

LE PASSANT

LE MARI

(Décor: Devanture de maison; porte extérieure; une fenêtre près de la porte; des fleurs sous la fenêtre.)

ELLE

de l'intérieur / touche afin d'explorer

petit escalier extérieur qui mène à la porte

(Elle ouvre la porte par en dedans.° On voit sa main qui tâte° l'air pour prendre les bouteilles de lait. Mais les bouteilles de lait sont à l'autre coin du perron.° La femme se montre la tête. Déshabillé[1] du matin. Elle regarde s'il y a quelqu'un, descend les marches et va prendre ses deux bouteilles de lait.
5 *Clic! Un coup de vent referme la porte dans son dos. Elle est prise.)*

MON DIEU! *(Elle essaie la porte.)* Mon Dieu! La porte! Que c'est bête! *(Elle essaie.)* La porte s'est refermée. Doux Jésus! *(Elle pose ses deux bouteilles pour essayer la porte à deux mains.)* Ma pauvre tête! *(Elle essaie encore.)* Ben° non, c'est pas possible! Qu'est-ce que je vais faire? Seigneur!

bien

stupidité

10 Ah! bêtise!° Il me fallait ça,[2] pour commencer ma journée! *(Elle fouille dans ses poches.)* Pas de clef... mais je vais devenir folle. Je ne peux pas aller chez le voisin, mes petits sont en dedans. *(Elle regarde et s'affole.° Elle essaie de rejoindre° la fenêtre sans succès.)* C'est-y bête, une bêtise bête comme celle-là. *(Elle réfléchit.)* Ne perdons pas la boule. *(Elle essaie encore.)* Aller au

panics
ici: *to reach*

"get-up"
especially since
tongues

15 restaurant appeler mon mari? Je ne peux pas me montrer dans cette tenue,° d'autant que° c'est mieux qu'il sache rien de ça. Seigneur, si quelqu'un me voyait dans ce quartier de mauvaises langues° ... ah ben! ça va bien! *(Elle crie à ses petits par la fenêtre.)* Gloria... ! Danton... ! pouvez-vous venir m'ouvrir, mes agneaux? C'est-y bête, le plus vieux n'a pas deux ans! S'il

---

1. **déshabillé:** négligé léger et souvent transparent que l'on porte dans l'intimité, chez soi
2. **Il... ça:** J'avais besoin de ça... (Elle parle d'un ton sarcastique.)

*If the neighbors should see
  me! / devil*
À l'aide!

break (it) in

faut que les voisins me voient!° Au diable° les voisins! *(Elle crie tout en secouant la porte.)* Hé! Au secours,° ne soyez pas inquiets les enfants, maman est prisonnière dehors. Police! Ça le fait exprès, il y a personne! Je voudrais me voir morte! Il faut que je la³ défonce.° Je vais pourtant
5 me trouver un moyen. Bon, voilà un homme. *(Elle s'enroule dans son déshabillé.)*

LE PASSANT

(Vêtu de noir, va à un enterrement. Traverse la scène, l'œil sur sa montre. Il semble pressé.)
Oh! Mon dernier autobus!

ELLE

10 Pardon, monsieur.

LE PASSANT

Madame.

ELLE

Oui, je suis emprisonnée dehors. En venant chercher mes bouteilles, la porte s'est refermée derrière moi, je suis prise.*(Elle rit jaune.)*

LE PASSANT

Oui? C'est que je me rends à un enterrement...

ELLE

15 Excusez-moi. *(Elle regarde ailleurs.)*

LE PASSANT

(Il regarde l'heure.) Mais je peux vous sacrifier trois minutes.

ELLE

Merci. Ordinairement le laitier met les bouteilles là, mais ce matin, il les a mises là. Je ne sais pas comment j'ai fait mon compte° pour ne pas m'apercevoir...

ici: *managed*

LE PASSANT

oui

20 Ouais.° Pas grave. Avez-vous la clef?

ELLE

...

———————————
3. **la:** la porte

LE PASSANT

Avez-vous essayé la porte de derrière?

ELLE

on n'en a plus l'usage
you might as well say

Pensez bien que j'y serais allée. Elle est condamnée° depuis huit ans. Jamais on passe par là, autant dire° qu'il n'y en a pas.

LE PASSANT

Ouais.

ELLE

5   Mon Dieu!

LE PASSANT

examine bien

Enervons-nous pas.[4] C'est une affaire de rien. *(Il sonde° la porte.)* Bien fermée. C'est un Yale.[5]

ELLE

Comment?

LE PASSANT

extraordinaires

Je dis que c'est une serrure Yale; la serrure américaine. Terribles,° les
10 Américains, pour fermer les portes!

ELLE

Whatever it may be
semblable

Que ce soit ce que ça voudra,° je voudrais surtout rentrer; mais avez-vous déjà vu une histoire pareille?°

LE PASSANT

door handle

(Il réflêchit. Il sonde la porte. Il force la poignée.°) Ç'a craqué!

ELLE

Tant mieux! Allez-y, cassez tout, je vous donne pleins pouvoirs. Ce que
15 c'est qu'une main d'homme![6] *(Elle rit jaune.)* Je vous remercie bien des fois.

pause

(Temps.°) L'avez-vous?

LE PASSANT

donnent l'impression de

Pas moyen. Les serrures Yale font semblant de° céder mais...

---

4. **Enervons-nous pas!:** Ne nous énervons pas!

5. **Yale:** *the most secure key-operated locking device known; invented in 1865 by the American Linus Yale, Jr. (1821–1868)*

6. **Ce... d'homme!:** *It's really great to have a man around! (free translation)*

ELLE

C'est-y embêtant, c'est-y embêtant...

LE PASSANT

Voyons, voyons, c'est un détail, prenez votre temps, on en a vu des pires.

ELLE

La fenêtre?

LE PASSANT

marche en arrière

5   *(Il s'en recule° pour mieux la voir.)* La fenêtre! Je vois une fenêtre d'ouverte au deuxième. Vous n'avez pas d'échelle?

ELLE

Non.

LE PASSANT

Y a personne en dedans?

ELLE

Oui.

LE PASSANT

10   Ah?

ELLE

Mes deux bébés, c'est tout.

LE PASSANT

that leaves

Ouais. Reste° la fenêtre ici. *(Il y va en faisant attention aux fleurs.)*

ELLE

step on, trample (them)

Faites pas attention aux fleurs, allez-y, foncez°...

LE PASSANT

Ça m'a l'air fermé par en dedans.[7] C'est bien fait ces fenêtres- là, c'est du

(flaillewoude, Can.)
*plywood / dovetail (car-
pentry term)*

15   *fly-wood,°* quel beau travail! Queue d'aronde!°

ELLE

Je comprends, monsieur, mais seigneur doux Jésus, pressons s'il vous plaît.

---

7. **Ça... dedans:** La fenêtre me semble être fermée de l'intérieur.

LE PASSANT

Y a pas un voisin qui aurait une clef, quelque chose? Un concierge qui...

ELLE

Non. Nous sommes propriétaires de la maison. Je suis ma propre concierge.[8]

LE PASSANT

hop

Que pensez-vous de l'idée des pompiers? Je peux aller les chercher, un
5 saut° quatre rues plus bas, et c'est la caserne au complet qui...

ELLE

S'il y avait moyen de ne pas alerter tout le quartier. Je ne suis pas dans une tenue pour...

LE PASSANT

presque / pane (of glass)

Ouais. Il faudrait quasiment° casser un carreau° dans ce cas-là, je ne vois pas d'autres moyens malgré mon imagination, puis le temps passe...

ELLE

smash (it) to pieces!

10 Je vous donne la permission... mais certainement, émiettez,° allez-y, allez-y...

LE PASSANT

pebble

(Il cherche un caillou.°)

ELLE

Voulez-vous une bouteille?

LE PASSANT

excitation

Non, non! Surtout pas d'énervement.° J'ai horreur de l'énervement. On
15 va réussir, croyez-moi. La question, toute simple en elle-même, est de rejoindre le carreau avec mon pied. *(Il essaie.)*

ELLE

removing

En ôtant° votre soulier...

LE PASSANT

Très juste. Vous me surprenez. Vous avez de l'idée, vous.

---

8. **concierge**: personne qui a la garde d'un immeuble, d'une grande maison (La femme parle d'un ton sarcastique parce que c'est elle qui s'occupe de sa maison.)

ELLE

Oui, m'enfermer dehors, je n'ai pas fini de me faire traiter de tête de lièvre.°

hare-brained

LE PASSANT

(Il se déchausse et va pour frapper avec son soulier. Elle l'arrête.)

ELLE

Attendez, ça va effrayer les enfants. *(Elle leur parle par la serrure.)*
5 Gloria, Danton, n'ayez pas peur, mes trésors! ça va faire du vacarme,° mais c'est rien. *(Elle chante «Argentine».)* Allez-y, vous!

grand bruit

LE PASSANT

Pourquoi vous chantez?

ELLE

Pour leur faire accroire[9] que tout est bien à ces pauvres petits... allez, partez!...

LE PASSANT

10   *(Il casse la vitre. Temps.)*

ELLE

Bravo! Ça y est! Vous vous êtes coupé?

LE PASSANT

C'est rien. *(Temps.)* J'ai échappé° mon soulier en dedans.

(Can.) laissé tomber

ELLE

Ça saigne, montrez donc, avez-vous un mouchoir? *(Elle lui prend son mouchoir et lui enroule autour de la main.)*

LE PASSANT

15   Merci. Mon damné châssis,° toi... *(Il fonce à° la fenêtre.)* Ah! j'ai piétiné vos fleurs! *(Il essaie de rejoindre le fermoir° par en dedans. Il s'étire.°)* Il est au diable le fermoir, c'est pas des farces.

ici: fenêtre / se précipite sur / clasp / stretches

ELLE

Etirez-vous encore un peu, vous y touchez, là! *(Il s'étire. Il échappe ses lunettes.)* Vous avez laissé tomber vos lunettes. *(Elle les ramasse.)* Est-ce
20 qu'elles étaient cassées comme ça?

---

9. **accroire**: de **à** et **croire**; employé seulement dans **faire accroire** qui signifie **laisser croire une chose fausse**

LE PASSANT

(Il les reprend.) Oui, je les ai achetées cassées. Ça fait rien, c'étaient des vieilles lunettes.

ELLE

Mon Dieu! Quel matin! *(Il essaye à nouveau.)* Courage, c'est un détail de pouces;[10] on approche, on y touche, l'avez-vous?

LE PASSANT

witness

5   Je ne peux pas rejoindre le faiseux,[11] mais vous êtes témoin° de la volonté que j'y mets. *(Il revient.)* Il faudrait que je me soulève. J'ai écrasé vos fleurs… ah! quel gâchis! Ah! c'est dommage!

ELLE

N'y pensez pas, voyons.

LE PASSANT

Vous n'avez pas une échelle, certain?

ELLE

bumps

10   Mais j'ai un escabeau dans la cuisine. *(Elle se précipite pour aller le chercher et se cogne° sur la porte.)* Ah! seigneur, je suis découragée, vraiment!

LE PASSANT

même si je dois

Enervons-nous pas, ma p'tite dame. A la guerre comme à la guerre. Je vais vous tirer d'embarras, c'est promis, dussé-je° y laisser d'autres menus
15 articles… ma montre, mon stylo, mon peigne…

ELLE

A moins que moi, j'essaie, monsieur, qu'en dites-vous? J'ai le bras plus mince, enlevez-vous donc un instant.

LE PASSANT

Vous n'êtes pas assez grande. Il faudrait un banc, ça saute aux yeux, un simple banc.

ELLE

20   Tout ça dans la cuisine.

---

10. **pouce:** *(inch)* **C'est un détail de pouces** veut dire qu'il s'agit d'une très petite distance.

11. **faiseux:** Ce mot canadien signifie un individu qui cherche des querelles. Le passant personnifie le fermoir qui lui cause beaucoup de difficultés.

LE PASSANT

A moins… ah! je l'ai! A moins…

ELLE

A moins…

LE PASSANT

N'y voyez que mon désir d'en finir,[12] à moins que je vous soulèverais dans mes bras, à cette hauteur-là, à peu près.

ELLE

5   *(Elle est gênée.)* Ouais.

LE PASSANT

On essaye-t-y?

ELLE

A la guerre comme à la guerre. *(Il ne sait pas trop comment la prendre. Il la prend. La soulève mal. Elle a peur de tomber.)* Mon Dieu, tenez-moi, *hummingbird* je suis pas un colibri° pour me tenir dans le vide toute seule.

LE PASSANT

soiled   10   *(Il la dépose.)* J'ai taché° votre déshabillé! Ah! vraiment… *(Il regarde l'heure.)*

ELLE

C'est rien, sainte histoire![13] Allez chercher la police, je vais vous attendre.

LE PASSANT

Move back!   Puis mon enterrement! *(Il se fâche.)* Tirez-vous!° C'est rentrer dans cette 15   maison-là que vous voulez, hein? Elle est à vous cette maison-là hein? Elle *It (the window) is being*   fait sa têtue,° hein? Laissez-moi faire. *(Ce disant, il enlève son paletot,° son* *stubborn! / manteau*   *chapeau, sa veste, se met à quatre pattes dans la boue et les fleurs.)* Vous *bill*   m'enverrez le compte.° Mon beau p'tit châssis de *fly-wood* têtu, on va bien voir.

ELLE

20   Qu'est-ce que vous faites?

---

12. **N'y… finir:** *Believe me, it's only because I want to get this over with… (free translation)*

13. **sainte histoire:** une exclamation inoffensive; L'équivalent français serait **la belle histoire** ou **belle affaire**, avec le sens de **ça ne fait rien.**

LE PASSANT

Sur mon dos. J'ai trouvé le banc. Montez-y.

ELLE

S'il fallait que les voisins m'aperçoivent. C'est solide? *(Elle essaie de monter sur lui.* Je ne suis pas capable, j'ai trop peur de basculer.° *(Elle se fâche à son tour, l'empoigne° et le met debout.)* Venez ici. Faut en finir.
5 Levez-moi, doux Jésus, levez-moi dans vos bras, puis tenez-moi, on va l'avoir; mais serrez,° je trouve que vous avez la main molle pour un homme de votre âge.

LE PASSANT

(Enragé, il la prend à pleins bras, la soulève ave misère.)

LE MARI

(Il est arrivé, entre-temps et les observe, derrière.) Qu'est-ce qui se passe?
10 *(Petit ballet des deux. Lui qui se cache derrière la femme.)* Roméo et Juliette? Tu y vas, Georgianna! tu te payes° une jolie partie de plaisir pendant mon absence! Rentre donc. *(Il prend la clef qui était au-dessus de la porte. Ouvre la porte.)*

ELLE

(Assommée.°) Non, mais écoute Murphy, je ne le savais pas; je te certifie
15 qu'on ne joue pas du Shakespeare. J'étais prise dehors, la porte s'est refermée, monsieur a eu l'obligeance…

LE MARI

Prends-tu ta promenade en chemisette tous les matins, comme ça? Rentre donc. *(Elle rentre en pleurant.)* Puis toi, Roméo?

LE PASSANT

Puis moi? ben, j'ai cassé mes lunettes, je me suis coupé une main, je suis
20 plein de boue, j'ai manqué mon dernier autobus.

LE MARI

(Il examine les dégâts.) Ouais, ouais, ouais, Ça vaut ben dix piastres,° ce châssis-là, hein? Le fermoir, cinq, hein? Puis mes fleurs, encore cinq, tranquillement:° des bégonias du Sud! puis le scandale. Rentre donc qu'on fasse nos comptes, Roméo…

LE PASSANT

25 Ecoutez, vous allez me rendre à bout de patience, j'ai sacrifié l'enterrement d'un cousin pour dépanner° votre femme…

collar

LE MARI

(Un colosse, il prend le PASSANT *par le collet° et le rentre de force. Le* PASSANT, *fatigué, se laisse faire. Temps.)*

LE PASSANT

(Ressort en refermant son porte-monnaie.) Il m'a laissé un billet d'auto-bus, c'est toujours ça! *(Il hésite, regarde la rue, se regarde et demande par la fenêtre:)* Pardon, est-ce que je peux ravoir mon soulier, s'il vous plaît? Hai!... mon soulier! *(Pas de réponse. Il s'en va.)*

LE MARI

(Il sort et lui lance le soulier dans le dos, dédaigneusement.)

RIDEAU

EXERCICES DE COMPREHÉNSION

Résumé Pour faire un résumé de la saynète, remplacez les tirets par les mots appropriés de la liste ci-dessous. Attention aux changements nécessaires. Quelques mots sont utilisés deux fois.

l'autobus *m.*	au-dessus	se mettre à quatre pattes
la boue	l'échelle *f.*	la poignée
la bouteille	effrayer	le pompier
le carreau	l'enfant *m./f.*	saigner
la caserne	l'enterrement *m.*	la serrure
cassé	le fermoir	soulever
chanter	la fleur	le soulier
la clef	fouiller	tâter
un coup de vent	lancer	tomber
les dégâts	les lunettes	trois
le déshabillé	la main	vêtu

Au commencement de la saynète une porte s'ouvre et on voit une main qui ____ l'air. C'est une femme qui cherche les _____. Parce qu'elle ne les trouve pas, elle sort de la maison pour les prendre. Mais un ____ __ ____ referme la porte et elle ne peut pas rentrer. Elle _____ dans ses poches mais elle n'a pas de ____. Ses deux _____ sont dans la maison, mais ils sont trop petits pour l'aider. C'est le matin et elle porte son _____. Elle est très vexée!

Un homme passe. Il est ____ de noir. Il est pressé parce qu'il va à un _____. Il offre d'aider la femme, de lui sacrifier _____ minutes. L'homme examine la _____ et trouve que c'est un Yale. L'homme force la _____, mais elle ne cède pas. Pourquoi ne pas entrer par la fenêtre ouverte au deuxième? On n'a pas d'_____ pour y monter. Donc, il n'y a que la fenêtre ici. L'homme veut faire attention aux _____ qui poussent sous la fenêtre, mais la femme lui dit de ne pas s'en occuper. La femme rejette l'idée d'envoyer l'homme chercher les _____ qui sont dans leur _____ assez près de la maison. Donc il faut casser un _____ de la fenêtre. L'homme décide de frapper la fenêtre avec son _____. La femme a peur que le bruit puisse _____ ses enfants. Pour les rassurer elle commence à _____. Le pauvre homme se coupe la main qui commence à _____. Il continue à avoir des problèmes avec le _____. Afin de le toucher, il s'étire et il laisse tomber ses _____. La femme remarque qu'elles sont _____. Elle dit qu'elle a le bras plus mince que lui et qu'elle peut essayer. Hélas, elle n'est pas assez grande. Il lui faut un banc. L'homme offre de la _____ dans ses bras. Ça ne marche pas. Puis il __ ___ _ _____ _____ et lui dit de monter sur son dos, mais elle a peur de _____. Encore une fois il la prend, et il la _____.

Le mari arrive et les voit. Il est furieux. Il prend la clef qui était __-_____ de la porte et il ouvre la porte. Le pauvre homme a cassé ses _____, s'est coupé la ____, est plein de ____, et a manqué son dernier _____. Mais le mari ne voit que les _____ et il veut en être remboursé. L'homme paie le mari, qui ne lui laisse qu'un billet d'_____. Le pauvre passant n'a même pas son _____. Il le demande au mari qui le lui _____ dans le dos.

Questions de compréhension

Ecrivez en bon français les réponses aux questions suivantes. N'utilisez pas le langage familier de la pièce en formulant vos propres réponses.

1. Au commencement de la saynète, une femme sort de la maison. Pourquoi?
2. Qu'est-ce qui arrive à la femme?
3. Quelle est la réaction de la femme quand elle se rend compte de ce qui s'est passé? Qu'est-ce qu'elle essaie de faire?
4. La femme pense à plusieurs possibilités pour se tirer d'embarras. Quelles sont ces possibilités? Expliquez pourquoi elle les rejette toutes.
5. Combien d'enfants a-t-elle? Où sont-ils? Pourquoi ne lui ouvrent-ils pas la porte?
6. La femme voit un passant. Qu'est-ce qu'elle lui explique? Qu'est-ce qu'elle veut qu'il fasse?
7. Quelle sorte de serrure le passant découvre-t-il quand il examine la porte? Pourquoi cette découverte pose-t-elle un problème?
8. La femme dit au passant qu'elle lui donne «pleins pouvoirs». Qu'est-ce que cela veut dire?
9. Pourquoi va-t-il être difficile d'entrer par la seule fenêtre ouverte?
10. Quelle fenêtre le passant va-t-il essayer d'ouvrir?
11. Qui le passant veut-il aller chercher? Pourquoi la femme n'aime-t-elle pas cette idée?
12. Pourquoi le passant se déchausse-t-il?
13. Qu'est-ce qui arrive au passant quand il casse la fenêtre? Qu'est-ce qu'il perd?
14. Qu'est-ce que le passant essaie d'atteindre? Qu'est-ce qui arrive aux fleurs? et à ses lunettes?

15. Qu'est-ce que la femme va chercher? Pourquoi son action est-elle drôle?
16. Puisqu'il n'y a ni échelle, ni escabeau, ni banc, qu'est-ce que le passant va faire pour les remplacer? Est-ce que ça réussit?
17. Qui arrive? Que font les deux autres pendant que cette troisième personne les observe?
18. Quelle conclusion Murphy tire-t-il de ce qu'il voit?
19. Quelle découverte incroyable étonne la femme et le passant?
20. Qu'est-ce que Murphy demande au passant de faire? Pourquoi cette demande est-elle injuste?
21 A la fin de la saynète, le passant est dans un très mauvais état. Expliquez pourquoi. Reçoit-il ce dont il a besoin?

Réactions orales ou écrites

A. SYNTHESE DU TEXTE

1. Dans «Le Passant charitable» la femme est, bien sûr, extrêmement vexée. Trouvez ce qu'il y a dans la saynète qui souligne son énervement (mots, gestes, expressions...). Comment auriez-vous réagi dans cette situation?
2. Décrivez psychologiquement le passant. Est-il timide ou courageux? A-t-il un sens de l'humour ou est-il très sérieux? Est-il gêné par la situation ou non? Justifiez votre réponse.
3. Avec deux autres étudiants, interprétez les trois rôles du «Passant charitable» et présentez la saynète à la classe.

B. REACTION PERSONNELLE

1. Est-ce qu'un événement semblable vous est jamais arrivé? Ou peut-être est-il arrivé à quelqu'un que vous connaissez? Racontez ce qui s'est passé.
2. Leclerc ne nous donne pas beaucoup de détails sur l'apparence physique des trois personnages de la saynète. Faites un portrait physique de la femme, du passant et du mari selon votre imagination. (Si vous préférez, dessinez les trois.)
3. Imaginez que vous êtes à Hollywood et que vous êtes chargé de distribuer les rôles pour un film. On vous présente le scénario du «Passant charitable». A qui assigneriez-vous les trois rôles? Pourquoi?
4. «Le Passant charitable» ne s'est pas arrêté pour aider Georgianna. Comment a-t-elle réussi finalement à entrer dans la maison? Est-elle allée à la caserne des pompiers? Est-elle allée dans le restaurant? A-t-elle alerté les voisins?
5. Imaginez que «Le Passant charitable» est le premier épisode d'une série «sit-com» à la télé. Ecrivez une scène qui pourrait par la suite servir d'épisode.
   a. Georgianna essaie de s'innocenter des accusations de Murphy.
   b. Murphy et le passant se présentent devant un juge et chacun plaide son cas.
   c. Le passant tombe amoureux de Georgianna et lui écrit une lettre que Murphy découvre.
   d. (Inventez vous-même un épisode.)
6. Avant de quitter sa maison pour aller à l'enterrement, le passant s'est disputé avec sa femme qui est très jalouse. Elle l'accuse d'avoir une maîtresse et de

la tromper. Elle ne le croit pas quand il lui annonce qu'il a l'intention d'aller à un enterrement. Imaginez la scène qui se passe lorsque le passant rentre après sa rencontre avec Georgianna et Murphy.

7. Georgianna est exaspérée et décide qu'elle en a assez de la tyrannie de Murphy. Elle fait ses valises et va chez sa mère. Qu'est-ce qu'elle lui dit? Quel conseil sa mère lui offre-t-elle?

8. Vous êtes journaliste. Une voisine de Georgianna vous décrit la scène devant la maison de Georgianna. Vous décidez d'interviewer le passant. Posez-lui des questions et imaginez ses réponses.

9. Imaginez que vous êtes un(e) voisin(e) de Georgianna. En regardant par la fenêtre, vous l'avez observée avec le passant. Qu'avez-vous vu? Qu'est-ce que vous en avez déduit? Comment avez-vous rapporté cet incident à vos amis dans ce «quartier de mauvaises langues»?

10. Une voiture en panne est arrêtée au bord de l'autoroute. Quelqu'un attend près de la voiture. Personne ne s'arrête pour aider la personne en difficulté. Que faites-vous? Pourquoi? Vous arrêteriez-vous pour aider une femme? Pour aider un homme? Expliquez. Qu'est-ce qui se passe?

7

D'Un Cheveu

par
Jean Giraudoux

JEAN GIRAUDOUX (1882–1944)

Jean Giraudoux, novelist, diplomat, dramatist, lecturer, and critic, was born in Bellac in the Limousin[1] to a family of the *petite bourgeoisie*. Although he lived in Bellac only until he was seven years old, his attachment to his birthplace lasted throughout his life.

Even in the earliest years of Giraudoux's education, learning was his greatest love. He was a brilliant student at the *lycée* and, later, at the *Ecole Normale Supérieure*. He seemed to be destined for a literary career, but that was not to be his first professional undertaking. Instead, he traveled extensively, tried his hand at journalism, and then entered the field of diplomacy.

In 1905, Giraudoux won a scholarship that permitted him to travel widely in Europe. In 1906, he came to the United States as a lecturer in French at Harvard University. Returning to Paris the following year, he worked briefly as a journalist for the newspaper *Le Matin*. It was in Paris that he met Bernard Grasset, who later became his publisher. Giraudoux made his literary debut in 1909 with the witty and frivolous *Provinciales,* a collection of his *contes* and *nouvelles*— many of which had appeared earlier in various journals.

In 1910, while attached to the Ministry of Foreign Affairs, Giraudoux began to pursue the double career of *haut fonctionnaire* (diplomat) and writer. He served in World War I, was wounded, and later was awarded the Cross of the Legion of Honor. Giraudoux then returned to Harvard, this time as an instructor in military science. During this stay in the United States, he collected information that led to *Amica America*, said to be one of the most sympathetic books ever written about the United States. To him, America reflected an enthusiasm, an optimism, and an idealism that he admired.

Upon his return to post-war France, Giraudoux married, and in 1919 his son, Jean-Pierre, was born. Appointed head of the Press and Information Service of the Ministry of Foreign Affairs in 1924, Giraudoux continued in the field of diplomacy. At the same time, he was furthering his literary development, now as a novelist. During this period, Giraudoux met Louis Jouvet, a well-known actor on both stage and screen. Through Jouvet, Giraudoux discovered, at the age of forty-six, his true vocation—the theater. From novelist and statesman, he was to become one of the leaders in the renaissance of the French theater that took place during the 1930's. Giraudoux sought to return dignity to the theater and to awaken in the viewer an interest in serious problems and eternal truths. The themes of intellectual honesty and the futility of war often recur in Giraudoux's theatrical works. He believed that *"Le spectacle est la seule forme d'éducation morale ou artistique d'une nation."*

In 1936, while serving as inspector general of diplomatic and consular posts, Giraudoux wrote *Pleins Pouvoirs*, which contained his projects of reform for France and analysed France as he knew it just before the outbreak of World War II. Although *Pleins Pouvoirs* is in some ways discouraging and pessimistic, placing

---

1. **Limousin:** a former province in central France.

responsibility in the hands of the French people themselves, it demonstrates Giraudoux's faith in the destiny of France.

At the beginning of World War II, Giraudoux served in the French government as chief of propaganda and censorship, a post for which his intellectual integrity and unorthodox views made him unsuited. He retired in 1941, and spent his remaining years writing for the theater and the cinema. His best-known works include *Amphitryon 38* (1929), *Sodome et Gomorrhe* (1943), *and La Guerre de Troie n'aura pas lieu* (1935). At his death in January, 1944, he left two important plays, *La Folle de Chaillot* and *L'Apollon de Bellac.*

Many of Giraudoux's most faithful readers are not aware that he also wrote short stories. Because these stories, written at the outset of his career, show a different aspect of the writer's genius and reveal a forgotten or unknown side of Giraudoux, one of them, *"D'un Cheveu,"* has been included in *Explorations.* *"D'un Cheveu,"* which first appeared in the newspaper *Le Matin* on November 9, 1908, parodies a detective story in the style of Conan Doyle, creator of the Sherlock Holmes mysteries.

PRÉPARATION À LA LECTURE

Reading hints   **INVERSION** This story contains many examples of verb forms that are inverted with a subject pronoun. When inversion follows direct discourse to indicate who said what, it is not to be viewed as an interrogative form.

Examples: La preuve indéniable, expliqua-t-il...
Je vois ce que c'est, dit-il.

Although the first person subject pronoun, **je,** is rarely inverted with its verb in conversation, this form is often encountered in literary French.

Example: Ce n'est pas un cheveu, dis-je.

CULTURE As you read this story, you will meet characters who dress, speak, and, in general, behave quite differently from individuals who live today. The following explanations point out some of these differences.

At the time this story was written, it was fashionable to wear boots *(bottes, bottines)* that buttoned with a button-hook *(un tire-bouton).* According to Giraudoux, the English often favored open shoes or shoes that tied with laces.

One used to measure amounts of wine or alcohol by the thickness of a man's finger. Thus one would drink a "finger" *(un doigt)* of wine or whisky. In this story, the characters are served both Bordeaux, a red wine, and Chablis, a white wine.

Pratique   **A. MOTS APPARENTES** Voici quelques mots apparentés tirés du texte. Certains d'entre eux ne font pas partie du vocabulaire courant. Trouvez dans la liste de droite l'équivalent logique de chaque mot apparenté. Si vous avez de la difficulté, utilisez votre dictionnaire anglais.

1. l'adversaire *m./f.*	**a.** distingué
2. le badinage	**b.** une personne qui converse avec une autre
3. la commisération	**c.** irréfutable
4. déférent	**d.** la compassion
5. dissimuler	**e.** opposé
6. éminent	**f.** suggérer sans dire expressément
7. exécrable	**g.** la conversation légère, amusée, pas sérieuse
8. indéniable	**h.** abominable
9. insinuer	**i.** respectueux
10. l'interlocuteur *m.*	**j.** donner une idée fausse
11. inverse	**k.** l'ennemi

B. FAMILLES DE MOTS On peut élargir son vocabulaire en apprenant un seul nouveau mot. En lisant le conte vous verrez que les autres mots indiqués (même famille) s'y trouvent aussi.

1. Si le verbe **éternuer** veut dire *to sneeze*, que veut dire le nom **éternuement?**

   Je profitai des facilités... pour diriger un **éternuement** dans la direction du cheveu...

   ● **même famille:** rééternuer

2. Si le nom **bouton** veut dire *button*, que veut dire le verbe **reboutonner?**

   Vos bottines sont à demi **reboutonnées.**

   ● **même famille:** un tire-bouton, boutonner

3. Vous savez le sens de l'adjectif **long**. Que veut dire le verbe **allonger?**

   ... il... **allongea** la main vers moi...

4. Si le nom **rêve** veut dire *dream*, que veut dire le verbe **rêver?**

   Mon ami **rêvait** bien...

   ● **même famille:** la rêverie

5. Vous comprenez le verbe **battre**. Que veut dire le nom **battement?**

   Le temps passait en raison inverse du **battement** de mon cœur.

C. LISEZ ET REFLECHISSEZ! Lisez les phrases suivantes sans consulter le dictionnaire. Essayez de déterminer le sens des mots en italique en vous servant du contexte de la phrase entière. Qu'est-ce qui vous a aidé? Soyez spécifique.

1. Sherlock posa [le mouchoir] sur la table et *s'abîma* à nouveau dans ses contemplations.
2. Mon cœur, en quatrième vitesse, *ronflait* au milieu de ce silence comme un moteur.

3. Sherlock *respira* le mouchoir, et l'approcha délicatement de mon nez. —Qu'est-ce qu'il sent? demanda-t-il.
4. ... [le] cheveu ... *ondoya* comme un serpent sans... quitter la table.
5. ... Sherlock... me fixait toujours avec les yeux du boa qui va *engloutir* son boeuf.
6. Je conclus... en caressant fiévreusement mon revolver... Quelle bêtise de ne jamais le *charger*!

D. VOCABULAIRE UTILE Les mots et les expressions suivants se trouvent dans «D'un Cheveu». Etudiez-les avant de commencer le conte.

NOMS

le frisson	shiver, shudder
la nappe	tablecloth
la perruque	wig
le piège (tendre un piège)	trap, snare (to set a trap)

VERBES

avaler	to swallow
balbutier	to stammer, stutter
en vouloir à quelqu'un	to bear (hold) a grudge against someone
éviter	to avoid, evade
ignorer (FA)	to be unaware of, not to know
se méfier (de)	to mistrust, be suspicious (of)
se pencher	to lean (over), bend, stoop
plaisanter	to joke, jest

Maintenant, vérifiez votre compréhension. Dans les phrases suivantes, remplacez le tiret par un mot de la liste ci-dessus. Utilisez huit mots différents. Faites les changements nécessaires.

1. Voilà un homme que je déteste. Je l' _____ à toute occasion.
2. Ma meilleure amie aime beaucoup amuser les autres. Elle _____ tout le temps.
3. Il _____ au juge qui l'a mis en prison.
4. Quand le prof m'a posé cette question, j'ai été tellement choqué que je _____ une réponse assez bête.
5. Nous _____ des gens qui font des promesses exagérées.
6. Les étudiants n'ont pas étudié parce qu'ils _____ que le prof allait donner un examen.
7. La police a tendu un _____ pour arrêter le voleur.
8. Une _____ blonde complète mon costume pour le Mardi Gras.

Etablissons les faits!

A. EXPERIENCE PERSONNELLE

1. Qu'est-ce que vous savez de Sherlock Holmes? Soyez spécifique. A quel auteur avez-vous l'habitude de l'associer?

2. Aimez-vous lire des mystères? Pourquoi ou pourquoi pas?

3. Quand vous lisez un mystère, à quoi faites-vous attention?

4. Essayez-vous de résoudre le mystère avant la fin? Pouvez-vous vous discipliner, ou êtes-vous de ceux qui se précipitent aux dernières pages pour trouver la clef du mystère?

B. VUE PANORAMIQUE Lisez ces débuts de phrases, et après avoir lu le conte, complétez-les brièvement.

1. Les personnages dans ce mystère sont _____ et un détective qui s'appelle _____.

2. Les deux personnages se rencontrent *(où?)* _____.

3. La plupart de l'action se passe *(où?)* _____.

4. Au cours du conte le détective essaie de déterminer _____.

5. Un bon adjectif pour décrire l'état mental du narrateur serait _____. (Pourquoi avez-vous choisi cet adjectif?)

6. Le cheveu est important dans ce conte parce que _____.

7. A la fin, le détective conclut que _____.

8. L'autre homme est **a.** désolé **b.** content de cette solution parce que _____.

D'Un Cheveu

ici: luck

JE sortais des bras de Mme Sherlock Holmes, quand je tombai, voilà ma veine,° sur son époux.

—Hé! bonjour! fit l'éminent détective. On dîne avec moi? Voilà des siècles qu'on ne vous a vu!

s'est montré

5 Quelque chose de mon émotion transparut° sur mon visage. Sherlock sourit finement:

—Je vois ce que c'est, dit-il, Monsieur[1] va chez une amie.

Si je disais non, j'avais l'air de faire des mystères. Si je disais oui, j'avais l'air de vouloir l'éviter. Je répondis donc, peut-être un peu précipitamment,
10 que l'amie en question pouvait parfaitement attendre; que, si je n'arrivais pas à huit heures, ce serait à neuf, et que, d'ailleurs, si elle n'était pas contente, je ne rentrerais pas du tout.

---

1. **Monsieur:** réfère ici au narrateur

stared

stammer

Sherlock, pour toute réponse, posa les mains sur mes épaules, me fixa,° et dit:

—Ne bafouillez° pas, cher.[2] Je vous avais tendu un piège. Vous sortez d'un rendez-vous!

5   Un frisson parcourut mon corps et sortit par mes cheveux, qui se dressèrent.°

stood on end
heureusement
no more joking

Par bonheur,° il ajouta:

—Mais trêve de plaisanterie.° Allons au restaurant. Désolé de ne pas vous emmener chez moi, mais on ne m'y attend pas. La bonne a son jour.[3]

10   Je[4] me crus sauvé. Mon ami rêvait bien sur son potage, mais je mettais ses rêveries sur le compte de quelque professionnel du vol à la tire[5] et du vagabondage° spécial.[6] Soudain, du pied, il cogna° légèrement ma cheville.°

vagrancy / kicked
ankle

—Voilà la preuve, fit-il.

recommençait

Cela le reprenait.°

15   —La preuve indéniable, la preuve irréfutable, expliqua-t-il, que vous sortez bien d'un rendez-vous: vos bottines sont à demi reboutonnées: ou vous avez été surpris en flagrant délit,[7] hypothèse inadmissible, car une main de femme noua à loisir votre cravate, ou votre amie appartient à une famille où l'on n'use point du tire-bouton, une famille anglaise, par 20 exemple.

J'affectai de sourire.

hairpins

—Toute femme, insinuai-je, a des épingles à cheveux.° Une épingle à cheveux remplace avantageusement un tire-bouton.

—Votre amie n'en a pas, laissa-t-il tomber. Vous ignorez peut-être que 25 certaines Anglaises ont formé une ligue contre les épingles à cheveux. D'ailleurs, sans chercher si loin, les femmes qui portent perruque ne s'en servent pas. Je suis payé pour le savoir.[8] Ma femme est du nombre.

—Ah! fis-je.

Il s'amusait évidemment à me torturer. De plus, l'imbécile m'avait placé 30 dos à la fenêtre, et il en venait un courant d'air qui me pénétrait jusqu'aux

marrow
lace

moelles.° J'éternuai. En tirant mon mouchoir, j'en fis tomber un second, orné de dentelles,° un peu plus grand qu'une feuille et un peu moins grand que ma main. Sherlock le posa sur la table, et s'abîma à nouveau dans ses contemplations.

35   —C'est un mouchoir de femme, prononça-t-il enfin.

Puis il sourit.

be betrayed

—Enfant! fit-il. Vous vous laissez trahir° par un mouchoir. Depuis Iago

---

2. **cher:** *a term of address such as "old friend" or "dear man"*

3. **La... jour:** La bonne *(maid)* ne travaille pas ce jour-là, elle a congé.

4. **Je:** Remarquez qu'à ce moment-ci la scène change et les deux hommes sont en train de dîner au restaurant.

5. **professionnel... tire:** *pickpocket*

6. **Mon... spécial:** Le narrateur suppose que Sherlock réfléchit à son travail de détective.

7. **en... délit:** *in flagrante delicto (legal term), in the act*

8. **Je... savoir:** Le travail de Sherlock l'oblige à remarquer les petits détails.

et Othello, ce genre d'accessoires n'appartient plus qu'à l'opérette.[9] Mais je ne veux pas être indiscret. Me permettez-vous de l'examiner?

—Vous pouvez, balbutiai-je bêtement; il est propre.

whistled softly
je suis devenu silencieux
ici: mouches

Je sifflotai° pour me donner une contenance,[10] puis,... je me tus.° On aurait entendu voler les mouches.[11] Mais les sales bêtes,° intimidées, s'en gardaient bien. Mon cœur, en quatrième vitesse, ronflait au milieu de ce silence comme un moteur. Sherlock but un doigt de bordeaux, en rebut un second doigt, et posa un des siens, l'index, sur le mouchoir.

—C'est la femme de quelqu'un qui se méfie et qui est malin, fit-il. Il n'a pas d'initiales.

swallowed / relief

J'avalai° de soulagement° deux grands verres d'eau. Sherlock respira le mouchoir, et l'approcha délicatement de mon nez.

—Qu'est-ce qu'il sent? demanda-t-il...

—Ce qu'il sent? murmurai-je.

Heureusement, Sherlock n'écoute pas ses interlocuteurs. Les questions qu'il leur pose sont des réponses qu'il se fait.

—Pour moi, raisonna-t-il, il ne sent rien. C'est donc un parfum auquel je suis habitué. Celui du Congo, par exemple: celui de ma femme.

---

9. **Depuis... opérette:** *In Shakespeare's Othello, Iago obtains a handkerchief belonging to Othello's wife Desdemona, and uses it to convince Othello of her infidelity. Sherlock tells the narrator that this "handkerchief business" is no longer seen except perhaps in musical comedy.*

10. **Je... contenance:** *(a good front)* Le narrateur veut faire semblant d'être calme et rassuré.

11. **On... mouches:** Comment exprime-t-on cette même idée en anglais?

threshing machine
rolling mill / vise
*   was crushing*

Ceux qui n'ont jamais été pris dans une machine à battre° ou passés au laminoir° ne pourront jamais concevoir quel étau° broyait° mon cœur. Je me penchai sur mon assiette et essayai de me trouver de l'appétit... Sherlock continuait à me fixer.

5   —Un cheveu, fit-il.

Je me penchai vers son assiette.

leek

—Ce n'est pas un cheveu, dis-je. Du poireau°, sans doute.

Sans répondre, il se leva, allongea la main vers moi et me présenta, entre le pouce° et l'index, après l'avoir cueilli sur le col de mon paletot,° un fil° doré, soyeux,° souple, bref un de ces cheveux qui font si bien sur l'épaule de l'amant, quand toutefois la tête de l'aimée est au bout.

thumb / manteau / thread
silky

10

—Eh bien, dit-il, qu'est-ce que cela?

aspects

—Ça, fis-je, d'un ton que j'aurais voulu indifférent, mais qui malgré prenait des allures° provocantes, vous l'avez dit vous-même, c'est un cheveu!

15

Il le posa sur la nappe blanche. Je profitai des facilités que me donnaient le courant d'air et la rêverie de mon bourreau,[12] pour diriger un éternuement dans la direction du cheveu qui s'éleva, ondoya comme un serpent sur sa queue,° sans pourtant, l'infâme, quitter la table.

tail

20   —Rééternuez, commanda Sherlock Holmes, qui avait perçu évidemment mon manège.°

ruse

Je la[13] trouvai mauvaise.

ici: insistez

—Si vous tenez à° ce que j'éternue, protestai-je, éternuez vous-même.

Il éternua. Le cheveu s'éleva, ondoya (voir plus haut).

is sticking

25   —C'est bien un cheveu de perruque, conclut-il, la racine colle!°

Le cheveu était retombé en travers et nous séparait comme un cadavre. Il me paraissait plus long encore mort que vivant.

Sherlock vida son verre et s'en saisit comme d'une loupe, malgré mes efforts pour lui verser° un chablis, d'ailleurs exécrable.

pour

30   —C'est bien un cheveu de ma femme, dit-il.

Je dissimulai ma terreur sous le voile d'un aimable badinage.

—Eh! eh! marivaudai-je,[14] Mme Sherlock est jolie. Vous me flattez.

Il me regarda d'un air de commisération.

fréquenté

—Pauvre ami, fit-il, une Irlandaise[15] qui a traîné° tous les bars.

lentement

35   La mort valait mieux que l'incertitude. Je n'aime pas mourir à petit feu.° Surtout en présence d'un garçon stupide qui vous écoute en vous servant. Je congédiai l'intrus dans les règles.[16]

—Et vous, fis-je en me levant et en fixant Sherlock, expliquez-vous!

---

12. **bourreau:** *(executioner)* De qui le narrateur parle-t-il?

13. **la:** *it, that is,* Sherlock's demand

14. **marivaudai-je:** *The verb* **marivauder** *(to speak in an excessively affected and refined manner) is derived from the name of the 18th-century dramatist* **Marivaux,** *who wrote many comedies. The narrator is imitating this style.*

15. **Irlandaise:** Vous saurez à la fin du mystère à qui Sherlock pense ici.

16. **Je... règles:** *I dismissed the intruder politely.* Qui est cet intrus?

bull

C'était prendre le taureau° par les cornes. Mais j'aurais fait plus encore. Mon adversaire, d'ailleurs, ne sortit pas de son ironie déférente.

—En deux mots, dit-il. Vous sortez d'un rendez-vous et vous vous troublez à ma vue, donc, vous avez intérêt à ce que je ne connaisse pas celle

donne

5 qui vous prodigue° ses faveurs. Vos bottines sont défaites, donc... vous ne les avez pas reboutonnées. C'est le jour où ma bonne s'absente et laisse ma femme seule. Vous sortez un mouchoir qui appartient à ma femme. Je trouve sur votre épaule un cheveu de sa plus belle perruque. Donc...

Mes yeux ne firent qu'un tour. Le temps passait en raison inverse du

10 battement de mon cœur.

—Donc, reprit Sherlock, qui me fixait toujours avec les yeux du boa qui va engloutir son bœuf... Donc... concluez vous-même.

Je conclus en me renversant sur mon fauteuil et en caressant fiévreuse-

grip

ment la crosse° de mon revolver, un excellent browning[17] à douze coups.

15 Quelle bêtise de ne jamais le charger!

—Donc... dit Sherlock froidement (avouez-le, mon pauvre ami, je ne vous en veux pas). Vous êtes... l'ami de ma bonne![18]

—Garçon, criai-je. Où diable vous cachez-vous! Il y a une heure que je vous appelle! Apportez du champagne!

20   JEAN CORDELIER et CH. AIVRARD.[19]

EXERCICES DE COMPRÉHENSION

Résumé Choisissez **a**, **b**, ou **c** afin d'obtenir une phrase correcte selon le texte. Quand vous aurez fini, relisez toutes les phrases. Vous découvrirez qu'elles forment un résumé du conte.

Dans la rue

1. Quand Sherlock Holmes a rencontré le narrateur, le narrateur sortait d'un rendez-vous avec
   a. sa propre femme
   b. la femme de Sherlock
   c. la maîtresse de Sherlock
2. Sherlock a invité le narrateur à
   a. dîner ensemble

---

17. **browning:** pistolet automatique utilisé pendant les deux Grandes Guerres; inventé par l'Américain, John Moss Browning (1855–1926)

18. *See footnote 15.*

19. Etant rédacteur littéraire pour le journal *Le Matin,* Giraudoux introduisit de temps en temps un de ses propres contes, souvent sous d'autres signatures.

    b. se battre en duel

    c. dîner avec lui et Mme Holmes

3. Le narrateur

    a. a refusé l'invitation

    b. a fait attendre son amie

    c. a accepté l'invitation

4. En disant que le narrateur allait chez une amie, Sherlock a admis qu'il lui avait tendu

    a. une trêve

    b. une preuve

    c. un piège

5. Sherlock voulait dîner au restaurant parce que

    a. sa femme ne sait pas cuisiner

    b. la bonne avait congé ce jour-là

    c. sa femme était malade

Au restaurant

6. En mangeant son potage Sherlock réfléchissait

    a. à son travail

    b. au rendez-vous du narrateur

    c. à la fidélité de Mme Holmes

7. Sherlock a annoncé soudain qu'il avait la preuve que le narrateur

    a. sortait d'un rendez-vous

    b. avait été surpris en flagrant délit

    c. avait une amie qui appartient à une famille anglaise

8. Le narrateur, le dos à la fenêtre, avait froid et il

    a. a éternué

    b. a ronflé

    c. a siffloté

9. En cherchant son mouchoir, le narrateur a fait tomber

    a. un mouchoir de femme

    b. un éternuement

    c. une épingle à cheveux

10. Pour faire semblant d'être calme, le narrateur

    a. a ronflé

    b. a éternué

    c. a siffloté

11. Le narrateur était gêné

    a. à cause du grand silence

    b. parce que Sherlock buvait trop de vin

    c. parce que les mouches volaient près de son assiette

12. Sherlock a découvert que le mouchoir qu'il examinait sentait l'odeur d'un parfum

    a. très rare

      b. de sa femme

      c. des opérettes

13. En fixant son attention sur son compagnon, Sherlock a trouvé un cheveu

      a. sur son assiette

      b. dans la perruque de sa femme

      c. sur le manteau du narrateur

14. Sherlock a mis le cheveu

      a. dans son mouchoir

      b. sur la nappe

      c. dans sa poche

15. Le narrateur a éternué une deuxième fois

      a. pour pousser le cheveu de la table

      b. pour terminer la conversation

      c. pour dissimuler sa terreur

16. Sherlock a annoncé que le cheveu est un cheveu

      a. de sa femme

      b. d'un cadavre

      c. d'une Irlandaise

17. Le narrateur a congédié le garçon

      a. parce qu'il préférait l'Irlandaise du bar

      b. parce qu'il ne voulait pas que le garçon écoute la conversation

      c. parce que le garçon avait servi un chablis affreux

18. Le narrateur, exaspéré, a demandé à Sherlock de

      a. sortir

      b. prendre le taureau par les cornes

      c. s'expliquer

19. Le narrateur était très nerveux parce que

      a. son cœur battait très vite

      b. Sherlock résumait ses conclusions sur l'affaire du rendez-vous

      c. un boa avalait un bœuf devant ses propres yeux

20. Sherlock a annoncé qu'il savait que le narrateur

      a. était l'ami de sa bonne

      b. était l'ami de sa femme

      c. prodiguait trop souvent ses faveurs

Questions de compréhension

Répondez en français aux questions suivantes. Formulez vos propres réponses. Essayez de ne pas copier les phrases du texte.

Dans la rue

1. Le narrateur est-il content de rencontrer Sherlock Holmes? Expliquez.

2. Sherlock et le narrateur se connaissent-ils? Comment le savez-vous?

3. Quand Sherlock dit au narrateur qu'il sait que ce dernier va chez une amie, pourquoi le narrateur réfléchit-il à sa réponse?

4. Sherlock admet qu'il sait que le narrateur sort d'un rendez-vous. Quelle est la réaction du narrateur? Pourquoi?

Au restaurant

5. Au commencement du repas, Sherlock ne semble pas faire attention au narrateur. A quoi le narrateur attribue-t-il les rêveries de Sherlock?
6. Sherlock remarque qu'il a la preuve que le narrateur sort d'un rendez-vous. De quelle preuve parle-t-il?
7. Qu'est-ce qui amène Sherlock à sa conclusion que les amants n'ont pas été surpris en flagrant délit?
8. Quand le narrateur éternue et tire son mouchoir de sa poche, un autre mouchoir en tombe aussi. Décrivez ce dernier mouchoir.
9. Décrivez l'état mental du narrateur pendant que Sherlock examine le mouchoir.
10. Après avoir examiné le mouchoir, quelles observations Sherlock fait-il?
11. Pourquoi Sherlock demande-t-il au narrateur de sentir le mouchoir? De quelle importance est le parfum?
12. Sherlock trouve ensuite un cheveu. Où? Décrivez-le. Quel est le rapport entre ce cheveu et le mouchoir?
13. Pourquoi le narrateur décide-t-il de diriger un éternuement dans la direction du cheveu? Ce geste, aide-t-il le narrateur? Expliquez votre réponse.
14. Pourquoi Sherlock commande-t-il au narrateur de rééternuer? Le narrateur le fait-il? Que fait alors Sherlock? Quel est le résultat?
15. Qu'est-ce que Sherlock utilise pour examiner le cheveu? Quelle est sa conclusion?
16. Qui est l'Irlandaise dont parle Sherlock?
17. Quand Sherlock fait un résumé de tous les détails qu'il a remarqués, qu'est-ce que le narrateur est prêt à faire? Pourquoi?
18. Quelle est la conclusion de Sherlock à la fin du conte?
19. Choisissez un adjectif pour décrire le narrateur à la fin du conte. Justifiez votre choix.

Réactions orales ou écrites   A. SYNTHESE DU TEXTE

1. Quels détails ont conduit Sherlock à sa conclusion? De la liste suivante, indiquez ceux qui sont importants selon vous. Expliquez vos choix.

le dîner au restaurant	les bottines du narrateur
les épingles à cheveu	le cheveu
la perruque de Mme Holmes	la bonne
le Congo	le mouchoir du narrateur
la nappe	le mouchoir de dentelle
le serpent boa	les mouches
le Bordeaux	le garçon

2. Qu'a fait ou dit le narrateur pour paraître innocent? A votre avis, le narrateur s'est-il trahi par ses actions? Soyez spécifique. Sherlock s'est-il aperçu des intentions du narrateur? Expliquez.
3. Ce que vous savez de Sherlock Holmes a-t-il été confirmé par ce conte? Quelles différences et/ou similarités avez-vous remarquées? Si vous cherchiez

à résoudre quelque cas difficile, quel Sherlock engageriez-vous, celui de Giraudoux, or celui de Conan Doyle?

B. REACTION PERSONNELLE

1. Imaginez que vous êtes à Hollywood et que vous êtes chargé de distribuer les rôles pour un film basé sur «D'un Cheveu». A votre avis, quels acteurs interprèteraient le mieux les rôles du narrateur et de Sherlock? Justifiez votre choix.
2. Faites le portrait physique et psychologique du narrateur.
3. Si vous aviez été le narrateur, comment auriez-vous réagi dans cette situation?
4. Imaginez que Sherlock a découvert la vérité—que le narrateur et Mme Holmes étaient amants. Créez une autre conclusion pour le conte.
5. Vous êtes Mme Holmes. Sherlock pense que vous êtes la maîtresse de son ami, mais il n'en est pas sûr. Il vous a dit qu'il a certains indices *(clues)*, et vous devez vous innocenter. Imaginez un dialogue entre vous et votre mari.

ENTRACTE

LA POÉSIE

Au théâtre les entractes séparent les actes de la pièce. Les spectateurs ont un petit temps de repos pour «digérer» ce qu'ils ont vu et pour parler d'autre chose. Pourquoi ne pas introduire un entracte dans un texte littéraire?

Quittons à présent la prose pour lire un peu de poésie. Ces quelques poèmes ne vous donneront qu'un minuscule aperçu de la poésie d'expression française. Il ne s'agit pas ici d'étudier en profondeur ce genre d'expression, mais tout simplement de lire les poèmes, de les comprendre et d'en tirer quelque plaisir.

Les poèmes qui suivent ont été choisis pour vous montrer que la poésie n'est ni toujours difficile ni toujours obscure. Lisez-les à haute voix. Ecoutez bien ce que vous dites. Pensez aux messages et aux sentiments exprimés. Laissez la magie des vers vous faire réfléchir, rire ou pleurer!

JACQUES PRÉVERT (1900–1977)

Né dans une famille d'origines modestes en 1900, Jacques Prévert est devenu un des poètes les plus populaires de France avec la publication de son premier livre de poésie, *Paroles,* en 1945. Déjà connu pour ses films *(Le Jour se lève, Les Visiteurs du soir, Les Enfants du paradis),* ses chansons et son œuvre théâtrale, Prévert a réussi à attirer par ses poèmes des lecteurs de toutes les classes sociales. L'explication de son succès se trouve peut-être dans son don de pouvoir partager et exprimer les émotions et les aspirations des gens ordinaires d'une manière éloquente mais simple. C'était un poète du peuple qui s'exprimait dans la langue du peuple. Il parlait aux gens de ce qui faisait leur monde, leur vie de tous les jours. Selon Joël Sadeler dans son livre *A Travers Prévert,* Prévert «... est le poète fraternel des travailleurs, le poète amoureux de la femme, le poète tendre de l'enfance. Et c'est pourquoi tant d'hommes et de femmes, tant de jeunes se reconnaissent en lui et dans ses poèmes».[1]

Le succès de *Paroles* (où se trouvent «Le Cancre» et «Paris at Night») a été continué par d'autres recueils comme *Histoires* (1946), *Spectacle* (1951; - où l'on trouve «Les Enfants qui s'aiment»), *Le Grand Bal du printemps* (1951), *La Pluie et le beau temps* (1955), *Fatras* (1966) et *Choses et autres* (1972).

Parmi les thèmes variés (l'amour, la souffrance, l'injustice, la guerre, la famille, etc.) choisis par Prévert, l'enfance restait particulièrement chère au poète. Touché par le langage naïf et maladroit des enfants, et par leur spontanéité, leurs rêves et leur humour, Prévert semble être toujours «du côté des faibles, des opprimés, des mal-aimés. Les enfants sont souvent ceux qui subissent le plus durement les contraintes de la vie quotidienne, école, parents, misère, guerre, etc., avec pour seule défense le rêve».[1] «Le Cancre» montre très bien cette complicité familière entre le poète et l'enfant.

LE CANCRE

Il dit non avec la tête
mais il dit oui avec le cœur
il dit oui à ce qu'il aime
il dit non au professeur
il est debout
on le questionne
et tous les problèmes sont posés
soudain le fou rire le prend
et il efface tout
les chiffres et les mots

---

1. Joël Sadeler, *À Travers Prévert,* c. 1975.

les dates et les noms
les phrases et les pièges
et malgré les menaces du maître
jeers, hoots   sous les huées° des enfants prodiges
avec des craies de toutes les couleurs
sur le tableau noir du malheur
il dessine le visage du bonheur.

Questions

1. Prévert ne suit pas la forme traditionnelle de la poésie. Qu'est-ce qui manque dans ce poème?
2. Identifiez «Il». Quelle semble être son attitude envers l'école?
3. Qu'est-ce que cet élève est en train de faire au moment où «le fou rire le prend»? D'après vous, pourquoi commence-t-il à rire?
4. Que fait l'élève après que «le fou rire le prend»? De quels «pièges» parle Prévert?
5. Qu'est-ce que c'est qu'un enfant prodige?
6. Comment le maître et les enfants prodiges réagissent-ils aux actions du cancre?
7. Dans le vers «sur le tableau noir du malheur», pourquoi Prévert a-t-il choisi le mot «malheur»?
8. Qu'est-ce que l'élève dessine sur le tableau noir?
9. La sympathie du poète s'adresse-t-elle au cancre ou aux autres? Comment le savez-vous?
10. Prévert semble-t-il glorifier les actions du cancre ou y a-t-il un autre message pour le lecteur? Expliquez.

Réaction
personnelle

1. Ce poème, comme beaucoup des poèmes de Prévert, raconte une histoire. Ecrivez un petit conte basé sur le poème. Identifiez le cancre. Comment s'appelle-t-il? Pourquoi est-il un cancre? Pourquoi fait-il ce qu'il fait dans le poème? Comment s'appelle le maître? Décrivez-le. Comment réagit-il aux actions du cancre? Comment votre conte se termine-t-il?
2. Quand vous pensez à l'école primaire, quelles images vous viennent à l'esprit? Faites-en une liste. Ensuite, choisissez trois de ces images et expliquez pourquoi vous vous les rappelez. Quelles émotions s'attachent à ces images?

LES ENFANTS QUI S'AIMENT

Le poème suivant était à l'origine une chanson que Prévert a écrite pour le film *Les Portes de la nuit*. Elle a été mise en musique par Joseph Kosma et chantée par Yves Montand. Les enfants utilisent souvent leur imagination pour rendre plus acceptable la réalité de la vie. Quand ils grandissent, ils trouvent souvent leurs rêves dans l'amour.

Les enfants qui s'aiment s'embrassent debout
Contre les portes de la nuit
Et les passants qui passent les désignent du doigt
Mais les enfants qui s'aiment
Ne sont là pour personne
Et c'est seulement leur ombre
Qui tremble dans la nuit
Excitant la rage des passants

scorn

Leur rage leur mépris° leurs rires et leur envie
Les enfants qui s'aiment ne sont là pour personne
Ils sont ailleurs bien plus loin que la nuit
Bien plus haut que le jour

dazzling

Dans l'éblouissante° clarté de leur premier amour.

Questions

1. Où s'embrassent «les enfants qui s'aiment»? Sont-ils vraiment enfants?
2. Quand les passants passent, comment réagissent-ils? Expliquez leurs différentes réactions.
3. Prévert écrit que «les enfants qui s'aiment ne sont là pour personne». Où sont-ils selon le poète? Selon vous?
4. Prévert condamne-t-il les actions des «enfants qui s'aiment»? Pourquoi ou pourquoi pas?

Réaction personnelle

1. Pouvez-vous expliquer pourquoi le premier amour est si spécial? Commentez sur l'aspect magique du «premier amour».
2. Comment réagiriez-vous si vous voyiez un jeune couple s'embrasser dans un endroit public? Pourquoi?
3. Développez un dialogue entre deux personnes qui passent à côté des enfants qui s'aiment. Identifiez ces deux personnes. Qui sont-elles? Quel âge ont-elles? Quelles sont leurs professions? Sont-elles mariées? Que se disent-elles des enfants qu'elles voient? Pourquoi ont-elles ces opinions?

PARIS AT NIGHT

Pour Prévert l'amour était très important parce qu'il représentait «la plus grande forme de bonheur qu'offre la vie». Le poète s'est intéressé aux joies naturelles et simples de l'amour dans le petit poème qui suit. C'est aussi une chanson chantée par Yves Montand.

Trois allumettes une à une allumées dans la nuit
La première pour voir ton visage tout entier
La seconde pour voir tes yeux
La dernière pour voir ta bouche
Et l'obscurité tout entière pour me rappeler tout cela
En te serrant dans mes bras.

Questions

1. Selon vous, qui parle—un homme ou une femme?
2. Quel est le sujet du poème?

Réaction personnelle

1. Relisez «Paris at Night» et «Les Enfants qui s'aiment» pour les comparer et les contraster. Pensez, par exemple, au traitement du sujet, à ce qui se passe, et aux émotions que vous avez éprouvées. Lequel de ces deux poèmes préférez-vous? Pourquoi?
2. Prévert utilise le mot **allumette,** un objet assez ordinaire, pour «allumer» l'amour du narrateur. De la liste suivante, choisissez un objet et composez un petit poème d'amour.

| un stylo | une bague | un soleil |
| une fleur | un bonbon | un lac |

GUILLAUME APOLLINAIRE
(1880–1918)

Né à Rome, fils naturel d'un père italien et d'une mère polonaise, Guillaume Apollinaire a mené une vie peu conventionnelle. Elevé à Monaco, il a appris le français, langue du pays qu'il devait adopter plus tard comme le sien. Son éducation éclectique, ses lectures diversifiées, ses voyages et ses expériences lors de La Première Guerre Mondiale ont influencé ce poète bohémien. Ses deux recueils de poésie, *Alcools* (1913), et *Calligrammes* (1918), lui ont assuré un succès de longue durée.

    «Le Pont Mirabeau», plus traditionnel que ses autres poèmes, rappelle la souffrance personnelle du poète. Le poème, publié dans *Alcools*, date de 1912, époque de la rupture progressive avec sa maîtresse Marie Laurencin. Le Pont Mirabeau, un des nombreux ponts qui traversent la Seine, mène au quartier où habitait Marie. Apollinaire a écrit ce poème pour exorciser le sentiment de vide et d'abandon qu'éprouvait son âme quand ce grand amour s'est enfui.

LE PONT MIRABEAU

flows

Sous le pont Mirabeau coule° la Seine
Et nos amours
Faut-il qu'il m'en souvienne[1]
La joie venait toujours après la peine

---

1. **Faut-il... souvienne:** Est-ce qu'il faut que je me souvienne de (nos amours)?

Vienne[2] la nuit sonne l'heure
Les jours s'en vont je demeure

Les mains dans les mains restons face à face
Tandis que sous
Le pont de nos bras passe
wave   Des éternels regards l'onde° si lasse[3]

Vienne la nuit sonne l'heure
Les jours s'en vont je demeure

L'amour s'en va comme cette eau courante
L'amour s'en va
Comme la vie est lente
Et comme l'Espérance est violente

Vienne la nuit sonne l'heure
Les jours s'en vont je demeure

Passent les jours et passent les semaines
Ni temps passé
Ni les amours reviennent
Sous le pont Mirabeau coule la Seine

Vienne la nuit sonne l'heure
Les jours s'en vont je demeure

Questions
1. Sur quel événement de sa vie Apollinaire a-t-il basé ce poème?
2. Qu'est-ce que la Seine symbolise pour le poète? Quels mots et quelles phrases renforcent ce symbole?
3. Pourquoi Apollinaire répète-t-il «je demeure» quatre fois?
4. Expliquez les deux vers: «La joie venait toujours après la peine» et «Et comme l'Espérance est violente».
5. Selon vous, pourquoi le poète n'a-t-il pas utilisé de ponctuation?

Réaction personnelle
Imaginez que Marie Laurencin ait écrit une lettre à Apollinaire. Cette lettre explique pourquoi elle ne l'aime plus. Rédigez-la.

---

2. **Vienne:** le subjonctif exprime *Let (night) come ...*
3. **Des... lasse:** L'onde si lasse des éternels regards

LES CALLIGRAMMES D'APOLLINAIRE

Dans ses *Calligrammes* (images faites de mots), Apollinaire a montré sa volonté d'être un poète original, dans la forme aussi bien que dans le fond. Il a abandonné la structure linéaire de la poésie en faveur d'un concept de simultanéité. D'après la disposition des mots sur le papier, le lecteur peut voir immédiatement l'objet ou le thème qui les a inspirés. A l'origine, Apollinaire a choisi le titre «vers figurés» pour ces poèmes. Ensuite il a eu l'intention d'en faire publier cinq (y compris «Cœur Couronne et Miroir») comme «idéogrammes lyriques» dans un petit recueil intitulé *Et moi aussi je suis peintre*, en 1914. La Première Guerre Mondiale a interrompu la publication de ce petit livre, mais les cinq poèmes ont paru en 1918 dans le volume *Calligrammes, Poèmes de la paix et de la guerre (1913–1916)*.

Cœur Couronne et Miroir

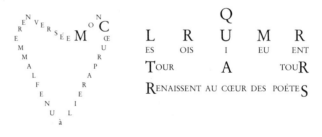

Questions

1. Quels sont les mots dans le «Cœur»? Ecrivez-les dans un ordre plus traditionnel.

   a. Pourquoi, selon vous, Apollinaire a-t-il dessiné un cœur avec ces mots?

   b. Quelle autre image «renversée» y a-t-il dans ce calligramme?

   c. Y a-t-il un message dans les mots de ce calligramme? Expliquez.

2. Quels sont les mots dans la «Couronne»? Ecrivez-les dans un ordre plus traditionnel.

   a. Qui porterait une couronne comme celle-ci?

   b. Faut-il attribuer une signification particulière au fait que quelques-unes des lettres sont des lettres majuscules? Laquelle?

   c. Expliquez le message du calligramme.

3. Quels sont les mots dans le «Miroir»? Ecrivez-les dans un ordre plus traditionnel.

   a. Qui est «enclos» dans le «Miroir»?

   b. Comment le poète se décrit-il? Pourquoi n'est-il pas comme «un reflet»?

   c. Comment Apollinaire va-t-il rester «vivant» et «vrai»?

Réaction personnelle

1. Relisez l'un des calligrammes. Ensuite relisez les mêmes mots que vous avez écrits dans un ordre plus traditionnel. Quelle présentation vous a impressionné le plus?

2. Choisissez un mot de la liste suivante et essayez de composer un calligramme. Vous pouvez, si vous le désirez, choisir votre propre mot.

serpent	bouteille	soleil
couteau	papillon	bougie

PART II

THE CHAPTERS in Part II follow the same basic format as do those in Part I. You will notice several differences, however. By now, you should be aware of how **mots apparentés** and **familles de mots** can help you to determine vocabulary meaning, and you should be able to recognize many such words on your own. These exercises, therefore, have been replaced by other kinds of vocabulary practice. For example, you will have the opportunity to work with new words and expressions, specially selected from the readings, before you begin each story. The exercises provide practice with the new vocabulary in contexts different from those of the readings. You will be encouraged to use the new vocabulary again in the postreading exercises. This repeated, contextually grounded practice will enable you to increase your vocabulary base. You will also discover that your new vocabulary will enhance your ability to discuss the stories.

In Part II, no hints are given in the prereading exercises. Although you now know the importance of reading strategies, you may not yet be at a point where you can apply them automatically. Before you begin this section, review the various reading techniques presented in Chapter 1. Try to use them in each new selection that you read. Keep reminding yourself that self-discipline now will lead to greater reading success later.

Some of the chapters contain introductory historical and/or cultural information that will enhance your appreciation of the reading. Both the reading selections and the comprehension exercises gradually become more challenging as your skills increase.

8

LA VIE CONJUGALE

PAR
MICHELLE MAUROIS

MICHELLE MAUROIS (1914–   )

Michelle Maurois is the daughter of author André Maurois and his wife, Janine de Symkiewicz. Although Michelle spent her early childhood near Paris and in Elbeuf in the province of Normandy, she spoke no French until she entered school. Her mother had been educated in England, and her father had served with the British Army. André Maurois, determined that his daughter should speak English before French, had hired an English nurse, then an English governess to care for Michelle, and family members spoke to her in English.

André Maurois always treated his daughter as an adult, and when she was only seven years old, little Michelle collaborated with him on a book for children. Every morning she would go to his office with her notebook. Seated with her chair next to his, she would seriously present her own ideas and criticize his. *Le Pays de trente-six mille volontés* resulted from this association. The expression *trente-six mille volontés* means "doing just what you wish," and Poucette, as her mother called Michelle, imagined and described a better world in a country called Meïpe, where children could do exactly as they pleased. Each year her father gave her ten percent of the book's profits. She recalls that she found it much more pleasurable to spend that money than any other sum she was given.

Michelle's mother was frequently ill, and her poor health led to her early death in 1923. André Maurois met and later married Simone de Caillavet. With her father and Simone, also a writer, Michelle grew up in a literary climate. Counted among family friends were Marcel Proust, Anatole France, and Simone's brother, the dramatist Gaston de Caillavet.

From the age of fifteen Michelle kept a diary, and from the observations she recorded she was able later to draw forth ideas for her stories. Her first short story, *"Le Ris de veau"* ("The Sweetbread"), written just after the end of World War II, was later incorporated into a collection of short stories. An English translation of the collection was published in the United States in 1959 and was well received by the critics.

Michelle Maurois had many interests, and even though early in her schooling she showed a special aptitude for literature, she found it difficult to decide upon a career. At one time she considered being a painter, then a designer, and later was intrigued by psychopathology. She married in 1938, at which time André Maurois described her as being serious, thoughtful, and reserved, with the grace and beauty of her mother and the shyness and reticence of her father.

In 1950 Michelle Maurois accompanied her husband when his work called him to New York. During the two years they lived there she worked for the magazine *Vogue* and spent many hours enjoying the cultural offerings of the city. She now lives with her second husband in the Passy district of Paris. In recent years she has traveled extensively—to Japan, China, and India—and she hopes soon to revisit the United States.

Michelle Maurois has published about a dozen books, including stories, novels, and essays. Among them are: several collections of short stories including *La Table des matières* (1948) and *L'Accord parfait* (1953); a novel, *Les Grandes*

Personnes (1966); and a book of memories of her childhood, *Le Carillon de Fénélon* (1972). In 1982 she began *L'Encre dans le sang*, a chronicle of the life of her father's second wife and of Simone's family. She is now working on the second volume of this saga.

The author's stories deal primarily with the French bourgeoisie, and especially with women and their attitudes and emotions concerning family life and love. In *"La Vie conjugale"* we encounter two of the many believable and human characters Michelle Maurois has created.

PRÉPARATION À LA LECTURE

Rappel   **PUNCTUATION** In French, a dash before a sentence generally indicates direct conversation or a change of speaker.

—Tu as une jolie robe, Yolande, dit-il.

Guillemets (quotation marks) are used in this story to indicate the comments that Hubert, the husband, makes to himself.

«Que se passe-t-il? se demanda Hubert... »

NEGATIVE CONSTRUCTIONS This story contains many negative constructions. Review them before you begin this chapter by consulting Appendix B, p. 266.

Pratique   **A. LISEZ ET REFLECHISSEZ!** Relisez les tuyaux aux pages 11–12. Essayez de vous les rappeler en lisant ce conte et ceux qui suivront. Lisez les phrases suivantes sans consulter le dictionnaire. Déterminez le sens des mots en italique en vous servant du contexte de la phrase entière.

1. Si tu *te bourres* de gâteaux avant le dîner, évidemment tu te coupes l'appétit.
2. Yolande sait très bien... *rajeunir* [ses vêtements].
3. Les femmes ont un... *don* pour créer des drames là où il n'y en a pas.
4. Tu as une jolie robe, Yolande... la couleur est très *seyante*.
5. ... quand je reçois des clients, je vais au restaurant, je représente ma *société*.
6. Yolande revint avec les canelonis. Ils avaient *pris un coup de feu* et étaient légèrement *noircis*.

B. VOCABULAIRE UTILE Ce conte est riche en vocabulaire très utile, le vocabulaire de tous les jours. Pour faciliter votre compréhension de «La Vie conjugale» étudiez ces mots et expressions avant de commencer la lecture.

VERBES ET EXPRESSIONS

deviner	to guess
éprouver	to feel, experience

jeter un coup d'œil	to glance
n'importe quoi	anything (at all)

  (donc, que veulent dire **n'importe qui, n'importe où, n'importe quand?**)

oser	to dare
se vanter	to brag

NOTE: **Ne confondez pas...**

plaindre (to pity) avec **se plaindre** (to complain)
douter (to doubt) avec **se douter (de)** (to suspect)
à l'aise (comfortable, a person) avec **confortable** (comfortable, a thing)

EXERCICE Vérifiez votre compréhension. Dans les phrases suivantes, remplacez les tirets par un verbe ou une expression de la liste ci-dessus. Faites tous les changements nécessaires.

1. Cette femme a engagé un détective parce qu'elle _____ que son mari a une maîtresse.
2. Les enfants timides ne _____ jamais contrarier leurs parents stricts.
3. Je _____ un sentiment de déjà-vu quand je suis entré dans cette vieille maison.
4. Quand elle parle en public, cette dame est très nerveuse. Elle n'est jamais _____ .
5. En _____ sur la lettre, Claire n'a vu que la signature.
6. Nous _____ les gens qui ont perdu toutes leurs possessions dans l'incendie.

ADJECTIFS DE PERSONNALITE

adroit	skillful
dégoûté	disgusted
dépensier (dépensière)	extravagant
espiègle	mischevious
étonné	astonished
exigeant	demanding, hard to please
gentil (gentille)	nice, kind
rassuré	reassured
sensé	sensible, level-headed
stupéfait	astounded .

EXERCICE Vérifiez votre compréhension. Dans les phrases suivantes remplacez les tirets par un adjectif de la liste ci-dessus. N'oubliez pas de faire attention à l'accord.

1. Tu deviens très _____ Suzanne! Tu as acheté trop de cadeaux pour tout le monde.
2. Il y a des enfants très _____ qui font n'importe quoi pour gêner leurs parents.

3. Nathalie a vérifié toutes ses réponses, et _____ qu'elle avait fait de son mieux, elle a rendu l'examen au professeur.
4. Robert est vraiment _____. Il peut réparer n'importe quoi.
5. Madame Duchez est très _____. Elle m'a prêté sa nouvelle voiture parce que la mienne était en panne.
6. Les profs à l'université sont _____. Ils donnent trop d'examens et trop de devoirs.
7. Complètement _____, Jacques a regardé, bouche ouverte, les chiffres sur son billet de loterie. Il avait gagné!

Etablissons les faits!

A. EXPERIENCE PERSONNELLE

1. A votre avis, qu'est-ce qui cause la rupture d'un mariage? Que feriez-vous pour l'éviter si vous étiez marié?
2. Pour vous, qu'est-ce qu'un bon mariage?
3. Si un ami a un problème et refuse d'en parler, comment réagissez-vous en général? Quel rôle votre imagination joue-t-elle dans cette situation? Expliquez.

B. VUE PANORAMIQUE Après avoir lu le conte une fois, répondez brièvement aux questions suivantes.

1. Quels sont les personnages principaux? Qu'est-ce que vous savez d'eux?
2. Y a-t-il beaucoup de conversation entre ces personnages?
3. Où l'action a-t-elle lieu?
4. Qui raconte les événements du conte?
5. Décrivez ce qui se passe dans l'illustration, p. 123. Quelle est l'importance de cette scène?
6. Pourquoi Hubert est-il perplexe?
7. Qu'est-ce qu'Hubert essaie de faire pendant le conte?
8. Est-ce que le dilemme est résolu à la fin?
9. Pourquoi «La Vie conjugale» est-il un bon titre?

La Vie conjugale

lock

HUBERT introduisit sa clef dans la serrure° au moment précis où la sonnerie du téléphone retentissait. Il referma doucement la porte. Yolande,

opened onto / lifted

dans sa chambre à coucher qui donnait sur° l'entrée, décrocha° le récepteur et dit:

5   —Allo, Yvette?... Oui, je suis seule... Il n'est pas encore de retour.
Hubert, enlevant lentement son manteau, écouta.
—Oh! très mal... dit Yolande. Si tu savais dans quel état suis... Oh! non,

plus mauvais

je te raconterai demain: c'est pire° que tout ce que tu peux imaginer.
«Que se passe-t-il? se demanda Hubert, demeuré immobile dans l'an-

inflammation de l'oreille
interne

(v. retenir) ont
immobilisé / threshold

visage affreux

tichambre. Pourquoi ne pouvait-on jamais être tranquille? Un des enfants avait-il encore une otite° ou une menace d'appendicite? Pourvu que[1] Yolande n'ait pas, une fois de plus, trouvé le moyen de se disputer avec sa belle-mère![2] Le résultat de l'amour que lui portaient[3] ces deux femmes n'était que disputes et jalousies; cela devenait infernal!»

—Oui, oui, disait Yolande. Maman a gardé les enfants... Oh! tu es gentille. Si je ne t'avais pas, je ne sais pas ce que je deviendrais!

«Comment, si elle n'avait pas Yvette? Et moi alors?» se dit Hubert. Et il se prépara à entrer dans la pièce, mais les paroles de Yolande le retinrent° sur le seuil.°

—Il faut que je te quitte, mon dîner est sur le feu; si mes canelonis[4] sont brûlés, cela n'arrangera rien... Non, on ne le devine pas trop.[5] Je me suis baigné les yeux à l'eau de roses. Oh! j'ai une sale tête,° mais on ne peut pas voir que j'ai pleuré... Et d'ailleurs, il[6] ne s'aperçoit jamais de rien.

1. **Pourvu que:** ici: J'espère que (Rappel: Cette conjonction signifie d'habitude *provided that.* Révisez *"Function Words,"* p. 10.)

2. **belle-mère:** la mère d'Hubert *(This word can mean "mother-in- law" or "stepmother";* **beau-père** *can mean "father-in-law" or "stepfather".)*

3. **portaient / venaient:** *Be careful. What is the subject?*

4. **canelonis:** *cannelloni: an Italian pasta dish of large-sized macaroni stuffed with meat or cheese and baked in tomato or cream sauce*

5. **On ne le devine pas trop:** *You can't really tell. (free translation)* Qu'est-ce qu'on ne devine pas?

6. **il:** Qui ne s'aperçoit jamais de rien?

worries, cares

Cette fois, Hubert, furieux, quitta l'entrée et se dirigea vers la chambre des enfants. Ce n'était apparemment pas d'eux que venaient[3] les soucis° de Yolande. Tout allait bien de ce côté. Ils dînaient en pyjama, et l'intérêt qu'ils consacrèrent à leur père fut vite remplacé par l'attention qu'ils 5 portaient à une crème au chocolat, baignant des poires cuites.[7]

was simmering

Hubert gagna le salon sans aller à la cuisine dire bonsoir à Yolande et jeter un coup d'œil, comme il en avait l'habitude, sur ce qui mijotait.°

on top of that

«Qu'a-t-il pu arriver? se demanda-t-il. Et Yolande veut me le cacher par-dessus le marché.° Ce doit être encore une histoire d'argent; elle devient 10 très dépensière. Il m'avait bien paru qu'elle inaugurait hier un chapeau neuf. Je n'ai rien osé dire, parce que je n'étais pas sûr. Celui de l'année dernière semblait encore très bien.

«Pourtant je lui donne suffisamment d'argent pour la maison... D'ailleurs il faut dire qu'elle se plaint rarement et je reconnais que je ne 15 mange pas mal chez moi. Est-ce parce que je suis rentré trop tard hier soir? Nina avait caché ma montre pour me retenir; elle est tellement espiègle, cette chère Nina... Elle inventerait n'importe quoi pour me garder un quart d'heure de plus... Mais Yolande ne peut se douter de rien; j'ai toujours pris des précautions... J'emporte des mouchoirs en papier pour enlever le 20 rouge, je suis sûr que peu de maris ont ces attentions. Je ne note jamais un

petit cahier de poche (pour les notes)

rendez-vous dans mon carnet,° mes lettres arrivent et restent au bureau. Sait-on jamais? Les gens éprouvent un malin plaisir à prévenir les épouses

cheated on, deceived

qu'elles sont trompées.° Nina elle-même, a fait l'autre jour, devant ma femme, quelques allusions inutiles... Mais je suis persuadé que Yolande n'a 25 rien compris, elle me croit un saint!

collars

«A moins que ce ne soit[8] à cause de cette histoire de cols° de chemise ce matin? Il est inadmissible que mes cols ne soient pas impeccables... Yolande n'a rien d'autre à faire que de tenir cette maison.»

footsteps
apron / waist / gai

Des pas° résonnèrent. Yolande, vêtue d'une robe en jersey gris, un 30 tablier° de nylon plissé autour de la taille,° entra d'un air enjoué.° Son maquillage était au point, l'ordonnance de ses cheveux parfaite.

forehead

—Bonsoir, Hubert, dit-elle en tendant à son mari son front° à baiser. Je ne t'ai pas entendu rentrer.

Hubert examina avec attention le visage de Yolande. Aucune trace de 35 larmes ne se voyait.

—Bonsoir, dit-il.

Et il attendit. Elle allait sûrement lui expliquer, lui raconter quelque catastrophe secondaire, quelque ennui° imaginaire.

souci

—Je vais coucher les enfants et j'apporte le potage, dit Yolande.

such a / talent

40 Il se plongea dans son journal et décida d'avance de ne rien prendre au tragique. Les femmes ont un tel° don° pour créer des drames là où il n'y en

---

7. **Une cème... cuites:** un dessert français typique

8. **A... soit:** (unless it might be) Here the **ne** does not indicate a negative idea. In literary French, **ne** alone is sometimes used after certain conjunctions and verbs that require the subjunctive.

a pas. Lui était équilibré, sensé, savait accorder à chaque problème la place qu'il méritait.

Quelques instants plus tard, il se mit à table. Yolande vint le rejoindre en portant la soupière.

5 —As-tu passé une bonne journée? demanda-t-elle du même ton que les autres soirs.

—Fatigante, dit Hubert.

Elle préférait visiblement attendre un moment plus favorable. Peut-être, pendant le dîner...

10 —Journée très fatigante! répéta-t-il. Et toi?

Depuis dix ans, il posait[9] cette question mais n'écoutait pas la réponse. C'était monotone. Yolande avait fait la lessive,° repassé° et raccommodé° le linge,° cherché les enfants à l'école, ou amené chez leur grand'mère, fait répéter leurs leçons, été dans les magasins. Parfois, elle se rendait à une
15 conférence° avec Micheline, à une exposition avec Yvette. Ces temps derniers, Yvette semblait la favorite. Yolande l'avait vue au moins trois fois cette semaine.

Hubert disait: «Bien, bien.» Et les jours où il ne plongeait pas définitivement son nez dans son journal, il racontait heure par heure ce qui s'était
20 passé au bureau, combien tout allait mal, le rôle prépondérant des couvertures chauffantes° dans l'industrie française. Tout allait mal, mais Hubert avait impressionné tout le monde, mis le holà,° sauvé la situation de la maison.° Il s'était rendu chez le directeur et avait dit: «Moi, à votre place... »

25 Mais aujourd'hui, quand Yolande répondit:

—J'ai passé deux heures au Louvre pendant que maman emmenait les enfants patiner.°

Il questionna:

—Avec qui as-tu été au Louvre?

30 Il ne comprendrait jamais cette manie d'aller dans des musées que l'on connaissait, à des expositions déjà visitées.

—Seule, répondit Yolande surprise.

—Quelle idée! Et qu'as-tu vu?

—Le département égyptien, puis la salle étrusque. Le plafond de
35 Braque[10] ne me plaît pas. Il ne va pas du tout avec le style de la salle...

Yolande répondait sans gêne° aux questions. Elle semblait à l'aise, souriante.

—Tu n'as rencontré personne? demanda encore Hubert.

—Non, dit-elle en jouant avec ses boucles d'oreille.°

40 Hubert demeura perplexe. Il avait apporté à table les journaux du soir,

---

done laundry / ironed
réparé / household linens

(FA) lecture

electric blankets
mis bon ordre à (la situation) / ici: compagnie

skating

difficulté

earrings

---

9. **posait:** *Note the use of the imperfect and past perfect tenses in this and the following paragraphs. Hubert is relating what usually transpired during the dinner conversation. He is not referring to this particular day.*

10. **Georges Braque** (1882–1963): peintre français contemporain; un des grands peintres de natures mortes *(still lifes)*

unfolding

mais sans les déplier° comme de coutume. A quoi pouvait-elle faire allusion au téléphone? se demandait-il. Ce doit être une histoire de robe ratée.

faisait

Yolande confectionnait° tous ses vêtements elle-même et réussissait à toujours paraître élégante. Il fallait essayer de diriger la conversation de ce
5 côté-là.

—Tu as une jolie robe, Yolande, dit-il.

fabric
to wear out

—Mais tu la vois depuis des années, dit sa femme stupéfaite. Le tissu° commence d'ailleurs à s'user.° Tiens, regarde.

elbow / repair

Et elle souleva le coude° pour montrer une reprise.°

10 «Ce n'était pas très adroit, se dit Hubert. Elle va encore me demander de l'argent... »

agréable

—Elle semble encore très bien et la couleur est très seyante,° dit-il.

Yolande leva les yeux, de plus en plus étonnée. Hubert ne l'avait pas habituée aux compliments.

bill

15 «Ma première idée devait être juste, pensa Hubert. Elle a dépensé trop d'argent. C'est comme Nina, j'ai payé hier une facture° incroyable. Evidemment, une actrice doit s'habiller à la dernière mode, attirer l'atten-

pas remarquée
utiliser
colorer
ici: compagnie, entreprise
threadbare
fold, crease

tion, tandis que ma femme peut être discrète, passer inaperçue°... D'ailleurs, Yolande sait très bien tirer parti de° ses vieilles affaires, rajeunir
20 un tailleur, teindre° une robe. Moi, c'est différent, quand je reçois des clients, je vais au restaurant, je représente ma société.° Mes costumes ne doivent pas être élimés.»°

—As-tu repassé le pli° de mon pantalon bleu-marine? demanda-t-il soudain.

25 —Pas encore, dit Yolande, mais je le ferai après dîner.

—Si je ne te l'avais pas rappelé maintenant, j'aurais donc mis demain

crumpled

matin mon costume fripé.°

Yolande ne répondit pas. Quel ennui pouvait-elle avoir? Elle n'y faisait pas la plus petite allusion, elle semblait aussi enjouée que de coutume, mais

finissait

30 n'achevait° pas son potage.

—N'as-tu pas faim? questionna Hubert.

—J'ai mangé un éclair à cinq heures passées.

—Si tu te bourres de gâteaux avant le dîner, évidemment tu te coupes l'appétit.

35 Cela aussi paraissait bien étonnant. Que sa femme soit entrée seule dans une pâtisserie manger un gâteau, ce n'était guère dans ses habitudes.

course (of a meal)

Yolande se leva pour aller chercher le plat° suivant. Puisqu'elle ne parlait pas, ses soucis seraient-ils donc inavouables? Un secret qu'elle aurait promis de garder concernant une de ses amies? Yolande prenait l'amitié à

*(v. atteindre) affecting /
upset, threw into confusion*

40 cœur. Un malheur atteignant° quelqu'un de sa famille la bouleversait.° Un instant, une idée traversa l'esprit d'Hubert. «Si elle portait intérêt à un autre homme? Mais il en rit à la seconde même, presque à haute voix. Yolande, regarder quelqu'un d'autre? Qui? Marcel? Non, il est trop maniéré.°

affecté
mais / sans vanité

André? Il est si prétentieux... Il faudrait que par un côté au moins, se dit
45 Hubert, il fût[11] mieux que moi. Or,° je crois que sans me vanter,° il est

---

11. **il fût:** *To whom does this* **il** *refer?* **Fût** *is the imperfect subjunctive of the verb* **être.** *It has the meaning of "would be" here.*

difficile d'entrer en concurrence° avec moi. Physiquement, je suis bien...
Pas trop... Les hommes beaux sont tous idiots! Non, je suis bien... Ni trop
grand, ni trop petit. J'ai de beaux yeux, dit Nina, des mains extraordinaires
et soignées° d'une manière exceptionnelle; je vais d'ailleurs chez la manucure une fois par semaine. Il me reste beaucoup de cheveux pour mon âge.
Je suis plus intelligent que la moyenne.° Je m'intéresse aux arts, j'emmène
ma femme au théâtre de temps en temps, je ne refuse pas d'aller voir les
grandes expositions, je lis les prix littéraires... »[12]

Yolande revint avec les canelonis. Ils avaient pris un coup de feu et
étaient légèrement noircis. Hubert se servit d'un air dégoûté.

—C'est du charbon, dit-il.

Et il se replongea dans ses pensées. «Je suis bien coté° au bureau. Je puis
offrir à Yolande un appartement convenable.° Nous possédons une petite
voiture. Evidemment,° je ne l'autorise pas à la conduire... Mais elle a
vraiment tout ce qu'une femme peut souhaiter... Elle adore s'occuper de la
cuisine et du ménage. Je lui ai donné deux enfants réussis°... Je fais l'amour
avec elle tous les... enfin suffisamment!... Elle n'est d'ailleurs pas exigeante.
Et pourtant il paraît que je suis un amant exceptionnel! Nina me le disait
encore tout à l'heure, et elle a de l'expérience!... »

Hubert regarda Yolande qui écrasait° dans son assiette des miettes° de
canelonis.

—Ne manges-tu pas? demanda-t-il.

—Je n'ai décidément pas faim, dit-elle.

Serait-elle malade? Et si elle avait été chez un médecin qui lui aurait
révélé qu'elle était atteinte° d'une maladie grave. «Non, pensa Hubert, ma
femme ne me le cacherait pas. Elle me signale la moindre égratignure,°
Yolande aime trop se faire plaindre. D'ailleurs elle a bonne mine. Quant
aux enfants, ils se portent à merveille et comme ils tiennent de° moi, ils
travaillent bien.»

Hubert avait passé en revue tous les motifs graves; il ne pouvait s'arrêter
à rien. Cependant il entendait encore la voix angoissée: «Si tu savais dans
quel état je suis!» Non, sa première idée lui paraissait décidément juste: il
s'agissait° d'un de ces petits enfantillages féminins dont Yolande n'osait
même pas lui faire part.°

Il serait sublime° de générosité et pour la consoler, il l'emmènerait au
cinéma afin de lui changer les idées. Et cependant, il désirait se coucher tôt
car il était fatigué.

—Yolande, veux-tu sortir? Voir un film?

—C'est très gentil de ta part, dit Yolande. Mais tu sais que je n'aime pas
laisser les enfants seuls... Une autre fois...

—Comme tu voudras.

Et Hubert, rassuré, déplia le journal.

---

12. **prix littéraires:** Chaque année plusieurs prix sont décernés *(awarded)* aux meilleurs livres—le Prix
Goncourt, le Prix Fémina, etc. Hubert se flatte de lire les livres qui reçoivent ces prix.

Glossary (left margin):

compétition

cared for

average

bien estimé, apprécié
approprié
ici: bien sûr
ici: parfaits, beaux

was crushing / petits morceaux

(v. atteindre) stricken
scratch

take after

(v. s'agir de) il était question / l'informer
noble, extraordinaire

EXERCICES DE COMPRÉHENSION

Vrai/faux   Lisez les phrases suivantes et décidez si le sens de la phrase est vrai ou faux selon le texte. S'il est faux, corrigez la phrase. Ne vous contentez pas d'utiliser ou de supprimer les mots négatifs.

1. Quand Hubert rentre, sa femme parle au téléphone dans la cuisine.
2. Yvette est la sœur de Yolande.
3. Yolande fait savoir à Yvette qu'elle a de graves problèmes.
4. Hubert écoute la conversation entre Yolande et Yvette et devient perplexe.
5. Hubert pense que peut-être un des enfants est malade.
6. Hubert va à la cuisine voir ce que Yolande prépare pour leur dîner.
7. Selon Hubert, Yolande se plaint beaucoup.
8. Nina est la maîtresse d'Hubert.
9. Selon Hubert, Yolande ne peut pas se douter de sa liaison avec Nina.
10. Quand Yolande entre dans le salon, elle est en larmes.
11. Hubert est sûr que sa femme exagère ses drames.
12. Hubert dit qu'il a passé une journée admirable.
13. Hubert travaille pour une société qui fabrique des ordinateurs.
14. Yolande dit à son mari qu'elle est allée au Louvre avec Yvette.
15. Yolande porte une robe qu'elle vient d'acheter.
16. Hubert est sûr que sa femme s'intéresse à un autre homme.
17. Hubert décide finalement que les soucis de Yolande ne sont pas importants puisqu'elle n'en parle pas.
18. A la fin de cette histoire Hubert est toujours inquiet.

Résumé   Faites un résumé du conte. Utilisez les mots et les expressions ci-dessous dans l'ordre donné. Attention aux changements nécessaires. Formez des phrases complètes en donnant des détails supplémentaires.

1. Yolande / parler / téléphone
2. Hubert / écouter
3. Yolande / aller / mal
4. Hubert / ne pas savoir
5. Yolande / quitter / téléphone / dîner
6. Hubert / enfants / qui
7. Hubert / essayer / deviner
8. Yolande / se plaindre / rarement
9. Selon Hubert / se douter de / Nina
10. Yolande / entrer / avoir bonne mine
11. Hubert / examiner / visage
12. attendre / explication
13. Hubert / décider / femmes / créer / drames
14. Hubert / poser / questions
15. Yolande / répondre / gêne

16. Hubert / se demander / s'intéresser à / homme
17. décider / emmener / cinéma
18. fin / rassuré / journal

Questions de compréhension

Ecrivez en français les réponses aux questions suivantes. Formulez vos propres réponses. Essayez de ne pas copier les phrases du texte.

1. Que fait Yolande quand Hubert rentre chez lui?
2. Pourquoi Yolande croit-elle qu'elle est seule dans l'appartement?
3. Comment va Yolande?
4. Quelle heure est-il? Comment le savez-vous?
5. Que font les enfants?
6. Pourquoi Hubert est-il rentré trop tard le soir précédent?
7. Qui est Nina? Que fait Hubert pour cacher à Yolande l'existence de Nina?
8. Décrivez Yolande quand elle rejoint son mari dans le salon.
9. Quelle explication Hubert attend-il? La reçoit-il?
10. Pourquoi Hubert décide-t-il de ne pas s'inquiéter?
11. En quoi consistent les travaux ménagers (household tasks) de Yolande?
12. Yolande et Hubert sont-ils des nouveaux mariés? Comment le savez-vous?
13. D'habitude comment Hubert décrivait-il sa journée à sa femme? En quoi la conversation d'aujourd'hui est-elle différente?
14. Comment Yolande a-t-elle passé la journée? Avec qui?
15. Pourquoi Hubert dit-il à Yolande qu'elle a une jolie robe? Pourquoi Yolande est-elle stupéfaite?
16. Selon Hubert, comment est-il obligé de s'habiller? Pourquoi? Et sa femme? Pourquoi? Et Nina? Pourquoi?
17. Selon Hubert, il est impossible que Yolande s'intéresse à un autre homme. Pourquoi?
18. Hubert pense que Yolande a tout ce qu'une femme peut souhaiter. Comment se justifie-t-il cette pensée?
19. Pourquoi Hubert pense-t-il que sa femme peut être malade? Pourquoi décide-t-il qu'elle ne l'est pas?
20. Pourquoi Hubert offre-t-il d'emmener Yolande au cinéma? Qu'est-ce qu'il préfère faire?
21. Décrivez Hubert à la fin du conte. Pourquoi ne s'inquiète-t-il plus?
22. Quel message Michelle Maurois essaie-t-elle de nous transmettre? En d'autres termes, qu'est-ce qui manque dans ce mariage?

Qui parle?

Imaginez que les phrases suivantes font partie du conte. Identifiez le personnage qui aurait pu prononcer chaque phrase.

1. «Je dois me dépêcher. Il va rentrer bientôt.»
2. «Est-ce qu'il sait où tu es allée?»
3. «Ce collier de diamants est magnifique, chéri! Achète-le-moi.»
4. «Les enfants me ressemblent. Ils sont beaux, intelligents, et disciplinés.»
5. «Pourquoi ne peut-il pas voir que tout ne va pas bien?»
6. «Ne t'inquiète pas! Je serai toujours ici si tu veux m'en parler.»

7. «J'aurais dû rester au bureau!»
8. «L'exposition était excellente.»

Réactions orales
ou écrites

A. SYNTHESE DU TEXTE

1. Hubert est très égoïste. Cherchez des exemples de cet égoïsme dans le conte.
2. Hubert essaie de découvrir le sujet de la conversation entre Yolande et Yvette. Dressez une liste des différentes possibilités imaginées par Hubert.

B. REACTION PERSONNELLE

1. Vous êtes féministe. Que pensez-vous d'Hubert? Trouvez dans le texte des remarques qui vous mettent en colère.
2. Vous êtes Yolande. Vous parlez au téléphone avec Yvette. Décrivez votre mariage avec Hubert. Expliquez à Yvette la raison pour laquelle vous pleurez.
3. Si vous étiez la femme d'Hubert (ou le mari de Yolande) que feriez-vous dans la situation décrite dans le conte?
4. Michelle Maurois nous dit tout ce que pense Hubert, mais elle ne nous révèle pas les pensées de Yolande. Pourquoi Maurois a-t-elle choisi de raconter le conte sous cet angle? Est-ce que cela influence votre opinion de ces deux personnages? Comment?
5. Dix années ont passé. Décrivez la vie conjugale de Yolande et d'Hubert.
6. Hubert et Yolande, Yvette et Nina sont invités à la même soirée. Avec des camarades de classe préparez un sketch. Imaginez ce qui se passe, ce qu'ils font, ce qu'ils se disent, comment ils sont habillés, etc.
7. Pensez au rapport entre Yolande et Hubert en termes psychologiques. Lequel a le plus d'influence dans le mariage? Comment cette influence s'exerce-t-elle? Yolande et Hubert se livrent-ils à des jeux psychologiques l'un avec l'autre? Lesquels?
8. Que représente pour vous «le mariage idéal»? Quels sont les bons et les mauvais côtés du mariage? Selon vous, que doivent faire les deux partenaires pour qu'un mariage réussisse?

9

LE PAVILLON DE LA CROIX-ROUSSE

PAR

GEORGES SIMENON

GEORGES SIMENON (1903–1989)

His life   The literary career of Georges Simenon is truly astonishing. At the time of his death on September 4, 1989, over six hundred million copies of his books had been sold worldwide, ranking him among the twentieth century's most prolific and widely read authors. The precise number of his works is difficult to ascertain, since Simenon used seventeen pseudonyms at the start of his career. His first novel, *Au Pont des arches,* was published when he was sixteen. Between 1929 and 1972, he produced from two to thirteen novels each year, in addition to countless short stories and articles. Although critics have often relegated his work to the realm of light entertainment, Simenon's powerful narrative skill and profound psychological insight have combined to grip the world's imagination for more than fifty years. His books have been translated into forty-seven languages and published in thirty-nine countries. Over fifty movies and several television series based on his novels have continued to assure his popularity.

Georges Joseph Christian Simenon was born in Liège, Belgium on February 13, 1903 to a modest, working-class family. His mother, tormented by an intense fear of poverty and a grasping need for security, considered her family superior to the mediocrity of the *petite bourgeoisie* and harbored constant resentment against the life she was forced to lead. In striking contrast, Simenon's father displayed the calm contentment of a man at peace with himself—a man with simple tastes, quiet courage, and serene dignity. Simenon's parents and other family members provided many of the character traits later found in his novels, and his family profoundly influenced his perception of humanity.

In 1907, Simenon's mother began to take in boarders — primarily students from Poland and Russia—to supplement the family income. These students introduced the young Simenon to the study of medicine and psychology, providing him with a taste for the psychological treatment of his characters and the foundation of a biological expertise that would later surface in his stories.

A brilliant student, Simenon left school to go to work at fifteen, when his father became ill. After a brief stint as an apprentice pastry chef and a job at a local library, he was hired as a cub reporter by the *Gazette de Liège.* In 1922, he moved to Paris and began a self-imposed, lifelong literary apprenticeship. Having had one novel published he began writing short stories for *Le Matin,* a Parisian newspaper.

An experienced yachtsman, Simenon traveled throughout Europe via canal and river. His extensive sojourns furnished the settings, characters, and events for the novels and articles that he continued to produce at an astounding pace.

In 1940, mistakenly informed that he had less than two years to live, Simenon began to write a series of letters about his childhood to his two-year-old son. Later, these pages were incorporated into the autobiographical novel *Pédigrée* (1948).

In 1945 Simenon traveled to the United States, where he lived and wrote until 1957. During this time, he divorced his wife of twenty-seven years to marry a French Canadian, the mother of three of his four children. In 1973, Simenon retired to Lausanne, Switzerland, where he began to write observations and reflections about his life, in an attempt to analize for the world the man who was Georges Simenon. His last published work, *Mémoires intimes,* is an homage to his daughter, Marie-Jo.

Simenon's mystery stories

Short crime reports published in the newspapers often supplied the subjects of Simenon's mysteries. Weaving these factual elements into a setting inspired by his travels, and combining character traits from individuals observed in his past, Simenon used his encyclopedic memory and sense of compassion to reconstruct the human reality of life's dramas.

Simenon's language is simple, clear, realistic, and vivid—free of cumbersome description and philosophical, religious, or political discussion. His writing style is accessible to all and yet capable of conveying extreme and varied emotions. Simenon's stories allow the reader to glimpse both the sweet small joys and the tragic anguish of the ordinary person's everyday life.

«Le Pavillon de la Croix-Rousse» is one of Simenon's earliest stories. He had not yet developed the character of Maigret, the intuitively perceptive and calmly sympathetic French detective for whom Simenon later became most famous. Maigret mysteries compete for popularity with Sherlock Holmes stories among mystery lovers. Simenon's Maigret however, does not display the scientific genius of Arthur Conan Doyle's Holmes. In the Maigret mysteries, the reader is rarely misled by false clues, and the solution to the crime almost never hinges on the discovery of a mysterious bloodstain. Instead, Maigret stumbles toward the solution of the crime in a manner that would appall the English sleuth, but which appeals to the reader by virtue of its very human clumsiness. Maigret listens, waits, and observes. His clues are words, gestures, expressions, sounds, and smells. Not as interested in the *how* or the *who* as in the *why* of crime, he seeks to remove the barriers between himself and the criminal in order to understand the reasons that drive an ordinary man to the other side of the law. Rather than judge, he sympathizes. Transcending the usual limitations of crime fiction, Simenon paints a unique and sensitive portrait of ordinary French life through the eighty-four novels and fifteen short stories that feature Maigret.

Through the characters of both the narrator and Leborgne in «Le Pavillon de la Croix-Rousse», the reader will be able to glimpse some of the characteristics that Simenon later developed more fully in his detective Maigret.

Among Simenon's other works are: *Le Chien jaune* (1930), *L'Affaire Saint-Fiacre* (1932), *Chez les Flamands* (1932), *Le Testament Donadieu* (1936), *Les Trois Crimes de mes amis* (1937), *Chez Krull* (1938), *La Pipe de Maigret* (1945), *Trois Chambres à Manhattan* (1946), *La Neige était sale* (1948), *Les Volets verts* (1950), and *Un Homme comme un autre* (1975).

Préparation à la Lecture

Pratique   **LISEZ ET REFLECHISSEZ!** Lisez les phrases suivantes. Ne consultez pas votre dictionnaire. Essayez de déterminer le sens des mots en italique en vous servant du contexte de la phrase entière.

1. Ses cheveux blonds, généralement *pommadés*, étaient en désordre.
2. Quant à son visage... les *traits* étaient agités par des tics nerveux.
3. Je m'avançai jusqu'au milieu de la chambre. Je *me débarrassai de* mon chapeau et de mon manteau.
4. Dix minutes exactement *s'écoulèrent*, aussi désagréables que possible.
5. En passant devant le miroir, il vit son image,... Il rectifia *le nœud* de sa cravate.
6. ... la vérité serait toujours facile à découvrir si des idées préconçues ne vous *faussaient* pas le jugement.
7. Une lampe du premier étage... n'a pas tardé à *s'éclairer*.

Etablissons les faits!

A. EXPERIENCE PERSONNELLE

1. Quand un journaliste décrit un crime dans le journal ou à la télévision, quels faits mentionne-t-il?
2. Dans le conte «D'Un Cheveu», le lecteur connaît la vraie situation, donc il a un avantage sur le détective. En lisant «Le Pavillon de la Croix-Rousse», le lecteur résoud le crime en même temps que la police. A votre avis, est-ce que cela rend la lecture plus intéressante? Pourquoi ou pourquoi pas?
3. Selon vous, y a-t-il des personnes qui soient poussées par les circonstances de leurs vies à commettre des crimes? Précisez.

B. VUE PANORAMIQUE

1. De quel genre de conte s'agit-il?
2. Quels sont les personnages principaux? Identifiez brièvement les rôles qu'ils jouent.
3. Dans quelle ville se passe le crime?
4. Quel crime a été commis?
5. Où sont Leborgne et le visiteur?
6. Qu'est-ce que Leborgne essaie de faire? Quel est le rôle du visiteur?
7. A votre avis, la police travaille-t-elle d'une façon efficace?

Introduction au mystère

En 1929 Georges Simenon a écrit «la série 13»: *Les 13 Mystères*, *Les 13 Enigmes*, et *Les 13 Coupables*. Le succès de cette série a encouragé Simenon à développer les Maigret.

«Le Pavillon de la Croix-Rousse» se trouve dans *Les 13 Mystères*. Simenon nous présente Joseph Leborgne, le protagoniste du livre entier. Joseph Leborgne n'est pas agent de police. C'est un homme assez timide qui a horreur du sang et des complications de la vie. Il a environ trente-cinq ans; il est petit, mince, et extrêmement soigné. Il habite un hôtel où il prend d'habitude ses repas dans sa chambre. Le lecteur ne sait rien de son passé. Simenon n'explique pas pourquoi cet homme a choisi de mener une existence solitaire, fasciné par les histoires du monde criminel, absorbé dans la tâche d'éclaircir pour lui-même et pour la police les crimes les plus déconcertants.

Dans le conte qui suit, Leborgne est en train de résoudre un crime. Il travaille chez lui. L'action commence quand un visiteur arrive chez Leborgne. C'est le visiteur qui narre les événements.

LE PAVILLON DE LA CROIX-ROUSSE

en arrière

hair cream / straight and
   stiff / stood on end
fatigué

surly

JE N'AVAIS jamais vu Joseph Leborgne travailler et j'eus un mouvement de recul° quand j'entrai chez lui ce jour-là.

Ses cheveux blonds, généralement pommadés, étaient en désordre. Et, comme la brillantine° les rendait raides,° ils se dressaient° sur sa tête.

5 Quant à son visage, il était pâle, tiré.° Et les traits étaient agités par des tics nerveux.

Il me lança un regard hargneux° et je fus sur le point de sortir. Mais, comme je le voyais penché sur un plan, la curiosité fut la plus forte. Je m'avançai jusqu'au milieu de la chambre. Je me débarrassai de mon chapeau
10 et de mon manteau.

You sure know when to
   show up! / grumbled

ici: cas difficile

«Vous tombez bien,° vous!» gronda°-t-il alors.

Ce n'était pas encourageant. Je balbutiai:

«Une belle affaire?°

—Vous pouvez le dire! Regardez ce papier-là...

15 —C'est le plan d'une villa, ou plutôt d'un pavillon?...[1]

(ici: FA) clever, disarming

—Vous êtes subtil!° Un enfant de quatre ans l'aurait deviné. Vous connaissez le quartier de la Croix-Rousse,[2] à Lyon?

—J'y suis passé.

est situé

—Bon! Le pavillon se dresse° dans un des coins les plus déserts de ce
20 quartier, qui ne brille déjà pas par l'animation de ses rues.

—Que représentent ces croix noires, dans le jardin et sur la route?

—Des agents.

—Hein! Ils ont été tués?

—Qui vous parle de cela? Les croix représentent des agents qui étaient

surveillaient attentivement
ici: (verbe) représente

25 en faction° à ces différents endroits pendant la nuit du 8 au 9...La croix plus épaisse que les autres figure,° elle, le brigadier Manchard... »

---

1. **pavillon:** C'est une petite maison de banlieue dans un jardin ou dans un parc. Une villa est d'habitude une maison de campagne plus élégante.

2. **Croix-Rousse:** un quartier à Lyon (ville située au sud-est de Paris) qui veut dire *Red Cross* (Ne le confondez pas avec la Croix-Rouge, organisme d'entraide et de secours dont le comité international se réunit à Genève.)

Je n'osais plus prononcer une parole ni faire un mouvement. Je sentais qu'il valait mieux ne plus interrompre Leborgne, qui avait pour le plan les mêmes regards furieux que pour moi.

«Eh bien, vous ne me demandez pas pourquoi les agents étaient là, au
5 nombre de six pendant la nuit du 8 au 9? Vous allez peut-être prétendre°
que vous l'avez deviné?»

Je me tus.

«Ils étaient là parce que la police de Lyon avait reçu la veille° le billet°
suivant:

10   *Le docteur Luigi Ceccioni sera assassiné, en son domicile, dans la nuit du*
8 au 9 courant.

—Et le docteur avait été averti?° demandai-je enfin.

—Non! Comme Ceccioni était un exilé italien et comme il semblait plus que probable qu'on se trouvait en présence d'une affaire politique, la police
15 a préféré prendre ses dispositions° sans prévenir° l'intéressé.°

—Et il a été tué quand même?

—Attendez! Le docteur Ceccioni, âgé de cinquante ans, habitait seul ce pavillon lamentable. Il faisait lui-même son ménage et il prenait un repas par jour, celui du soir, dans un restaurant italien du quartier. Le 8, vers
20 dix-neuf heures, il a quitté son domicile, comme d'habitude, pour se rendre au restaurant. Et le brigadier Manchard, un des meilleurs policiers de France, élève, par surcroît,³ du docteur Locard,³ a visité le pavillon de la cave au grenier.° Il a acquis la certitude que personne ne s'y cachait et qu'il était impossible d'y entrer autrement que par les portes et les fenêtres
25 visibles de l'extérieur. Donc, pas de souterrain ni de fantaisie de ce genre. Pas de roman⁴... Vous entendez?»

Et Leborgne semblait m'accuser de faire de la fantaisie, alors que je me gardais bien d'émettre la moindre opinion.

«Personne dans le pavillon! Et rien que deux portes et trois fenêtres à
30 garder! Un autre que° le brigadier Manchard se fût contenté⁵ de monter la garde en compagnie d'un seul agent. Il en a mobilisé cinq, un par issue,° et il est resté lui-même sur les lieux. A vingt et une heures, la silhouette du docteur s'est profilée dans la rue. Il est rentré chez lui, *absolument seul.* Une lampe du premier étage, où il avait sa chambre, n'a pas tardé à
35 s'éclairer. Et dès lors° la veille° des policiers a commencé. Pas un n'a dormi! Pas un n'a quitté son poste! Pas un n'a perdu de vue le point précis qu'il était chargé de surveiller! Manchard faisait des rondes de quart d'heure en quart d'heure. Vers trois heures du matin, la lampe à pétrole du premier

---

3. **Locard:** Emile Locard, célèbr criminologiste français.

4. **Donc... roman:** Leborgne is explaining that there is nothing other than what has been stated. There are no underground passages nor any other romantic, fictional explanations.

5. **se fût contenté:** plus-que-parfait du subjonctif; sens de **se serait contenté**

Glossary (left margin):

(ici: *FA*) affirmer

jour qui précède
ici: courte lettre

mis en garde

to act / alerter /
the person involved

en plus
attic

someone other than
sortie

à partir de ce moment /
ici: surveillance

pétrole
skeleton key
agrippées

drenched / blood

lip / trembler
je garantis cela

sewer / anywhere
shot, fired

aurait cassé
fenêtres / *range*

autrefois

(FA) at present

pris sans permission

de grande intelligence

étage a fini par s'éteindre lentement, comme si elle eût manqué[6] de combustible.° Le brigadier a hésité. Il a fini par se décider à entrer, en se servant d'un rossignol.° Au premier étage, dans sa chambre, assis sur le bord de son lit, ou plutôt à demi couché, les deux mains crispées° sur la
5 poitrine, le docteur Luigi Ceccioni était mort! Il était tout habillé. Il avait encore son manteau sur le dos. Son chapeau avait roulé par terre. Sa chemise et ses vêtements étaient imbibés° de sang° et ses mains en étaient inondées. Il avait reçu une balle de *browning 6 millimètres* à moins d'un centimètre au-dessus du cœur.»
10   Je regardai Joseph Leborgne avec stupeur. Je vis sa lèvre° frémir.°
     «Personne n'est entré! Personne n'est sorti! gronda-t-il. J'en réponds° comme si j'avais monté la garde moi-même, car je connais le brigadier Manchard. Et n'allez pas penser qu'on ait trouvé un revolver dans la maison. *Il n'y en avait pas!* Ni visible, ni caché! ni dans la cheminée, ni
15 même dans l'égout,° qui fut vidé! Ni dans le jardin, ni nulle part!°... Autrement dit, une balle a été tirée° dans un local où il n'y avait personne d'autre que la victime et où ne se trouvait aucune arme! Quant aux fenêtres, elles étaient closes. La balle n'a pas été tirée du dehors, car elle eût brisé° les vitres.° Au surplus, la portée° d'un revolver n'est pas suffisante pour que
20 l'assassin ait pu tirer par-dessus le cordon d'agents sans que ceux-ci fussent alertés. Regardez le plan! Dévorez-le des yeux! Et vous rendrez la vie à ce pauvre brigadier Manchard, qui ne dort plus et qui se considère presque comme un assassin.»
     Je risquai timidement:
25   «Que savez-vous de Ceccioni?
     —Qu'il a été riche jadis.° Qu'il a très peu exercé la médecine, mais que, par contre, il s'est beaucoup occupé de politique, ce qui l'a forcé à s'exiler.
     —Marié? Célibataire?
     —Veuf. Un seul enfant, un fils, qui fait actuellement° ses études en
30 Argentine.
     —De quoi vivait-il à Lyon?
     —De tout et de rien. De vagues subsides qu'il recevait de ses amis politiques. De consultations qu'il donnait parfois aux plus pauvres gens de la colonie italienne.
35   —On a volé° quelque chose dans le pavillon?
     —Il n'y a aucune trace de vol.»
     Je ne sais pourquoi, j'eus à ce moment envie de rire. Il me sembla soudain que quelque mystificateur d'envergure° s'était amusé à préparer à Joseph Leborgne une affaire invraisemblable,[7] afin de lui donner une leçon
40 de modestie.

---

6. **eût manqué**: plus-que-parfait du subjonctif; sens d'**avait manqué**

7. **Il... invraisemblable**: *The narrator is amused to think that a greater intelligence has finally challenged the somewhat arrogant Leborgne with a crime he cannot solve.*

plonger

growled

Il remarqua que mes lèvres s'allongeaient. Et, saisissant le plan, il alla s'enfoncer° avec rage dans son fauteuil.

«Quand vous aurez trouvé quelque chose, vous me le direz! grogna°-t-il encore.

5   —Je ne trouverai certainement rien avant vous!

—Merci!» laissa-t-il tomber sèchement.

en tout cas / au plus haut degré

Je commençai à bourrer ma pipe. Je l'allumai, sans craindre la colère de mon compagnon, puisque aussi bien° elle[8] était déjà au paroxysme.°

«Je vous demanderai seulement de rester tranquille et de respirer moins
10   fort», articula-t-il encore.

Dix minutes exactement s'écoulèrent, aussi désagréables que possible. Malgré moi, j'évoquais les croix noires qui, sur le plan, figuraient des agents.

Et l'invraisemblance de cette histoire, qui m'avait d'abord fait rire,
15   commençait à m'angoisser.

in this case

En somme, il ne s'agissait pas, en l'occurrence,° de psychologie ni de flair, mais de géométrie.

«Ce Manchard n'a jamais servi de médium à un hypnotiseur?»[9] questionnai-je soudain.

20   Joseph Leborgne ne se donna pas la peine de répondre.

«Ses ennemis politiques sont nombreux à Lyon?»

Il haussa les épaules.

«Et il est prouvé que son fils est bien en Argentine?»

Cette fois, il se contenta de me retirer la pipe de la bouche et de la jeter
25   sur la cheminée.

«Vous avez le nom de chacun des agents?»

Il me tendit une feuille de papier sur laquelle je lus: «Jérôme Pallois, vingt-huit ans, marié; Jean-Joseph Stockman, trente et un ans, célibataire; Armand Dubois, vingt-six ans, marié; Hubert Trajanu, quarante-trois ans,
30   divorcé; Germain Garros, trente-deux ans, marié.»

Je relus trois fois ces lignes. Les noms étaient dans l'ordre dans lequel les agents étaient disposés autour de l'immeuble, en commençant par la sentinelle de gauche.

Je finis par m'écrier, sentant que j'étais prêt aux suppositions les plus

absurdes

35   loufoques:°

«C'est impossible!»

pâle / *eyes with dark circles* / *tight-lipped*

Et je regardai Joseph Leborgne. Je fus stupéfait de m'apercevoir que celui-ci, blême,° les paupières cernées,° les lèvres amères° un instant plus tôt, se dirigeait en souriant vers un pot de confiture.

ici: apparence

40   En passant devant le miroir, il vit son image, parut scandalisé par le pli° incongru que ses cheveux avaient pris. Il les peigna avec soin. Il rectifia le nœud de sa cravate.

---

8. **elle:** c'est-à-dire, sa colère

9. **Ce... hypnotiseur:** *The narrator asks if Manchard has ever sought the aid of a hypnotist.*

spoon / *goûter avec plaisir*

C'était de nouveau le Joseph Leborgne habituel, et, tout en cherchant une cuiller° pour déguster° son horrible confiture de feuilles de je ne sais quoi,[10] il m'adressa un sourire sarcastique:

«Comme la vérité serait toujours facile à découvrir si des idées pré-
5 conçues ne vous faussaient pas le jugement! soupira-t-il. Vous venez de dire: «C'est impossible!...» Eh bien...»

*   *   *

J'ATTENDAIS la contradiction. J'y étais résigné.

«Eh bien, c'est impossible, en effet! Et voilà ce qu'il suffisait d'admettre
10 dès le début. On n'a pas tiré dans le pavillon! Il n'y avait pas de revolver, ni d'assassin dans la chambre!

—Mais alors?...

toute raison

pointer son revolver

(ici: FA): *soudaine*

—Alors, Luigi Ceccioni est arrivé avec sa balle dans la poitrine, tout simplement. Cette balle, j'ai tout lieu° de croire qu'il l'a tirée lui-même... Il
15 était médecin... Il savait où il devait viser° pour ne pas provoquer une mort brutale,° mais pour se permettre de marcher encore pendant un certain temps.»

Joseph Leborgne ferma les yeux.

«Tenez! Imaginez le pauvre homme sans espoir... Il n'a qu'un fils...
20 Celui-ci étudie, mais son père ne peut plus lui envoyer de l'argent...

(ici: FA): *insurance policy*

suspecter

Ceccioni contracte une assurance° sur la vie au profit de l'enfant... Il faut maintenant qu'il meure... Et cela sans qu'on puisse le soupçonner° de suicide, sinon la compagnie ne paierait pas...

—Il convoque en quelque sorte la police...

25 —Celle-ci le voit rentrer chez lui où il n'y a pas d'arme *et l'y trouve mort quelques heures plus tard...*

massage

«Il lui a suffi, une fois assis au bord de son lit, de masser° sa poitrine, afin de faire pénétrer la balle plus profondément, de lui faire toucher le cœur...»

J'eus un involontaire cri d'angoisse. Mais Leborgne ne bougeait plus. Il
30 ne s'inquiétait plus de moi.

Ce n'est que huit jours plus tard qu'il me montra un télégramme du brigadier Manchard.

bruises / *wound*

«Autopsie révèle ecchymoses° autour blessure° et traces pression des doigts. Stop. Vous prie instamment me donner votre avis.»[11]

35 «Vous avez répondu?»

plein de reproches

Il me fixa d'un air réprobateur.° Et il conclut:

«Pas la peine que ce pauvre homme soit mort pour rien! La compagnie d'assurances est au capital de quatre cents millions!»

---

10. **son... quoi:** *his horrible jam made of I don't know what kind of leaves*

11. **Autopsie... avis:** Dans un télégramme, des mots (articles, etc.) sont omis pour assurer la brièveté.

Exercices de Compréhension

Vrai/faux   Examinez les dessins ci-dessous. Vous remarquerez de nombreux éléments faux. Rectifiez-les.

L'arrivée chez Leborgne

Le plan du pavillon

La scène du crime

Résumé   Les phrases suivantes sont vraies, mais elles ne sont pas dans l'ordre chronologique des événements du conte. Placez-les dans leur ordre correct.

1. Un homme arrive chez Joseph Leborgne.
2. La police a reçu un billet qui annonce qu'on va assassiner le docteur Luigi Ceccioni le 8 du mois courant.
3. Manchard monte la garde avec cinq agents de police.
4. Vers trois heures du matin la lampe s'éteint lentement.
5. Leborgne est en train d'examiner un plan.
6. Ceccioni a agi de cette manière pour que son fils puisse recevoir l'argent de son assurance.
7. Leborgne décide de ne pas révéler le secret de Ceccioni à la police.
8. Leborgne commence l'explication de l'affaire du docteur Ceccioni.
9. A vingt et une heures, le docteur rentre tout seul et allume une lampe dans sa chambre.
10. La police n'avertit pas le docteur.
11. Le brigadier Manchard entre dans le pavillon et découvre que Ceccioni est mort, une balle tout près du cœur.
12. Finalement Leborgne sourit et explique que Ceccioni lui-même a arrangé le crime.
13. Le 8 du mois Ceccioni sort, comme d'habitude, pour dîner au restaurant.
14. Manchard vérifie qu'il n'y a dans la maison ni revolver ni aucune trace de vol.
15. Le brigadier Manchard examine le domicile de Ceccioni et s'assure que la maison est complètement vide.

Questions de
compréhension

Ecrivez en français les réponses aux questions suivantes. Formulez vos propres réponses. Essayez de ne pas copier les phrases du texte.

Le vocabulaire suivant vous sera utile:

arranger à l'avance	to arrange in advance
être couvert de	to be covered with
résoudre (*p.p.* **résolu**)	to solve (solved)
sans être vu	without being seen
tirer sur une personne	to shoot a person
tirer une balle, un coup de revolver	to fire a bullet, a gun

1. Quand le visiteur est arrivé chez Joseph Leborgne pourquoi a-t-il été surpris?
2. Pourquoi le visiteur a-t-il pensé sortir? Qu'est-ce qui l'a décidé à rester chez Leborgne?
3. Que faisait Joseph Leborgne quand le visiteur est entré chez lui?
4. Quelle est la signification des croix noires? Pourquoi l'une des croix est-elle plus épaisse que les autres?
5. Dans quelle partie de Lyon se trouve le pavillon dont parlait Leborgne? Décrivez ce quartier.
6. Quel est le contenu du message que la police avait reçu la veille? Qu'est-ce que Manchard a fait après avoir lu ce message?
7. Qui était le docteur Ceccioni? Décrivez-le. (Quelle était sa nationalité? Pourquoi était-il en France? Comment gagnait-il sa vie? Etait-il marié? Avait-il des enfants? etc.)
8. Qu'est-ce que Ceccioni a fait le 8, vers dix-neuf heures?
9. Qu'est-ce que le brigadier Manchard a fait pendant l'absence de Ceccioni? De quoi voulait-il être certain?
10. Pourquoi Manchard a-t-il monté la garde avec cinq agents au lieu de deux ou trois?
11. A quelle heure le docteur est-il rentré chez lui? Avec qui était-il? Une fois dans le pavillon qu'a-t-il fait?
12. Qu'est-ce que Manchard a remarqué vers trois heures du matin? Qu'est-ce qu'il a décidé de faire? Comment a-t-il pu entrer dans le pavillon?
13. Décrivez Ceccioni quand Manchard l'a découvert. Soyez précis.
14. Pourquoi le crime était-il tellement mystérieux? Quels étaient les seuls faits connus?
15. Le visiteur savait-il résoudre le crime? Quelle en était son opinion?
16. Comment l'attitude de Leborgne a-t-elle changé pendant que le visiteur réfléchissait au crime? Pourquoi?
17. Comment Leborgne a-t-il expliqué le crime? (Quand la balle a-t-elle été tirée et par qui? Qu'est-ce que le docteur a fait pour ne pas provoquer une mort subite? Pourquoi Ceccioni avait-il préparé sa mort à l'avance?)

18. Qu'est-ce que Leborgne a reçu huit jours plus tard? Qu'est-ce que Manchard lui a demandé?

19. Pourquoi Leborgne n'a-t-il pas révélé le secret de Ceccioni à la police?

Réactions orales ou écrites

A. SYNTHESE DU TEXTE

1. Faites un portrait verbal de Joseph Leborgne. Décrivez-le physiquement et psychologiquement. Comme Simenon révèle le caractère de ses personnages à travers leurs gestes, leurs attitudes, leurs mots, et leurs goûts, faites bien attention aux moindres détails. Quelle est votre opinion de Leborgne?

2. Expliquez la phrase «Comme la vérité serait toujours facile à découvrir si des idées préconçues ne vous faussaient pas le jugement.» Quel rapport cette phrase a-t-elle avec ce mystère? De temps en temps tout le monde a des idées préconçues qui faussent le jugement. Relatez une situation où:
   a. des idées préconçues ont faussé votre jugement
   b. des idées préconçues vous ont affecté

B. REACTION PERSONNELLE

1. Même sans une description physique du visiteur, nous avons l'impression de le connaître. Essayez de le décrire. (Quel âge a-t-il? A quoi s'intéresse-t-il? Est-il marié? A-t-il des enfants? Quelle est sa profession? etc.) Comment le visiteur a-t-il fait la connaissance de Leborgne? Quels rapports existent entre les deux? Sont-ils amis? Pourquoi Simenon n'a-t-il pas donné de nom au visiteur? Pourquoi ne l'a-t-il pas décrit?

2. Qu'est-ce que vous pensez du suicide de Ceccioni? Que pensez-vous du fait que le taux des suicides augmente dans notre société actuelle? Selon vous, quelles en sont les raisons? Pensez-vous qu'un suicide puisse jamais être justifié? Donnez des arguments soutenant votre position.

3. Vous êtes détective privé. Quelqu'un vous engage pour faire des recherches dans le passé de Leborgne. Après une longue enquête, vous réussissez. Racontez ce que vous avez appris. (Avez-vous découvert quelque chose qui puisse expliquer pourquoi Leborgne s'intéresse tant à résoudre les crimes?)

4. Vous êtes Ceccioni. Avant de vous suicider, vous écrivez une dernière lettre à votre fils en Argentine. Qu'est-ce que vous lui dites? Lui révélez-vous ce que vous allez faire? Pourquoi ou pourquoi pas? Quels sont les derniers conseils que vous lui donnez?

5. Quand et comment le fils de Ceccioni apprend-il la nouvelle de la mort de son père? (Qui la lui révèle—Leborgne, Manchard?) Que fait-il? A-t-il déjà reçu l'argent de l'assurance? Si oui, l'a-t-il dépensé? Comment?

6. Si vous aviez été Joseph Leborgne, auriez-vous révélé vos conclusions à la police? Donnez vos raisons.

10

GARÇON, UN BOCK!

PAR
GUY DE MAUPASSANT

GUY DE MAUPASSANT (1850–1893)

Henri-René-Albert-Guy de Maupassant was born to an upper-middle-class family living near the coastline of northwestern Normandy. His childhood was spent in comfortable country surroundings, which contributed to his sturdy appearance and his lifelong love of the sea. His early contacts with the local peasants and fishermen provided the basis for many of his later stories. Guy's father was something of an idle and self-indulgent dandy with aristocratic tastes. His mother, of a neurotic and possessive nature, was endowed with a profound intellectual awareness and literary sensibility. Guy was to develop characteristics reminiscent of both his parents as he grew to adulthood.

By the time Guy was ten, his parents were living apart. His early education was handled informally by his mother and a local priest. In 1863 he was sent to a nearby Catholic boarding school. Although described as a diligent, polite, and quiet student, he was unhappy in the stifling atmosphere of the school.

In 1868 Guy left home to finish his studies in Rouen. His mother continued to nurture her son's literary talents and her own dreams for his future as a great author. Through her efforts, Maupassant met Louis Bouilhet, an established poet who guided the younger man's early attempts at writing.

During the Franco-Prussian War in 1870, Maupassant served in the French militia. His observations of the sadly demoralized state of the French army, the naive but sincere patriotism of the peasants, and the self-serving complacency of the middle class appeared in later stories.

After the war Maupassant was employed as a clerk, first at the Ministry of the Navy and later at the Ministry of Education. Between 1870 and 1880, his life in Paris showed three diverse aspects. As a conscientious clerk, he led a dull and lonely existence, swallowed up in the bureaucracy of civil service, and depressed by a latent cynical pessimism toward life. The dark mood of his weekdays contrasted sharply with the frivolous and bawdy life he indulged in on Saturdays. Evenings and Sundays were spent writing. Due to his mother's influence, Maupassant developed a unique friendship with Flaubert, the author of *Madame Bovary* and a respected man of letters. It was Flaubert who encouraged Maupassant to be realistic and selective in his writing and to develop a concise and pure style. He also introduced the young author to the world of editors and publishers as well as to other literary giants of the day.

In 1880 Maupassant's short story «*Boule de suif*» appeared in print. Heralded as a great success, it was to serve as his stepping stone to fame and fortune. Between 1880 and 1890, Maupassant wrote 300 short stories and six novels. Resigning his job at the Ministry, he traveled widely. His literary efforts earned him a respectable income, and his growing fame admitted him to the exotic world of late-19th-century high society. His attempts to find peace and relaxation were countered, however, by the constant pressure of debts and the deterioration of his health.

When his brother died in an insane asylum in 1887, Maupassant assumed the financial responsibility for his brother's family as well as for his aged and infirm mother. From 1889 on, he himself was never free of pain and debilitating bouts of blindness. The effects of venereal disease contracted in his youth began to undermine his sanity, already disturbed by constant recourse to pain-killing drugs. His efforts to write were constantly interrupted by consultations with doctors, who prescribed ineffective cures. In 1892, after a suicide attempt, he was committed to a private clinic, where he died, insane, in 1893.

Maupassant's brief literary career is a reflection of his life and the French society of the late 19th century. Possessed of an eternally pessimistic outlook with regard to the human condition, his work nevertheless reveals a keen sense of observation and a detached objectivity. He painted life as he saw it, unafraid of describing its mediocrity with sober realism. Whether his subjects are Norman peasants, bureaucrats, prostitutes, or newspapermen, his masterful story-telling technique and the simplicity of his style make his world come alive for the reader. The greatest tribute to his talent is the enduring timelessness of his appeal.

Most of Maupassant's works were originally published in newspapers and periodicals and later were collected into volumes. Among his novels are: *Une Vie* (1883), *Bel-Ami* (1885), and *Pierre et Jean* (1888). His volumes of short stories include: *La Maison Tellier* (1881), *Mademoiselle Fifi* (1882), *Les Contes de la Bécasse* (1883), and *Miss Harriet* (1884).

PRÉPARATION À LA LECTURE

Pratique   **A. VOCABULAIRE UTILE** Voici quelques mots et expressions que vous avez déjà rencontrés dans certaines des sélections précédentes. Vous allez les retrouver dans «Garçon, un bock». Essayez de vous les rappeler et puis, testez votre mémoire en faisant l'exercice qui suit.

VERBES	NOMS	AUTRES
s'affoler	la boue	ailleurs
balbutier	le coup d'œil	d'ailleurs
briser	le front	pareil (le)
s'enfuir	la poussière	soigné
éprouver	le souci	
se retourner	le trottoir	
secouer		
semer		
souffler		

EXERCICE Remplacez les tirets par les mots qui conviennent. Attention au temps du verbe; n'oubliez pas de faire les changements nécessaires. N'utilisez pas le même mot deux fois.

1. J'ai subi un choc extraordinaire. Je ne pouvais pas parler clairement, mais j'ai réussi à _____ quelques vagues mots.

2. La jeune fille avait peur quand elle se promenait dans un quartier étrange. Elle _____ constamment pour voir si quelqu'un la suivait.

3. Nous ne voulons pas accompagner nos parents, qui vont rendre visite à notre tante. Nous préférons aller _____.

4. Quand je contemple un beau paysage, le soleil et les oiseaux, je _____ une sensation de contentement.

5. Ils ont vu un accident. Heureusement ils ne _____. Au contraire, ils ont réagi calmement.

6. L'enfant a goûté sa soupe qui était trop chaude. Il _____ dessus pour la refroidir.

7. Le professeur se plaint. Il dit que les étudiants ne travaillent pas assez. Ils jettent _____ sur leur leçon et pensent que ça suffit.

8. Ma chatte est très timide. Elle _____ quand on sonne à la porte.

9. Faites attention à cette statue. C'est un objet de valeur. Si vous n'y touchez pas, vous ne la _____ pas.

10. Ces jours-ci les parents qui veulent élever correctement leurs enfants ont toujours des _____.

B. LISEZ ET REFLECHISSEZ! Lisez les phrases suivantes sans consulter le dictionnaire. Déterminez le sens des mots en italique en vous servant du contexte.

1. [Il] fumait une pipe de deux sous,... noire comme un *charbon*.

2. Je me tournai vers lui... et je le *dévisageai*. Il reprit: «Tu ne me reconnais pas?»

3. ... vers la fin de septembre,... les feuilles... , jaunes déjà, *s'envolaient* comme des oiseaux, *tourbillonnaient*, tombaient puis couraient tout le long de l'allée...

4. Alors papa, tremblant de fureur, se retourna, et saisissant sa femme par le cou, il se mit à la *frapper*... de toute sa force...

Etablissons les faits!

A. EXPERIENCE PERSONNELLE

1. On ne peut pas lire le journal ou regarder la télévision sans être confronté à des scènes de violence entre parents, époux, voisins, amis, etc. Comment réagissez-vous à ces situations? Soyez spécifique. S'il s'agissait de vos amis ou de vos parents, auriez-vous la même réaction?

2. Vous rencontrez un homme riche, de bonne famille, qui mène une vie sans travail, sans amis. Tout ce qu'il fait, c'est de fréquenter les bars et passer la journée à boire et à fumer. Quelle est votre réaction? Ensuite, vous rencontrez un homme pauvre qui mène une vie semblable. Avez-vous la même réaction? Précisez.

B. VUE PANORAMIQUE

1. Quels sont les deux personnages principaux? Qu'est-ce que vous savez d'eux?

2. Regardez l'illustration à la page 150. Où ces deux personnages se rencontrent-ils? Quelles différences remarquez-vous entre eux?

3. A quelle époque se passe le conte?

4. Pourquoi l'auteur a-t-il choisi «Garçon, un bock!» comme titre?

5. Le conte est divisé en deux parties. Donnez un titre à chaque partie. Pourquoi avez-vous choisi ces titres?

6. Comment décririez-vous le ton de ce conte? (Est-il sérieux, frivole, triste, gai, déprimant, ou... ?) Justifiez votre réponse.

Introduction au conte

«Garçon, un bock!» est un conte de la collection intitulée *Miss Harriet*. Il est souvent cité comme preuve d'une querelle violente entre les parents de Maupassant pendant sa jeunesse. Ce conte est-il basé sur un fait réel? Il est certain que le père de Maupassant menait une vie dissolue à Paris ainsi que dans les casinos de la côte. C'est aussi un fait connu que sa mère détestait ce côté frivole et scandaleux de son mari. Il est donc probable que le jeune Maupassant a souvent été témoin des disputes qui résultaient de ce conflit, et que le mariage de ses parents a influencé son attitude envers l'amour et les femmes. Après la séparation de ses parents en 1860, le garçon a dû partager sa vie entre eux. Le caractère de l'enfant a souffert de l'instabilité de cette situation.

En lisant ce conte, notez la facilité avec laquelle Maupassant recrée l'atmosphère, ainsi que sa description à la fois réaliste et touchante de Jean des Barrets. Notez aussi son emploi de l'imparfait dans certains passages et essayez de déterminer pourquoi il l'utilise. Maupassant se décrit-il un peu à travers la personnalité de Jean? Au lecteur de décider.

 # GARÇON, UN BOCK!

spray / flottait ça et là
rendait moins visible
mist / briller
rayons de lumière

POURQUOI suis-je entré, ce soir-là, dans cette brasserie?[1] Je n'en sais rien. Il faisait froid. Une fine pluie, une poussière d'eau° voltigeait,° voilait° les becs de gaz[2] d'une brume° transparente, faisait luire° les trottoirs que[3] traversaient les lueurs° des devantures, éclairant la boue humide et les pieds
5 sales des passants.

Je n'allais nulle part. Je marchais un peu après dîner. Je passai le Crédit Lyonnais, la rue Vivienne,[4] d'autres rues encore. J'aperçus soudain une grande brasserie à moitié pleine. J'entrai, sans aucune raison. Je n'avais pas soif.

crowded

10 D'un coup d'œil, je cherchai une place où je ne serais point trop serré,° et j'allai m'asseoir à côté d'un homme qui me parut vieux et qui fumait une

bon marché

pipe de deux sous,° en terre, noire comme un charbon. Six ou huit

---

1. **brasserie:** A l'origine (1853), établissement où l'on ne consommait que de la bière; aujourd'hui, grand café-restaurant

2. **becs de gaz:** A cette période les rues étaient éclairées par les lampes à gaz.

3. **que:** Faites attention aux mots qui suivent. Quel est le sujet du verbe **traversaient?**

4. **Le Crédit Lyonnais / la rue Vivienne:** Une banque / une rue, dans un quartier financier de la rive droite à Paris

soucoupes⁵ de verre, empilées sur la table devant lui, indiquaient le nombre de bocks⁶ qu'il avait absorbés déjà. Je n'examinai pas mon voisin. D'un coup d'œil j'avais reconnu un bockeur, un de ces habitués de brasserie qui arrivent le matin, quand on ouvre, et s'en vont le soir, quand on ferme. Il
5 était sale, chauve° du milieu du crâne, tandis que de longs cheveux gras,° poivre et sel, tombaient sur le col de sa redingote. Ses habits trop larges semblaient avoir été faits au temps où il avait du ventre. On devinait que le pantalon ne tenait guère et que cet homme ne pouvait faire dix pas sans rajuster et retenir ce vêtement mal attaché. Avait-il un gilet?° La seule°

sans cheveux / *greasy*

vest / ici: *very, mere*

Une redingote.

<hr />

5. **soucoupes:** (saucers) *In France glasses of beer were served traditionally on saucers. Before the time of cash registers, the price of the drink, marked in the glass or porcelaine of the saucer, enabled the bartender to tally the bill by the number of saucers left on the table.*

6. **bock:** (de l'allemand, *Bockbier*) un verre de bière

pensée des bottines et de ce qu'elles enfermaient me terrifia. Les
cuffs
(modern Fr. effilochées)
frayed
manchettes° effiloquées° étaient complètement noires du bord, comme les
ongles.

Dès que je fus assis à son côté, ce personnage me dit d'une voix
5 tranquille: «Tu[7] vas bien?»

mouvement brusque
Je me tournai vers lui d'une secousse° et je le dévisageai. Il reprit: «Tu ne
me reconnais pas?

—Non!

—Des Barrets.»[8]

école secondaire
10 Je fus stupéfait. C'était le comte Jean des Barrets, mon ancien camarade
de collège.°

ici: étonné
Je lui serrai la main, tellement interdit° que je ne trouvai rien à dire.

Enfin, je balbutiai: «Et toi, tu vas bien?»

Il répondit placidement: «Moi, comme je peux.»

15 Il se tut, je voulus être aimable, je cherchai une phrase: «Et … qu'est ce
que tu fais?»

Il répliqua avec résignation: «Tu vois.»

Je me sentis rougir. J'insistai: «Mais tous les jours?»

puffs
Il prononça, en soufflant d'épaisses bouffées° de fumée: «Tous les jours
20 c'est la même chose.»

restait
Puis, tapant sur le marbre de la table avec un sou qui traînait,° il s'écria:
Garçon, deux bocks!»

table N°4
very shrill
Une voix lointaine répéta: «Deux bocks au quatre!°» Une autre voix plus
éloignée encore lança un «Voilà!» suraigu.° Puis un homme en tablier blanc
drops
25 apparut, portant les deux bocks dont il répandait, en courant, les gouttes°
jaunes sur le sol sablé.[9]

with one gulp
Des Barrets vida d'un trait° son verre et le reposa sur la table, pendant
foam
qu'il aspirait la mousse° restée en ses moustaches.

Puis il demanda: «Et quoi de neuf?»

30 Je ne savais rien de neuf à lui dire, en vérité. Je balbutiai: «Mais rien,
mon vieux. Moi je suis commerçant.»

Il prononça de sa voix toujours égale: «Et… ça t'amuse?

—Non, mais que veux-tu? Il faut bien faire quelque chose!

—Pourquoi, ça?

35 —Mais… pour s'occuper.

—A quoi ça sert-il? Moi, je ne fais rien, comme tu vois, jamais rien.
Quand on n'a pas le sou, je comprends qu'on travaille. Quand on a de quoi
vivre, c'est inutile. A quoi bon travailler? Le fais-tu pour toi ou pour les

---

7. **tu**: Le **tu** surprend le narrateur. Bien qu'on partage souvent la table dans un restaurant ou bar avec une personne inconnue, les étrangers ne se parlent pas d'une façon aussi familière.

8. **Des Barrets**: La préposition **des** devant un nom patronymique signifie souvent que la famille appartient à la noblesse. Cette préposition s'appelle **la particule nobiliaire**.

9. **sol sablé**: *(sandy floor) The floors of pubs were often spread with sawdust or sand to absorb spilled drinks and to facilitate sweeping at the end of the day.*

naïf, idiot

autres? Si tu le fais pour toi, c'est que ça t'amuse, alors très bien; si tu le fais pour les autres, tu n'es qu'un niais. »°

Puis, posant sa pipe sur le marbre, il cria de nouveau: «Garçon, un bock!» et reprit: «Ça me donne soif, de parler. Je n'en ai pas l'habitude. 5 Oui, moi, je ne fais rien, je me laisse aller, je vieillis. En mourant je ne regretterai rien. Je n'aurai pas d'autre souvenir que cette brasserie. Pas de femme, pas d'enfants, pas de soucis, pas de chagrins, rien. Ça vaut mieux. »

Il vida le bock qu'on lui avait apporté, passa sa langue sur ses lèvres et reprit sa pipe.

10   Je le considérais avec stupeur. Je lui demandai:

«Mais tu n'as pas toujours été ainsi?

—Pardon, toujours, dès le collège.

mon cher ami

—Ce n'est pas une vie, ça, mon bon.° C'est horrible. Voyons, tu fais bien quelque chose, tu aimes quelque chose, tu as des amis.

15   —Non. Je me lève à midi. Je viens ici, je déjeune, je bois des bocks, j'attends la nuit, je dîne, je bois des bocks; puis, vers une heure et demie du

gêne

matin, je retourne me coucher, parce qu'on ferme. C'est ce qui m'embête° le plus. Depuis dix ans, j'ai bien passé six années sur cette banquette, dans mon coin; et le reste dans mon lit, jamais ailleurs. Je cause quelquefois avec 20 des habitués.

—Mais, en arrivant à Paris, qu'est-ce que tu as fait tout d'abord?

I studied law

—J'ai fait mon droit°... au café de Médicis.[10]

—Mais après?

—Après... j'ai passé l'eau[11] et je suis venu ici.

25   —Pourquoi as-tu pris cette peine?

—Que veux-tu, on ne peut pas rester toute sa vie au Quartier Latin. Les étudiants font trop de bruit. Maintenant je ne bougerai plus. Garçon, un bock!»

Je croyais qu'il se moquait de moi. J'insistai.

30   «Voyons, sois franc. Tu as eu quelque gros chagrin? Un désespoir d'amour, sans doute? Certes, tu es un homme que le malheur a frappé. Quel âge as-tu?

—J'ai trente-trois ans. Mais j'en parais au moins quarante-cinq. »

wrinkled

Je la regardai bien en face. Sa figure ridée,° mal soignée, semblait presque 35 celle d'un vieillard. Sur le sommet du crâne, quelques longs cheveux

cleanliness
eyebrows
washbasin

voltigeaient au-dessus de la peau d'une propreté° douteuse. Il avait des sourcils° énormes, une forte moustache et une barbe épaisse. J'eus brusquement, je ne sais pourquoi, la vision d'une cuvette° pleine d'eau noirâtre, l'eau où aurait été lavé tout ce poil.[12]

---

10. **au café de Médicis:** Il était étudiant à l'école de droit, mais il a passé la plus grande partie de son temps à ce café du Quartier Latin au lieu d'étudier. (Maupassant, lui-même, n'a pas pris au sérieux ses études de droit.)

11. **J'ai passé l'eau:** J'ai traversé la Seine. (Il a quitté le Quartier Latin et la rive gauche pour fréquenter ce café de la rive droite.)

12. **poil:** ici: barbe, moustache, sourcils. (Les Français n'utilisent pas le mot **cheveux** quand ils parlent du poil du visage ou du corps.)

—CUVETTE

Je lui dis: «En effet, tu as l'air plus vieux que ton âge. Certainement tu as eu des chagrins.»

Il répliqua: «Je t'assure que non. Je suis vieux parce que je ne prends jamais l'air. Il n'y a rien qui détériore les gens comme la vie de café.»

mené une vie de débauche   5 Je ne le pouvais croire:[13] «Tu as bien aussi fait la noce?° On n'est pas chauve comme tu l'es sans avoir beaucoup aimé.»

Il secoua tranquillement le front, semant sur son dos les petites choses blanches qui tombaient de ses derniers cheveux: «Non, j'ai toujours été

ici: lampe à gaz suspendue
au plafond
sage.» Et levant les yeux vers le lustre° qui nous chauffait la tête: «Si je suis
10 chauve, c'est la faute du gaz. Il est l'ennemi du cheveu.—Garçon, un bock!—Tu n'as pas soif?

—Non, merci. Mais vraiment tu m'intéresses. Depuis quand as-tu un pareil découragement? Ça n'est pas normal, ça n'est pas naturel. Il y a

quelque chose de caché
quelque chose là-dessous.°
15 —Oui, ça date de mon enfance. J'ai reçu un coup, quand j'étais petit, et

toujours
cela m'a tourné au noir pour jusqu'à la fin.°

—Quoi donc?

—Tu veux le savoir? écoute.

*   *   *

TU TE rappelles bien le château où je fus élevé, puisque tu y es venu cinq
20 ou six fois pendant les vacances? Tu te rappelles ce grand bâtiment gris, au

ici: estate / oak trees
nord, sud, est, ouest
milieu d'un grand parc,° et les longues avenues de chênes,° ouvertes vers le quatre points cardinaux!° Tu te rappelles mon père et ma mère, tous les deux cérémonieux, solennels et sévères.

craignais beaucoup
ici: bowed
J'adorais ma mère; je redoutais° mon père, et je les respectais tous les
25 deux, accoutumé d'ailleurs à voir tout le monde courbé° devant eux. Ils

---

13. **Je... croire:** Je ne pouvais pas le croire.

étaient, dans le pays, M. le comte et Mme la comtesse; et nos voisins aussi, les Tannemare, les Ravalet, les Brenneville, montraient pour mes parents une considération supérieure.

J'avais alors treize ans. J'étais gai, content de tout, comme on l'est à cet âge-là, tout plein du bonheur de vivre.

Or, vers la fin de septembre, quelques jours avant ma rentrée au collège, comme je jouais à faire le loup° dans les massifs° du parc, courant au milieu des branches et des feuilles, j'aperçus, en traversant une avenue,° papa et maman qui se promenaient.

Je me rappelle cela comme d'hier. C'était par un jour de grand vent. Toute la ligne des arbres se courbait sous les rafales,° gémissait,° semblait pousser des cris, de ces cris sourds,° profonds, que les forêts jettent dans les tempêtes.

Les feuilles arrachées,° jaunes déjà, s'envolaient comme des oiseaux, tourbillonnaient,° tombaient puis couraient tout le long de l'allée,° ainsi que° des bêtes° rapides.

Le soir venait. Il faisait sombre dans les fourrés.° Cette agitation du vent et des branches m'excitait, me faisait galoper comme un fou, et hurler pour imiter les loups.

Dès que j'eus aperçu mes parents, j'allai vers eux à pas furtifs, sous les branches, pour les surprendre, comme si j'eusse été un rôdeur° véritable.

Mais je m'arrêtai, saisi de peur, à quelques pas d'eux. Mon père, en proie à° une terrible colère, criait:

«Ta mère est une sotte;° et, d'ailleurs, ce n'est pas de ta mère qu'il s'agit, mais de toi. Je te dis que j'ai besoin de cet argent, et j'entends° que tu signes.»

Maman répondit, d'une voix ferme:

«Je ne signerai pas. C'est la fortune de Jean,[14] cela. Je la garde pour lui et je ne veux pas que tu la manges encore avec des filles et des servantes, comme tu as fait de ton héritage.»

Alors papa, tremblant de fureur, se retourna, et saisissant sa femme par le cou, il se mit à la frapper avec l'autre main de toute sa force, en pleine figure.

Le chapeau de maman tomba, ses cheveux dénoués° se répandirent; elle essayait de parer° les coups, mais elle n'y pouvait parvenir. Et papa, comme fou, frappait, frappait. Elle roula par terre, cachant sa face dans ses deux bras. Alors il la renversa sur le dos pour la battre encore, écartant les mains dont elle se couvrait le visage.

Quant à moi, mon cher, il me semblait que le monde allait finir, que les lois éternelles étaient changées. J'éprouvais le bouleversement° qu'on a

---

14. **la fortune de Jean:** *The money that a wife inherited from her parents did not become the property of her husband upon marriage. It was generally kept for her children unless she formally signed it over to her husband.*

Glosses (left margin)

wolf / groupes d'arbres
ici: *wide path*

coups de vent / murmurait plaintivement / *muffled*

détachées

tournaient rapidement / *path* / comme / animaux

thickets

prowler

saisi par

idiote

ici: insiste que

défaits

se protéger contre

confusion totale

devant les choses surnaturelles, devant les catastrophes monstrueuses, devant les irréparables désastres. Ma tête d'enfant s'égarait,° s'affolait. Et je me mis à crier de toute ma force, sans savoir pourquoi, en proie à une épouvante,° à une douleur, à un effarement° épouvantables. Mon père
5 m'entendit, se retourna, m'aperçut, et, se relevant, s'en vint° vers moi. Je crus qu'il m'allait tuer[15] et je m'enfuis comme un animal chassé, courant tout droit devant moi, dans le bois.

J'allai peut-être une heure, peut-être deux, je ne sais pas. La nuit étant venue, je tombai sur l'herbe,° et je restai là éperdu,° dévoré par la peur,
10 rongé° par un chagrin capable de briser à jamais un pauvre coeur d'enfant. J'avais froid, j'avais faim peut-être. Le jour vint. Je n'osais plus me lever, ni marcher, ni revenir, ni me sauver° encore, craignant de rencontrer mon père que je ne voulais plus revoir.

Je serais peut-être mort de misère et de famine au pied de mon arbre, si
15 le garde° ne m'avait découvert et ramené de force.

Je trouvai mes parents avec leur visage ordinaire. Ma mère me dit seulement: «Comme tu m'as fait peur, vilain garçon, j'ai passé la nuit sans dormir.» Je ne répondis point, mais je me mis à pleurer. Mon père ne prononça pas une parole.
20 Huit jours plus tard, je rentrais au collège.

Eh bien, mon cher, c'était fini pour moi. J'avais vu l'autre face des choses, la mauvaise; je n'ai plus aperçu la bonne depuis ce jour-là. Que s'est-il passé dans mon esprit? Quel phénomène étrange m'a retourné les idées?[16] Je l'ignore.° Mais je n'ai plus eu de goût pour rien, envie de rien,
25 d'amour pour personne, de désir quelconque,° d'ambition ou d'espérance. Et j'aperçois toujours ma pauvre mère, par terre, dans l'allée, tandis que mon père l'assommait.—Maman est morte après quelques années. Mon père vit encore. Je ne l'ai pas revu.—Garçon, un bock!...

* * *

ON lui apporta un bock qu'il engloutit d'une gorgée.° Mais, en reprenant
30 sa pipe, comme il tremblait, il la cassa. Alors il eut un geste désespéré, et il dit: «Tiens! C'est un vrai chagrin, ça, par exemple.° J'en ai pour un mois[17] à en culotter° une nouvelle.»

Et il lança à travers la vaste salle, pleine maintenant de fumée et de buveurs, son éternel cri: «Garçon, un bock—et une pipe neuve!»
35   (Ier janvier 1884.)

---

15. **m'allait tuer:** allait me tuer
16. **Quel... idées:** Il se demande pourquoi ce seul incident l'a rendu si pessimiste et cynique.
17. **J'en... mois:** Cela me prend un mois...

[marginal glosses]
désorientait

horreur / stupeur
(littéraire) est venu

grass / fortement troublé
tourmenté

run away

caretaker

ne sais pas
whatsoever

a vidé d'un trait

ici: vraiment
break in

EXERCICES DE COMPRÉHENSION

Vrai/faux   Indiquez si le sens des phrases suivantes est vrai ou faux selon le texte. S'il est faux, corrigez la phrase. Ne vous contentez pas d'utiliser ou de supprimer les mots négatifs.

La rencontre à la brasserie

1. Le narrateur est entré dans la brasserie pour dîner.
2. Il s'est assis à une table avec un jeune homme qui fumait une cigarette et buvait du vin.
3. Cet homme était sale et portait des vêtements qui semblaient trop grands pour lui.
4. Jean des Barrets venait à la brasserie tous les jours après sa journée de travail.
5. Le narrateur a expliqué qu'il était commerçant parce qu'il aimait bien le monde du commerce.
6. Des Barrets gagnait peu d'argent et cherchait un meilleur emploi.
7. Avant de devenir un habitué de la brasserie, des Barrets avait étudié le droit, mais pas sérieusement.
8. Des Barrets a dit qu'il avait l'air plus vieux que son âge parce qu'il avait eu des chagrins.
9. Quand il était petit, des Barrets avait reçu un coup qui avait influencé sa vie pour toujours.

L'histoire de Jean des Barrets

1. Des Barrets a passé son enfance dans un château.
2. Ses parents étaient solennels et cérémonieux, et leurs voisins se moquaient d'eux.
3. Un jour, quand il avait neuf ans, Jean se promenait avec ses parents dans le parc du château.
4. Son père et sa mère se sont violemment querellés.
5. Le père de Jean a frappé sa mère brutalement.
6. Jean, bouleversé par cette scène cruelle, a couru au château.
7. Le lendemain, ses parents l'ont fait rentrer au collège.
8. Depuis cet incident, des Barrets n'a plus eu de goût pour rien.

Résumé   En lisant les phrases qui suivent, vous remarquerez que certaines idées ou certains faits importants ont été omis. Ajoutez les détails qui manquent pour obtenir un résumé clair et cohérent du conte.

1. Le narrateur est entré dans une brasserie et a cherché une place.
2.
3. Le narrateur s'est étonné parce que l'inconnu lui a parlé d'un ton familier.
4.

5. Le narrateur, choqué par l'apparence de cet homme, lui a demandé ce qu'il faisait dans la vie.

6.

7. Le narrateur a répliqué que son ancien ami n'avait pas toujours été ainsi. Il lui a demandé ce qu'il avait fait dans la vie.

8.

9. Le bockeur n'avait que trente-trois ans, mais...

10.

11. Le narrateur a demandé à des Barrets ce qui l'avait conduit à cette existence de bockeur.

12.

13. Des Barrets a dit qu'il avait passé sa jeunesse dans un château avec ses parents.

14.

15. Un jour à l'âge de treize ans, il jouait dans le parc du château.

16.

17. Le jeune Jean a vu ses parents. Il est allé vers eux pour les surprendre.

18.

19. Sa mère a refusé de donner l'héritage de Jean à son mari.

20.

21. Jean, terrifié, s'est sauvé.

22.

23. Le garde l'a découvert et l'a ramené de force au château.

24.

25. Huit jours plus tard Jean est rentré au collège.

26.

Questions de compréhension

Ecrivez en français les réponses aux questions suivantes. Formulez vos propres réponses. Essayez de ne pas copier les phrases du texte.

1. Quel temps faisait-il quand le narrateur est entré dans la brasserie? Qu'est-ce que c'est qu'une brasserie?

2. Qui était à la table que le narrateur a choisie? Que faisait cet homme?

3. Qu'est-ce qui était sur la table? Qu'est-ce que ces objets indiquaient?

4. Qu'est-ce que c'est qu'un bockeur?

5. Pourquoi le narrateur a-t-il été étonné quand cet homme lui a parlé? Qui était cet homme?

6. Comment ce bockeur passait-il sa vie? Quelle était la profession du narrateur?

7. Des Barrets a commandé un bock. Qu'est-ce que c'est qu'un bock? Comment l'a-t-il bu? Qu'est-ce que cela indique?

8. Qu'est-ce que des Barrets voulait savoir du travail du narrateur? Comment le narrateur lui a-t-il répondu?

9. Quelle observation philosophique des Barrets a-t-il faite sur la notion de travail?

10. Des Barrets était-il satisfait de l'existence qu'il menait? Expliquez. Depuis quand vivait-il ainsi?

11. Décrivez une journée de des Barrets.
12. Qu'est-ce que des Barrets avait fait une fois arrivé à Paris? Pourquoi a-t-il finalement quitté le Quartier Latin?
13. Quelle conclusion le narrateur a-t-il tirée pour expliquer l'apparence déplorable de son ancien camarade?
14. Quel âge avait des Barrets? Quelle explication a-t-il donnée pour son apparence?
15. Pourquoi des Barrets a-t-il raconté au narrateur un incident de sa jeunesse?
16. Où vivait des Barrets pendant sa jeunesse? Qu'est-ce qu'il pensait de ses parents?
17. Quel âge avait des Barrets quand cet incident a eu lieu? Quel temps faisait-il? Qu'est-ce que le garçon faisait? Comment se sentait-il?
18. Pourquoi ses parents ne l'ont-ils pas vu?
19. Décrivez la conversation que Jean a entendue. (Qu'est-ce que son père voulait? Pourquoi sa mère a-t-elle refusé?)
20. Qu'est-ce que son père a fait à sa mère? Pourquoi?
21. Pourquoi le garçon s'est-il enfui? Où est-il allé?
22. Pourquoi n'a-t-il pas osé rentrer chez lui le lendemain matin? Qui l'a ramené au château?
23. Comment ses parents se sont-ils comportés quand Jean est rentré?
24. Où est-il allé huit jours plus tard?
25. Quel effet cet incident a-t-il eu sur sa vie?
26. Décrivez la fin du conte. Pourquoi Maupassant l'a-t-il terminé de cette façon?

Réactions orales ou écrites

A. SYNTHESE DU TEXTE

1. Comment Maupassant se sert-il de la description pour créer l'atmosphère qu'il veut nous faire ressentir? Précisez. Trouvez certains passages ou certaines phrases qui vous ont frappé par leur réalisme.
2. Ce conte vous donne un aperçu de la vie au dix-neuvième siècle. Quels détails sont révélateurs de la façon de vivre à cette époque?
3. Expliquez la technique utilisée par Maupassant pour décrire le monde des «bockeurs». Pensez aux indications qui renforcent l'idée que des Barrets en est un.

B. REACTION PERSONNELLE

1. Nous sommes en l'an 2007. Vous êtes psychiatre. Vous rencontrez par hasard un(e) ami(e) d'enfance, que vous n'avez pas vu(e) depuis des années. Cette personne a beaucoup changé. Elle est maintenant très pauvre, mal tenue, et sans ambition. Comment réagissez-vous? Qu'est-ce que vous lui demandez? Qu'est-ce que vous lui conseillez?
2. Est-il possible qu'un événement s'étant passé pendant l'enfance change radicalement l'attitude d'un individu? (Rappelez-vous que de tels événements ne sont pas toujours nécessairement mauvais.) Donnez en exemple un événement similaire et décrivez-en le résultat.

3. Des Barrets voulait s'évader de la vie réelle. Que pensez-vous de la vie qu'il a choisie? A votre avis, la raison qu'il a donnée pour son choix est-elle valable? Quelle voie auriez-vous choisie pour votre vie si vous aviez été des Barrets?

4. A votre avis, est-ce que l'incident dont parlait des Barrets aurait eu le même impact sur lui s'il avait été ou plus jeune (six ans) ou plus mûr (vingt-six ans)? Justifiez votre réponse.

5. Avez-vous personnellement été victime d'un événement ou d'un traumatisme qui a profondément influencé votre vie? Qu'est-ce qui s'est passé? Comment cet incident vous a-t-il affecté?

6. Créez le dialogue (conversation? dispute?) qui aurait pu se dérouler entre la mère et le père de Jean après l'incident dans le parc et avant le retour de l'enfant au château.

11

LA DERNIÈRE CLASSE
PAR
ALPHONSE DAUDET

ALPHONSE DAUDET (1840–1897)

"If one wishes to acquire some intimate idea of what it felt like in a daily way for the ordinary individual to be alive in France between 1860 and 1890, there is no better path to that knowledge than the study of the works and the career of Alphonse Daudet."[1]

Alphonse Daudet was born in Nîmes, a city in the southern region of France known as Provence. A prolific author of poems, plays, novels, and short stories, Daudet has often been considered by critics to be most talented in the short story genre. As chronicles of contemporary life, his works reveal a keen observation of detail and an ability to bring to life the day-to-day happenings of ordinary individuals. Because of his own youthful experiences, Daudet was able to understand and describe the conditions suffered by the poorer classes. He did not, however, suffuse his writings with pessimistic judgments. Pathetic and tragic tales are presented with tenderness, pity, a sense of humor, and the sensitivity of a poet.

Daudet's writings fall into three general categories of literary interest. Some are predominantly autobiographical. Others relate contemporary events, adding insights often lacking in purely historical treatises. Still others are purely imaginary tales. Elements of two or of all three approaches can be found in many of his works. Some of his better-known successes include: *Le Petit Chose* (1868), *Les Lettres de mon moulin* (1869), *Tartarin de Tarascon* (1872), *L'Arlésienne* (1873), and *Les Contes du lundi* (1873).

"*La Dernière Classe*" is one of *Les Contes du lundi*. Published when Daudet was in his early thirties, this collection of short stories reached an already established reading public and enhanced his reputation as a successful author. The Franco-Prussian War (1870–1871) had sobered Daudet's outlook and given new meaning to his feelings of patriotism. During the period of this war, Daudet published more than 100 short prose selections. Only a handful survived, of which "*La Dernière Classe*" is one. The story "might have come from the lips of an Alsatian—so true is it to the spirit of Alsace during the days that followed the war."[2]

---

1. *The Career of Alphonse Daudet,* A Critical Study by Murray Sachs, Harvard University Press, Cambridge, Massachusetts, 1965, p. 183.

2. *The Works of Alphonse Daudet,* Limited Ed. XX, *Monday Tales,* translated by Marian McIntyre. Boston: Little, Brown and Co., Croscup and Sterling Co. 1900, University Press: John Wilson and Son, Cambridge, U.S.A., p. xvi.

Préparation à la Lecture

Alsace-Lorraine: historical overview

"La Dernière Classe" takes place in 1871. The story is situated in the Alsace-Lorraine region of France, just after the area has been ceded to the Germans at the end of the Franco-Prussian War. Alsace and Lorraine have long been prizes in the wars between France and Germany. The influence of both cultures is apparent in the region today and can be seen in the cuisine, architecture, language, family names, and customs. The brief historical outline below gives a glimpse of the tumultuous past of these two provinces and the attendant cultural upheaval endured by their citizens.

300–400's: Early tribes living in the region are driven from their homes.

700's: Area is absorbed into Charlemagne's Empire.

800's: Charlemagne's three grandsons divide his Empire. The western and eastern sections (later to become France and Germany) fight over control of the middle portion containing today's Alsace-Lorraine region.

1500's: France slowly gains control. Inhabitants resist efforts to make them French.

1789: The spirit of the French Revolution inspires the inhabitants to change their allegiance to France.

1871: The Germans take over Alsace and part of Lorraine as a prize of the Franco-Prussian War. 150,000 inhabitants move to France rather than become German.

1919: The end of World War I restores Alsace-Lorraine to France.

1940: Early in World War II, the Germans occupy the region, driving out thousands of the inhabitants.

1944–45: At the end of World War II, the Germans are driven out and the region becomes French, as it remains today.

The Franco-Prussian War (1870–1871) (La Guerre franco-allemande)

1866 Prussia overthrows Austria in the Seven Weeks' War and forms the North German Confederation. With this major step toward German unification, Prussia's power increases.

1870 Napoleon III (Emperor of France) and Otto von Bismarck (Chancelor of Prussia) find excuse for war.

1. Prince Leopold von Hohenzollern, relative of King Wilhelm I of Prussia, is offered the throne of Spain. He is persuaded to refuse.

2. The French government, fearing a threat to national security, insists that no Hohenzollern ever occupy the throne of Spain.
   a. French Ambassador Benedetti travels to Ems in Prussia to present this demand to Wilhelm I.
   b. Wilhelm I politely but firmly rejects the French demand. The King

sends Bismarck, his minister, a telegram describing the meeting with the French ambassador.

    c. After deleting crucial passages, Bismarck releases the King's telegram to the press. These deletions change the spirit of the original, making the King's language much blunter and the rebuff to Benedetti more cutting than had been the case. "... *Là-dessus, Sa Majesté le Roi a refusé de recevoir encore l'ambassadeur et lui a fait dire par l'aide de camp de service qu'Elle n'avait plus rien à lui dire.*"

    d. July 19, 1870: France declares war on Prussia.

  3. Both nations enter the struggle with enthusiasm. The Prussian army is well prepared; the French army is not.

1870   **Sept. 4:** The Napoleonic Empire is overthrown. The Third Republic, governed by a National Assembly at Versailles, is proclaimed.

1871   The Prussians defeat the French, and Napoleon III is taken prisoner. News of the defeat reaches Paris. The Republic fights to defend the city. After a bitter, six-month siege, hunger forces Paris to yield.

1871   **May 10:** Treaty of Frankfurt *(Le Traité de Francfort)* gives Alsace and part of Lorraine to Prussia. The French are forced to pay the largest war indemnity in the history of Europe until that time (five billion francs). France must support a Prussian army of occupation until the sum is paid.

1874   **March:** France's debt has been paid.

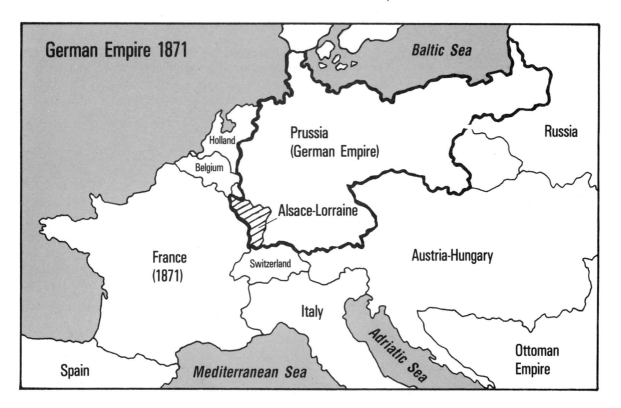

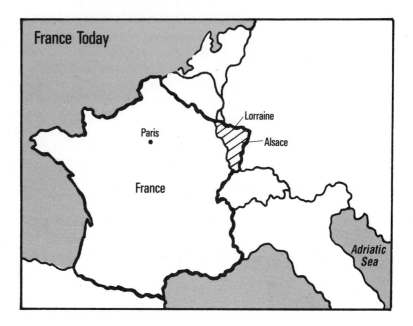

Pratique   **A. LISEZ ET REFLECHISSEZ!** Lisez les phrases suivantes sans consulter le dictionnaire. Les expressions en italique apparaissent plusieurs fois dans le conte. Déterminez leur sens en vous servant du contexte.

1. L'expression **s'en aller** a le même sens dans toutes les phrases ci-dessous:
   a. ... ils devaient partir le lendemain, *s'en aller* du pays pour toujours.
   b. C'était... une façon... de rendre leurs devoirs à la patrie qui *s'en allait*...
   c. On aurait dit qu'avant de *s'en aller* le pauvre homme...
   d. C'est fini... *allez-vous-en!*

2. Vous avez déjà appris le **faire causatif.** (Voir p. 35 du texte.)
   a. [Il] voulait nous donner tout son savoir, nous le *faire entrer* dans la tête...
   b. L'idée... me *faisait oublier* les punitions...
   c. Est-ce que je ne vous *ai* pas souvent *fait arroser (to water)* mon jardin... ?

3. Le mot **règle** ne veut pas toujours dire la même chose. Comprenez-vous la différence de sens dans les deux phrases qui suivent?
   a. M. Hamel nous avait dit qu'il nous interrogerait sur [la *règle* des] participes...
   b. D'ordinaire, au commencement de la classe,... la grosse *règle* du maître... tapait sur les tables...

4. **Tenir** ne veut pas dire la même chose que **tenir à.** Comprenez-vous la différence?
   a. Hauser avait apporté un vieil abécédaire... qu'il *tenait* grand ouvert sur ses genoux...
   b. Vos parents n'ont pas assez *tenu à* vous voir instruits.

B. VOCABULAIRE UTILE Vous connaissez déjà les mots de la première liste. Révisez-les. Etudiez le nouveau vocabulaire qui suit. Ensuite lisez les phrases et remplacez les tirets par les mots qui conviennent. Faites tous les changements nécessaires. N'utilisez un mot qu'une seule fois.

À réviser
s'en aller
être en train de + infinitif
se moquer de
se souvenir de
manquer la classe
de temps en temps

À apprendre

achever	finir, terminer
bouleverser	troubler beaucoup, causer une émotion pénible
gronder	réprimander un enfant
prétendre	affirmer
tenir à	attacher beaucoup d'importance à, vouloir absolument
tenter	ici: éveiller le désir de quelque chose
le tapage	le bruit
à peine	presque pas, très peu

1. Quand il fait beau, les étudiants _____ et préfèrent passer leur temps au café.
2. Il faisait nuit et il pleuvait à verse. Je pouvais _____ voir la route.
3. Les petits enfants font beaucoup de _____ quand ils jouent ensemble.
4. Les parents français _____ leurs enfants quand ils sont méchants.
5. Je _____ mon dixième anniversaire. Mes parents m'ont donné un nouveau vélo.
6. Les mauvais résultats de ses examens le _____ parce que maintenant il doit quitter l'université.
7. Paul _____ recevoir son diplôme en médecine. Il a travaillé pendant cinq ans afin d'avoir suffisamment d'argent pour aller à Harvard.
8. Nous avons vendu notre maison et avons dit «Au revoir» à nos amis. Nous _____ demain matin.
9. Ma mère ne peut pas m'aider maintenant. Elle _____ parler au téléphone.
10. Les belles pâtisseries me _____ beaucoup, mais je suis un régime très strict et je ne dois pas en manger.

Etablissons les faits!

A. EXPERIENCE PERSONNELLE

1. Etes-vous patriote? Aimez-vous votre pays? Qu'est-ce que votre pays représente pour vous?
2. Si votre pays était conquis et occupé par les forces d'un pays étranger dont les coutumes et la langue sont très différentes, que pourriez-vous faire pour ne pas perdre votre identité nationale?

3. On discute actuellement la possibilité d'établir l'anglais comme la seule langue officielle des Etats-Unis. Que pensez-vous de cette proposition? Justifiez votre réponse.

B. VUE PANORAMIQUE

1. A quelle époque de l'histoire de France ce conte a-t-il lieu?
2. Dans quelle province française le conte se passe-t-il? Pourquoi des Prussiens se trouvaient-ils dans cette province?
3. De quelle «dernière classe» parle Daudet?
4. Comment s'appellent les personnages principaux? Identifiez brièvement les rôles qu'ils jouent.
5. Qui est le narrateur?
6. Où se passe la plus grande partie de l'action?
7. Remarquez-vous un changement dans l'attitude du garçon au cours du conte?
8. Que ressentez-vous à la fin du conte? Quels sont les sentiments des personnages principaux à la fin du conte?

LA DERNIÈRE CLASSE

Récit d'un petit Alsacien

CE MATIN-LÀ, j'étais très en retard pour aller à l'école, et j'avais grand-peur d'être grondé, d'autant que° M. Hamel nous avait dit qu'il nous interrogerait sur les participes, et je n'en savais pas le premier mot. Un moment, l'idée me vint de manquer la classe et de prendre ma course° à
5 travers champs.

Le temps était si chaud, si clair!

On entendait les merles° siffler à la lisière° du bois, et dans le pré Rippert,[1] derrière la scierie,° les Prussiens qui faisaient l'exercice.° Tout cela me tentait bien° plus que la règle des participes; mais j'eus la force de
10 résister, et je courus bien° vite vers l'école.

En passant devant la mairie, je vis qu'il y avait du monde arrêté près du petit grillage aux affiches. Depuis deux ans, c'est de là que nous sont venues toutes les mauvaises nouvelles,[2] les batailles perdues, les réquisitions, les ordres de la commandanture;° et je pensai sans m'arrêter: «Qu'est-ce qu'il
15 y a encore?»

Alors, comme je traversais la place en courant, le forgeron° Wachter, qui était là avec son apprenti en train de lire l'affiche, me cria:

—Ne te dépêche pas tant, petit; tu y arriveras toujours assez tôt, à ton école!

Glosses (left margin)
surtout parce que
courir
blackbirds / edge
sawmill / manœuvres militaires / beaucoup
très
command headquarters
blacksmith

---

1. **le pré Rippert:** le champ qui appartient à M. Rippert
2. **C'est... nouvelles:** Là veut dire **le grillage aux affiches.** Quel est le sujet du verbe **sont venues?**

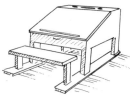

Un grillage aux affiches.

all out of breath

Je crus qu'il se moquait de moi, et j'entrai tout essoufflé° dans la petite cour de M. Hamel.³

D'ordinaire, au commencement de la classe, il se faisait⁴ un grand tapage qu'on entendait jusque dans la rue, les pupitres ouverts, fermés, les leçons
⁵ qu'on répétait très haut tous ensemble en se bouchant les oreilles⁵ pour mieux apprendre, et la grosse règle du maître qui tapait sur les tables: «Un peu de silence!»

tapage / arriver à

Je comptais sur tout ce train° pour gagner° mon banc sans être vu; mais, justement, ce jour-là, tout était tranquille, comme un matin de dimanche.
¹⁰ Par la fenêtre ouverte, je voyais mes camarades déjà rangés à leurs places, et M. Hamel, qui passait et repassait avec la terrible règle en fer sous le bras. Il fallut ouvrir la porte et entrer au milieu de ce grand calme. Vous pensez si⁶ j'étais rouge et si j'avais peur!

Un pupitre.

climbed over
recovered / grande peur
finely pleated shirt ruffle /
skull cap / embroidered

Eh bien! non. M. Hamel me regarda sans colère et me dit très
¹⁵ doucement:

—Va vite à ta place, mon petit Franz; nous allions commencer sans toi.

J'enjambai° le banc et je m'assis tout de suite à mon pupitre. Alors seulement, un peu remis° de ma frayeur,° je remarquai que notre maître avait sa belle redingote verte, son jabot plissé fin° et la calotte° de soie noire
²⁰ brodée° qu'il ne mettait que les jours d'inspection ou de distribution de prix.⁷ Du reste, toute la classe avait quelque chose d'extraordinaire et de solennel. Mais ce qui me surprit le plus, ce fut de voir au fond de la salle, sur les bancs qui restaient vides d'habitude, des gens du village assis et

Les habits du dimanche de M. Hamel.

---

3. **la... M. Hamel:** *inner courtyard of M. Hamel's school*

4. **il se faisait:** il y avait (c'étaient les élèves qui faisaient...)

5. **en... oreilles:** en mettant les doigts dans les oreilles pour se concentrer, pour ne pas entendre les autres

6. **Vous... si:** Vous pouvez imaginer combien...

7. **distribution de prix:** (prix = *prize*) Traditionnellement on accordait des prix aux meilleurs élèves le dernier jour de l'année scolaire. (Depuis 1968 on ne maintient plus cette tradition.)

primer (voir p. 170)
edges

rostrum

silencieux comme nous, le vieux Hauser avec son tricorne,[8] l'ancien maire, l'ancien facteur, et puis d'autres personnes encore. Tout ce monde-là paraissait triste; et Hauser avait apporté un vieil abécédaire° mangé aux bords° qu'il tenait grand ouvert sur ses genoux, avec ses grosses lunettes posées en travers des pages.

Pendant que je m'étonnais de tout cela, M. Hamel était monté dans sa chaire° et de la même voix douce et grave dont il m'avait reçu, il nous dit:

—Mes enfants, c'est la dernière fois que je vous fais la classe. L'ordre est venu de Berlin de ne plus enseigner que l'allemand[9] dans les écoles de l'Alsace et de la Lorraine... Le nouveau maître arrive demain. Aujourd'hui, c'est votre dernière leçon de français. Je vous prie d'être bien attentifs.

Ces quelques paroles me bouleversèrent. Ah! les misérables, voilà ce qu'ils avaient affiché à la mairie.

Ma dernière leçon de français!...

je me reprochais

Un tricorne.

Et moi qui savais à peine écrire! Je n'apprendrais donc jamais! Il faudrait donc en rester là!...[10] Comme je m'en voulais° maintenant du temps perdu, des classes manquées à courir les nids[11] ou à faire des glissades sur la Saar![12] Mes livres que tout à l'heure encore je trouvais si ennuyeux, si lourds à porter, ma grammaire, mon histoire sainte[13] me semblaient à présent de vieux amis qui me feraient beaucoup de peine à quitter. C'est comme M. Hamel. L'idée qu'il allait partir, que je ne le verrais plus, me faisait oublier les punitions, les coups de règle.

Pauvre homme!

C'est en l'honneur de cette dernière classe qu'il avait mis ses beaux habits du dimanche, et maintenant je comprenais pourquoi ces vieux du village étaient venus s'asseoir au bout de la salle. Cela semblait dire qu'ils regrettaient de ne pas y être venus plus souvent, à cette école. C'était aussi comme une façon de remercier notre maître de ses quarante ans de bons services, et de rendre leurs devoirs° à la patrie qui s'en allait...

respects

J'en étais là de mes réflexions,[14] quand j'entendis appeler mon nom. C'était mon tour de réciter. Que n'aurais-je pas donné[15] pour pouvoir dire tout au long° cette fameuse règle des participes, bien haut, bien clair, sans une faute? Mais je m'embrouillai° aux premiers mots, et je restai debout à me balancer dans mon banc, le cœur gros, sans oser lever la tête. J'entendais M. Hamel qui me parlait:

réciter sans arrêter
got mixed up

—Je ne te gronderai pas, mon petit Franz, tu dois être assez puni... voilà

---

8. **tricorne:** Les tricornes étaient populaires pendant la période de la Révolution Française.

9. **ne... allemand:** enseigner à présent seulement l'allemand

10. **Il... là:** *I would have to remain at that level (in my knowledge of French).*

11. **courir les nids:** monter dans les arbres pour enlever les nids *(birds' nests)*

12. **Saar:** rivière alsacienne

13. **mon histoire sainte:** un livre sur la religion (Il y avait des cours de religion à l'école.)

14. **J'en... réflexions:** Je pensais à toutes ces choses...

15. **Que... donné:** J'aurais donné n'importe quoi...

ce que c'est. Tous les jours on se dit: «Bah! j'ai bien le temps. J'apprendrai demain.» Et puis tu vois ce qui arrive... Ah! ç'a été le grand malheur de notre Alsace de toujours remettre son instruction à demain. Maintenant ces gens-là sont en droit° de nous dire: «Comment! Vous prétendiez être Français, et vous ne savez ni lire ni écrire votre langue!» Dans tout ça, mon pauvre Franz, ce n'est pas encore toi le plus coupable. Nous avons tous notre bonne part de reproches à nous faire.[16]

Vos parents n'ont pas assez tenu à vous voir instruits. Ils aimaient mieux vous envoyer travailler à la terre ou aux filatures° pour avoir quelques sous° de plus. Moi-même, n'ai-je rien à me reprocher? Est-ce que je ne vous ai pas souvent fait arroser mon jardin au lieu de travailler? Et quand je voulais aller pêcher des truites, est-ce que je me gênais° pour vous donner congé?...

Alors, d'une chose à l'autre, M. Hamel se mit à nous parler de la langue française, disant que c'était la plus belle langue du monde, la plus claire, la plus solide; qu'il fallait la garder entre nous et ne jamais l'oublier, parce que, quand un peuple tombe esclave, tant qu'il tient bien sa langue, c'est comme s'il tenait la clé de sa prison...[17] Puis il prit une grammaire et nous lut notre leçon. J'étais étonné de voir comme je comprenais. Tout ce qu'il disait me semblait facile, facile. Je crois aussi que je n'avais jamais si bien écouté et que lui non plus n'avait jamais mis autant de patience à ses explications. On aurait dit qu'avant de s'en aller le pauvre homme voulait nous donner tout son savoir,[18] nous le faire entrer dans la tête d'un seul coup.°

La leçon finie, on passa à l'écriture. Pour ce jour-là, M. Hamel nous avait préparé des exemples[19] tout neufs, sur lesquels était écrit en belle ronde:° *France, Alsace, France, Alsace.* Cela faisait comme° des petits drapeaux qui flottaient tout autour de la classe, pendus à la tringle° de nos pupitres.[20] Il fallait voir comme chacun s'appliquait, et quel silence! On n'entendait rien que° le grincement des plumes sur le papier. Un moment, des hannetons° entrèrent; mais personne n'y fit attention, pas même les tout-petits, qui s'appliquaient à tracer leurs *bâtons*,[21] avec un cœur, une conscience, comme si cela encore était du français... Sur la toiture de l'école, des pigeons roucoulaient tout bas, et je me disais en les écoutant: «Est-ce qu'on ne va pas les obliger à chanter en allemand, eux aussi?»

De temps en temps, quand je levais les yeux de dessus ma page, je voyais M. Hamel immobile dans sa chaire et fixant les objets autour de lui,[22]

---

16. **Nous... faire:** Nous sommes tous coupables.

17. **tant... prison:** La langue maternelle peut être une source de liberté pour un peuple subjugué. On garde sa culture, son héritage et sa personnalité français grâce à la langue.

18. **nous... savoir:** nous enseigner ce jour-là tout ce qu'il savait

19. **exemples:** Les élèves devaient copier ces exemples pendant la leçon d'écriture.

20. *Handwriting samples were attached to small rods sticking up from the desks.*

21. **bâtons:** *(strokes) Very young pupils who were just learning to write practiced making strokes and circles.*

22. **fixant... lui:** regardant intensément les objets (pour ne pas les oublier)

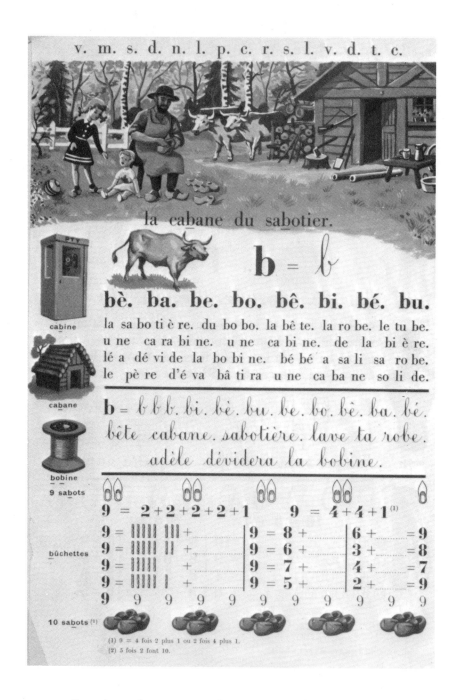

la cabane du sabotier.

comme s'il avait voulu emporter dans son regard toute sa petite maison d'école... Pensez! depuis quarante ans, il était là à la même place, avec sa cour en face de lui et sa classe toute pareille. Seulement les bancs, les pupitres s'étaient polis, frottés par l'usage; les noyers° de la cour avaient

walnut trees

encerclait

ici: localité ou province

grandi, et le houblon[23] qu'il avait planté lui-même enguirlandait° maintenant les fenêtres jusqu'au toit. Quel crèvecœur ça devait être pour ce pauvre homme de quitter toutes ces choses, et d'entendre sa sœur qui allait, venait, dans la chambre au-dessus, en train de fermer leurs malles! Car ils devaient
5 partir le lendemain, s'en aller du pays° pour toujours.

Tout de même, il eut le courage de nous faire la classe jusqu'au bout. Après l'écriture, nous eûmes la leçon d'histoire; ensuite les petits chantèrent tous ensemble le *ba be bi bo bu.*[24] Là-bas, au fond de la salle, le vieux Hauser avait mis ses lunettes, et, tenant son abécédaire à deux mains, il
10 épelait les lettres avec eux. On voyait qu'il s'appliquait lui aussi; sa voix tremblait d'émotion, et c'était si drôle de l'entendre que nous avions tous envie de rire et de pleurer. Ah! je m'en souviendrai de cette dernière classe...

Tout à coup, l'horloge de l'église sonna midi, puis l'angélus.[25] Au même
15 moment, les trompettes des Prussiens qui revenaient de l'exercice éclatèrent sous nos fenêtres... M. Hamel se leva, tout pâle, dans sa chaire. Jamais il ne m'avait paru si grand.

—Mes amis, dit-il, mes... je... je...

Mais quelque chose l'étouffait. Il ne pouvait pas achever sa phrase.
20 Alors il se tourna vers le tableau, prit un morceau de craie et, en appuyant de toutes ses forces, il écrivit aussi gros qu'il put:

Vive la France!

Puis il resta là, la tête appuyée au mur, et, sans parler, avec sa main, il nous faisait signe: «C'est fini... allez-vous-en.»

EXERCICES DE COMPRÉHENSION

Vrai/faux Indiquez si le sens des phrases suivantes est vrai ou faux selon le texte. S'il est faux, corrigez-le. Ne vous contentez pas d'utiliser ou de supprimer les mots négatifs.

1. Au commencement du conte, Franz avait grande envie d'aller à l'école.
2. Les enfants faisaient des exercices dans le pré.
3. Les gens du village lisaient les affiches qui donnaient des renseignements sur la guerre.

---

23. **houblon:** *(hop vine)* On fait la bière avec du houblon. La bière alsacienne est très célèbre.

24. **ba be bi bo bu:** leçon de prononciation *(phonetic approach to reading, see p. 170)*

25. **l'angélus:** Dans la liturgie catholique c'est la prière de dévotion qui se dit le matin, à midi et le soir. Le son de la cloche qui annonce que c'est l'heure de la prière s'appelle aussi l'angélus.

4. D'ordinaire, au commencement de la classe, les élèves faisaient beaucoup de bruit.
5. Quand Franz est entré dans l'école les élèves récitaient leurs leçons.
6. M. Hamel a grondé Franz sévèrement.
7. Les Prussiens étaient assis au fond de la salle de classe.
8. Le Prussien Hauser avait apporté de nouveaux ordres de Berlin.
9. M. Hamel a dit que le lendemain il enseignerait l'allemand aux élèves.
10. M. Hamel a annoncé aux élèves que selon l'ordre de Berlin, l'allemand serait la seule langue enseignée dans les écoles de l'Alsace et de la Lorraine.
11. L'ordre qui est venu de Berlin a rendu Franz très heureux.
12. Franz a récité la fameuse règle des participes sans une seule faute.
13. M. Hamel a dit qu'il faudrait oublier le français afin de ne pas être mis en prison.
14. Ce jour-là, les élèves se sont appliqués à leurs études.
15. M. Hamel enseignait dans cette même école depuis vingt ans.
16. M. Hamel et sa sœur allaient quitter la France.
17. Le nouveau maître devait arriver le lendemain.
18. Avant son départ, M. Hamel a crié: «Vive la France!»

Résumé   La scène ci-dessous ne représente qu'une partie du conte. Faites un résumé de «La Dernière Classe» en racontant

1. les événements qui précèdent cette scène
2. ce qui se passe dans cette illustration
3. ce qui se passe après

Questions de compréhension

Ecrivez en français les réponses aux questions suivantes. Formulez vos propres réponses. Essayez de ne pas copier les phrases du texte.

1. Pourquoi Franz a-t-il eu l'idée de manquer la classe?
2. Qui était dans le pré? Qu'est-ce qu'ils faisaient?
3. Qui était près de la mairie? Qu'est-ce qu'ils faisaient? Pourquoi?
4. Pourquoi Franz croyait-il qu'il pouvait entrer dans l'école sans être vu?
5. Pourquoi Franz n'a-t-il pas pu cacher son entrée ce jour-là?
6. Comment M. Hamel a-t-il reçu Franz?
7. Qu'est-ce que Franz a remarqué au sujet des vêtements de M. Hamel?
8. Qui était assis au fond de la salle? Précisez.
9. Qu'est-ce que M. Hamel a annoncé aux enfants? Quel ordre était venu de Berlin?
10. Comment Franz a-t-il réagi à cette information? Etait-il un étudiant modèle? Expliquez.
11. Pourquoi M. Hamel s'était-il habillé différemment ce jour-là?
12. Pourquoi quelques habitants du village sont-ils venus à l'école ce jour-là?
13. Pourquoi Franz avait-il le cœur gros quand est venu son tour de réciter?
14. Selon M. Hamel, pourquoi les Alsaciens ne savent-ils ni parler ni écrire leur langue?
15. Selon M. Hamel, qui est coupable? Précisez.
16. Pourquoi, selon M. Hamel, les Alsaciens ne doivent-ils jamais oublier la langue française?
17. Qu'est-ce que M. Hamel avait préparé pour la leçon d'écriture? Pourquoi? A quoi ressemblaient les exemples d'écriture?
18. Où était la sœur de M. Hamel? Qu'est-ce qu'elle faisait? Pourquoi?
19. Est-ce que M. Hamel a arrêté la classe après la leçon d'écriture? Expliquez.
20. Décrivez la fin du conte, du moment où l'angélus a sonné jusqu'à la conclusion.

Réactions orales ou écrites

A. SYNTHESE DU TEXTE

1. Il y a beaucoup de choses qui rendent cette «dernière classe» différente d'une classe ordinaire dans cette petite école alsacienne. Discutez de ces différences.
2. Qu'est-ce que vous savez de M. Hamel? Trouvez dans le conte ce qui le décrit. Qu'est-ce que vous pouvez ajouter d'après votre propre interprétation?
3. Décrivez Franz. Ajoutez d'autres détails que Daudet aurait pu inclure. Pensez aussi à ce que vous savez personnellement des petits garçons de cet âge.

B. REACTION PERSONNELLE

1. Vous êtes l'inventeur d'une nouvelle machine à remonter le temps *(time machine)* qui vous a transporté à travers les siècles. Vous êtes à présent en 1871 en Alsace. Heureusement vous veniez juste de lire un bon livre d'histoire

sur les provinces d'Alsace et de Lorraine. Quelle est votre réaction à l'ordre de Berlin? Que faites-vous?

2. Assumez l'identité de Franz. Vous avez grandi et vous avez quarante ans. Où habitez-vous? Quelle langue parlez-vous? Racontez à vos enfants vos souvenirs de cette dernière classe.

3. Vous êtes dramaturge. Vous voulez écrire une pièce basée sur «La Dernière Classe». On vous a signalé un millionnaire qui s'intéresse au théâtre. Persuadez-le de financer votre projet.

4. Supposez que «La Dernière Classe» se termine au moment où M. Hamel annonce la nouvelle de l'ordre de Berlin. En utilisant votre imagination, créez une autre fin pour ce conte.

5. M. Hamel a refusé de quitter son école. Le nouveau maître allemand arrive. Imaginez un dialogue entre les deux instituteurs dans lequel M. Hamel essaie de convaincre l'autre que le français et l'allemand peuvent coexister. Quels arguments M. Hamel présente-t-il? Et l'instituteur allemand? Quel en est le résultat?

6. Racontez ce conte du point de vue de la sœur de M. Hamel. Quelles pensées lui viennent à l'esprit alors qu'elle fait les valises?

12

CLOTAIRE A DES LUNETTES

PAR
RENÉ GOSCINNY

ILLUSTRÉ PAR
JEAN-JACQUES SEMPÉ

RENÉ GOSCINNY (1926–1977)

On November 5, 1977, the world lost one of its finest humorists. René Goscinny died of a heart attack at the age of fifty-one in Paris. Goscinny is best known as the author of the successful comic strip series *Astérix,* the innovative creation of Goscinny and illustrator Albert Uderzo. He is also well known for his series of children's books, *Le Petit Nicolas.* Nicolas, the narrator and main character in the stories, reminds the American reader of Charlie Brown of *Peanuts.* Working with Goscinny, the celebrated cartoonist Jean-Jacques Sempé provided the sprightly illustrations that enhance the Nicolas stories.

Whereas Nicolas and his friends are 20th-century children, the diminutive Astérix lives in the setting of ancient Gaul, considered by most French people to be their common ancestral home. The *Astérix* series combines history and humor with the incongruous presence of modern attitudes, institutions, and speech, bringing sophistication to the art of the comic strip. *Astérix* captured the heart of France. It has been translated into dozens of languages, published in book form, broadcast on the radio, and recorded on records. In 1965 it even lent its name to a French satellite.

Born in Paris, Goscinny spent his childhood in Buenos Aires, Argentina, where his parents had moved in 1928. Goscinny claims that as a schoolboy he was *un véritable guignol.* However, since he was also an excellent student, he successfully passed the *baccalauréat* in Argentina. At age seventeen, after the death of his father, Goscinny worked as an assistant accountant for a rubber factory. Later, he became an illustrator for an advertising firm. At the urging of an uncle who lived in the United States, Goscinny disembarked in New York at nineteen. Although he spoke little English, he was filled with dreams of becoming a cartoonist at Walt Disney studios, despite pressure from his family to find "a serious job." His years in the United States brought him into contact with the group of cartoonists that was later to found the popular *Mad* magazine. With their encouragement, he began to illustrate children's books. When the small publishing company for which he was working went bankrupt, the disillusioned Goscinny returned to France. A Belgian press agent finally gave him his "big break." Employing Albert Uderzo at the same time, the agent offered the two newcomers the chance to direct a branch of his newspaper in Paris. Thus began for both men a collaborative and mutually rewarding twenty-six-year career.

Throughout his long and difficult climb to success, Goscinny always maintained " ... *le goût, l'obsession de faire rire.*" When an interviewer from *L'Express*[1] asked him to explain the reasons behind his success, Goscinny replied, " ... *Je crois que si je réussis, c'est parce que je suis essentiellement un amuseur. Je ne suis pas moraliste, je ne donne pas de leçons, je n'ai jamais pu me prendre au sérieux, et j'aime faire rire.*"[2]

---

1. **L'Express:** une revue hebdomadaire française semblable à *Time.*

2. Goscinny, René. «L'Empire d'Astérix: L'Express va plus loin avec René Goscinny» *L'Express,* 22–28 July, 1974, p. 62, cols. 1–2.

The children's books about *le petit Nicolas* are an excellent example of Goscinny's ability to make people laugh. The combination of Sempé's sketches and Goscinny's text has resulted in a universally appealing collection of stories destined to amuse both adults and children.

JEAN-JACQUES SEMPÉ (1932–   )

Jean-Jacques Sempé was born in Bordeaux in 1932. An indifferent and rebellious student, he completed his secondary education and his military service, then went to Paris to become an artist. Sempé's drawings were first published when he was nineteen years old, and he has enchanted the reading public ever since. He is now one of France's most talented and popular cartoonists. Sempé's sketches have appeared in every major French newspaper and magazine. He has published numerous books of cartoons, and his work has been exhibited in galleries in France and abroad. British readers of *Punch* and American followers of *The New Yorker* and *Sports Illustrated* are also frequently treated to the pleasure of Sempé's winsome humor.

Sempé prefers to convey an atmosphere rather than to prove a point or to moralize. He succeeds admirably, displaying as well keen insight into human nature with his whimsical portrayal of a child's world in the Nicolas stories.

Among the many Sempé titles are: *Rien n'est simple* (1962), *Des Hauts et des bas* (1970), *Bonjour, bonsoir* (1974), *Simple question d'équilibre* (1977), and *Les Musiciens* (1979). Several of Sempé's albums have been published in American editions.

PRÉPARATION À LA LECTURE

Le Langage du petit Nicolas et de ses copains

Le français que Goscinny a employé dans cette série diffère beaucoup de celui qu'on trouve dans les autres lectures de ce texte. C'est un français de tous les jours—un français qui s'entend au foyer et à l'école.

Notez par exemple:

1. L'emploi à la fois d'un **nom** et d'un **pronom** pour accentuer l'emphase sur la personne, l'objet ou l'idée dont on parle.

   a. Moi, ça **m**'a un peu étonné...   *(As for) Me, that surprised me a little...*

   b. Tu **les** veux sur la figure, **mes grosses mains**...   *You want them in your face, my big hands... (or) You want these big hands of mine in your face?*

2. L'emploi du pronom personnel **on** avec le sens de **nous.** Les pronoms et les

adjectifs qui se rapportent à **on** s'accordent souvent comme si **nous** avait été utilisé:

a. ... et **nous on** a été bien contents

(As for) Us, we were very happy...

b. **On** va **tous** demander à **nos** papas de **nous** acheter des lunettes...

We're all going to ask our Dads to buy us glasses.

3. La construction négative où le **ne** est souvent omis dans le langage populaire:

a. ... c'est pas le moment de rigoler.
b. ... j'aime pas trop quand on me dit que je suis un grand garçon...

4. L'élision entre le mot **tu** et la voyelle du verbe suivant dans le langage populaire:

a. **t**'as vu...?
b. **T**'es bête!

5. L'emploi des pronoms compléments. Même les enfants français savent très bien se débrouiller avec ces pronoms—dont l'usage est tellement difficile à assimiler pour les étudiants américains!

a. Et puis j'ai passé les lunettes à Geoffroy, qui **les** a prêtées à Rufus, qui **les** a mises à Joachim, qui **les** a données à Maixent, qui **les** a jetées à Eudes qui **nous** a fait bien rigoler...

b. ... quand Alceste aurait les mains sèches, il voudrait bien **les lui** prêter, les lunettes.

Etablissons les faits!

A. EXPERIENCE PERSONNELLE

1. Regardez les illustrations du conte. Certains détails vous rappellent-ils vos premières années à l'école? Comparez ces images avec vos souvenirs de l'école élémentaire.
2. Réfléchissez un peu au groupe d'enfants avec qui vous êtes allé à l'école élémentaire. Quels traits caractéristiques les différenciaient les uns des autres?
3. Pensez-vous que les enfants sont parfois cruels les uns envers les autres? Dans quelles circonstances?

B. VUE PANORAMIQUE

1. Où se passe l'action de ce conte?
2. Qui raconte l'histoire?
3. Comment s'appellent les autres personnages?
4. Pourquoi l'auteur a-t-il choisi «Clotaire a des lunettes» comme titre?
5. Comment les autres élèves ont-ils réagi en voyant Clotaire avec des lunettes?
6. Est-ce que les lunettes ont aidé Clotaire à la fin?

Introduction aux contes du petit Nicolas

Le conte qu'on va lire dans ce chapitre a été tiré de la série *Le Petit Nicolas*. «Clotaire a des lunettes» est un des contes dans *Le Petit Nicolas et les copains*. Les quatre autres livres de la série s'appellent: *Le Petit Nicolas, Les Vacances du petit Nicolas, Les Récrés du petit Nicolas,* et *Joachim a des ennuis*. Tous les contes sont racontés par Nicolas, un petit garçon d'à peu près sept ou huit ans. Avec ses nombreux copains, il partage les joies, les problèmes, les plaisirs et les frustrations de vivre dans un monde où les adultes semblent parfois se conduire comme des enfants, et où la perception enfantine du monde semble être la plus sensée. Quand un interviewer de *L'Express* a demandé à Goscinny s'il avait basé les contes sur sa propre vie d'enfant, il a répondu: «... Le petit Nicolas n'était pas du tout moi, mais j'étais un peu son camarade Alceste lorsqu'il pensait à l'odeur des petits pains au chocolat. Ou, tour à tour, n'importe lequel de la bande.»[1]

Goscinny a dit qu'il a récrit chaque conte dans la série au moins cinq fois, mais le langage et l'humour donnent l'impression d'être tout à fait spontanés. Les

---

1. Goscinny, René. «L'Empire d'Astérix: L'Express va plus loin avec René Goscinny» *L'Express*, 22-28 July, 1974, p. 63, col. 1.

circonstances comiques dans lesquelles les enfants se trouvent, soit à l'école soit au foyer, ne prêchent pas la moralité, mais attirent le lecteur par leur vue sensible et fraîche de l'univers enfantin.

CLOTAIRE A DES LUNETTES!

chez l'opticien

beaucoup de

the glasses "thing"

élève préféré

super

QUAND Clotaire est arrivé à l'école, ce matin, nous avons été drôlement étonnés, parce qu'il avait des lunettes sur la figure. Clotaire, c'est un bon copain, qui est le dernier de la classe,[1] et il paraît que c'est pour ça[2] qu'on lui a mis des lunettes.

5 —C'est le docteur, nous a expliqué Clotaire, qui a dit à mes parents que si j'étais dernier, c'était peut-être parce que je ne voyais pas bien en classe. Alors, on m'a emmené dans le magasin à lunettes° et le monsieur des lunettes m'a regardé les yeux avec une machine qui ne fait pas mal, il m'a fait lire des tas de° lettres qui ne voulaient rien dire et puis il m'a donné des 10 lunettes, et maintenant, bing! je ne serai plus dernier.

Moi, ça m'a un peu étonné, le coup des lunettes,° parce que si Clotaire ne voit pas en classe, c'est parce qu'il dort souvent, mais peut-être que les lunettes, ça l'empêchera de dormir.[3] Et puis c'est vrai que le premier[1] de la classe c'est Agnan, et c'est le seul qui porte des lunettes, même que c'est 15 pour ça qu'on ne peut pas lui taper dessus[4] aussi souvent qu'on le voudrait.

AGNAN, il n'a pas été content de voir que Clotaire avait des lunettes. Agnan, qui est le chouchou° de la maîtresse, a toujours peur qu'un copain soit premier à sa place, et nous on a été bien contents de penser que le premier, maintenant, ce serait Clotaire, qui est un chouette° copain.

---

1. **dernier... classe:** Avant 1968, on utilisait un système de classement dans les écoles françaises. Les élèves étaient classés «premier, deuxième... dernier» selon leurs notes. Le classement a été éliminé entre 1968 et 1969.

2. **ça:** Dans le langage populaire, on utilise souvent **ça** pour remplacer une personne, une chose ou une idée.

3. **ça... dormir:** Il ne pourra pas dormir à cause des lunettes.

4. **lui... dessus:** (**taper dessus** = *to punch, to "hit on"*) On emploie **taper dessus** avec le pronom complément d'object indirect, jamais avec un nom.

Nyah! Nyah! Nyah!

No kidding! (v. blaguer)

*ici: formidable,
extraordinaire*
cheating (v. tricher)

hiccups

ici: disputes, problèmes
imposerai des punitions
sévères

ici: possessions

—T'as vu mes lunettes? a demandé Clotaire à Agnan. Maintenant, je vais être le premier en tout, et ce sera moi que la maîtresse enverra chercher les cartes et qui effacerai le tableau! La la lère!°

—Non, monsieur! Non, monsieur! a dit Agnan. Le premier, c'est moi!
5 Et puis d'abord, tu n'as pas le droit de venir à l'école avec des lunettes!

—Un peu que j'ai le droit,[5] tiens, sans blague!° a dit Clotaire. Et tu ne seras plus le seul sale[6] chouchou de la classe! La la lère!

—Et moi, a dit Rufus, je vais demander à mon papa de m'acheter des lunettes, et je serai premier aussi!

10 —On va tous demander à nos papas de nous acheter des lunettes, a crié Geoffroy. On sera tous premiers et on sera tous chouchous!

Alors, ça a été terrible,° parce qu'Agnan s'est mis à crier et à pleurer; il a dit que c'était de la triche,° qu'on n'avait pas le droit d'être premiers, qu'il se plaindrait, que personne ne l'aimait, qu'il était très malheureux, qu'il 15 allait se tuer, et le Bouillon[7] est arrivé en courant. Le Bouillon, c'est notre surveillant,[8] et un jour je vous raconterai pourquoi on l'appelle comme ça.

—Qu'est-ce qui se passe ici? a crié le Bouillon. Agnan! qu'est-ce que vous avez à pleurer comme ça? Regardez-moi bien dans les yeux et répondez-moi!

20 —Ils veulent tous mettre des lunettes! lui a dit Agnan en faisant des tas de hoquets.°

Le Bouillon a regardé Agnan, il nous a regardés nous, il s'est frotté la bouche avec la main,[9] et puis il nous a dit:

—Regardez-moi tous dans les yeux! Je ne vais pas essayer de compren-25 dre vos histoires:° tout ce que je peux vous dire, c'est que si je vous entends encore, je sévirai!° Agnan, allez boire un verre d'eau sans respirer, les autres, à bon entendeur, salut![10]

Et il est parti avec Agnan, qui continuait à faire des hoquets.

—Dis, j'ai demandé à Clotaire, tu nous les prêteras, tes lunettes, quand 30 on sera interrogés?

—Oui, et pour les compositions![11] a dit Maixent.

—Pour les compositions, je vais en avoir besoin, a dit Clotaire, parce que si je ne suis pas le premier, papa saura que je n'avais pas mes lunettes et ça va faire des histoires parce qu'il n'aime pas que je prête mes affaires;° 35 mais pour les interrogations, on s'arrangera.

---

5. **Un... droit:** *I do so have the right!*

6. **sale (v. salir):** (sens litéral = *dirty*) On utilise souvent **sale** dans les insultes. Ici le mot a le sens de **désagréable**, le contraire de **chouette**.

7. **le Bouillon:** nom donné par les élèves au surveillant qui dit toujours «Regardez-moi dans les yeux!» Dans le bouillon, il y a des yeux: «les yeux du bouillon» veut dire *specks of fat on soup*.

8. **le surveillant:** une personne chargée de maintenir la discipline à l'école.

9. **il... main:** Il s'est passé la main sur la bouche, un geste français qui indique un air sévère.

10. **á... salut:** *"A word to the wise is sufficient."*

11. **compositions:** Une composition (*test, essay*) est écrite et reçoit d'habitude une note. Une interrogation (*quiz*) peut être orale ou écrite.

ici: out of focus

rire, s'amuser

through (them) /
travail difficile

C'est vraiment un chouette copain, Clotaire, et je lui ai demandé de me prêter ses lunettes pour essayer, et vraiment je ne sais pas comment il va faire pour être premier, Clotaire, parce qu'avec ses lunettes on voit tout de travers,° et quand on regarde ses pieds, ils ont l'air d'être très près de la
5 figure. Et puis j'ai passé les lunettes à Geoffroy, qui les a prêtées à Rufus, qui les a mises à Joachim, qui les a données à Maixent, qui les a jetées à Eudes qui nous a fait bien rigoler° en faisant semblant de loucher,¹² et puis Alceste a voulu les prendre, mais là il y a eu des histoires.

—Pas toi, a dit Clotaire. Tu as les mains pleines de beurre à cause de tes
10 tartines¹³ et tu vas salir mes lunettes, et ce n'est pas la peine d'avoir des lunettes si on ne peut pas voir à travers,° et c'est un drôle de travail° de les nettoyer, et papa me privera de télévision si je suis de nouveau dernier parce qu'un imbécile a sali mes lunettes avec ses grosses mains pleines de beurre!

ET CLOTAIRE a remis ses lunettes, mais Alceste n'était pas content.
15 —Tu les veux sur la figure, mes grosses mains pleines de beurre? il a demandé à Clotaire.

—Tu ne peux pas me taper dessus, a dit Clotaire. J'ai des lunettes. La la lère!

—Eh ben, a dit Alceste, enlève-les, tes lunettes!
20 —Non, monsieur, a dit Clotaire.

cowards

—Ah! les premiers de la classe, a dit Alceste, vous êtes tous les mêmes! Des lâches!°

—Je suis un lâche, moi? a crié Clotaire.

—Oui, monsieur, puisque tu portes des lunettes! a crié Alceste.
25 —Eh ben, on va voir qui est un lâche! a crié Clotaire, en enlevant ses lunettes.

Ils étaient drôlement furieux, tous les deux, mais ils n'ont pas pu se battre parce que le Bouillon est arrivé en courant.

What now?

—Quoi encore?° il a demandé.
30 —Il veut pas que je porte des lunettes! a crié Alceste.

—Et moi, il veut mettre du beurre sur les miennes! a crié Clotaire.

Le Bouillon s'est mis les mains sur la figure et il s'est allongé les joues, et quand il fait ça, c'est pas le moment de rigoler.

---

12. **en... loucher:** *while pretending to cross his eyes*

13. **tartine:** C'est une tranche de pain, recouverte de beurre et/ou de confiture. En France, on prend souvent des tartines pour le petit déjeuner et à quatre heures pour la collation.

—Regardez-moi bien dans les yeux, vous deux! a dit le Bouillon. Je ne sais pas ce que vous avez encore inventé, mais je ne veux plus entendre parler de lunettes! Et pour demain, vous me conjuguerez le verbe: «Je ne dois pas dire des absurdités pendant la récréation, ni semer le désordre,
5 obligeant de la sorte M. Le Surveillant à intervenir.» A tous les temps de l'indicatif.

Et il est allé sonner la cloche pour entrer en classe.

line — Dans la file,° Clotaire a dit que quand Alceste aurait les mains sèches, il voudrait bien les lui prêter, les lunettes. C'est vraiment un chouette copain,
10 Clotaire.

wiped — En classe—c'était géographie—Clotaire a fait passer les lunettes à Alceste, qui s'était bien essuyé° ses mains sur le veston. Alceste a mis les lunettes, et puis là il n'a pas eu de chance, parce qu'il n'a pas vu la maîtresse qui était juste devant lui.

15 —Cessez de faire le clown, Alceste! a crié la maîtresse. Et ne louchez
In the meantime pas! S'il vient un courant d'air, vous resterez comme ça! En attendant,° sortez!

Et Alceste est sorti avec les lunettes, il a failli se cogner dans la porte,[14] et puis la maîtresse a appelé Clotaire au tableau.

20 Et là, bien sûr, sans les lunettes ça n'a pas marché: Clotaire a eu zéro.

14. **il... porte:** *He almost bumped into the door...*

EXERCICES DE COMPRÉHENSION

Vocabulaire   **A.** Recherchez les mots et les expressions suivants dans le conte pour vérifier votre compréhension.

1.	drôlement	**12.**	sévir
2.	des tas de	**13.**	faire des histoires
3.	taper dessus	**14.**	rigolo
4.	le chouchou	**15.**	faire semblant de
5.	chouette	**16.**	un(e) drôle de
6.	la la lère!	**17.**	priver de
7.	sans blague!	**18.**	se battre
8.	sale	**19.**	le surveillant
9.	terrible	**20.**	faire le clown*
10.	la triche	**21.**	faillir + infinitif
11.	faire des hoquets	**22.**	rigoler

*Faire le guignol** et **faire le pitre** sont des expressions synonymes.

B. Parlons comme Nicolas et ses copains! En utilisant le vocabulaire de l'exercice A, remplacez les mots en italique par un mot ou une expression synonyme. Attention aux changements nécessaires.

1. Je trouve cette idée *très* bizarre.
2. Papa s'est mis à *rire*.
3. Agnan est *l'élève préféré* de la maîtresse.
4. *Le Bouillon va imposer des punitions sévères* si nous *sommes méchants*.
5. *Je ne plaisante pas.*
6. Je ne veux pas essayer tes lunettes *stupides*.
7. Alceste *faisait comme s'il louchait.*
8. C'était *vraiment amusant. Nous avons presque ri.*
9. Ils faisaient *beaucoup* de fautes.
10. Clotaire est un *bon* copain.
11. Eudes m'a *frappé.*
12. Nos mamans vont nous *refuser le* dessert.
13. Agnan *avait des contractions spasmodiques du diaphragme.*
14. On va avoir un été *formidable.*

Résumé   Faites un résumé du conte en utilisant les mots et les expressions ci-dessous dans l'ordre donné. Attention aux changements nécessaires. Faites des phrases complètes en ajoutant les détails qui conviennent.

1. Clotaire / arriver / des lunettes
2. Clotaire / le dernier
3. Agnan / le premier / le seul / le chouchou
4. Clotaire / dire / le premier parce que
5. Tous les garçons / demander / papas
6. Agnan / se mettre à

7. Le surveillant / arriver / demander
8. Agnan / essayer / expliquer / faire des hoquets
9. Nicolas / demander / Clotaire / prêter
10. Nicolas / essayer / de travers
11. Tous les garçons / essayer
12. Alceste / les mains / beurre / tartines
13. Clotaire / prêter / Alceste / salir
14. Alceste / lâche
15. Clotaire et Alceste / se battre / le Bouillon
16. Alceste / essuyer / et Clotaire / passer
17. Alceste / essayer / et voir / la maîtresse
18. la maîtresse / sortir
19. la maîtresse / appeler / zéro

Questions de compréhension

Écrivez en français les réponses aux questions suivantes. Formulez vos propres réponses. Essayez de ne pas copier les phrases du texte.

1. Pourquoi Nicolas et ses copains ont-ils été étonnés quand Clotaire est arrivé à l'école?
2. Quelle sorte d'élève est Clotaire?
3. Quelle raison le docteur a-t-il donnée aux parents de Clotaire pour expliquer le classement de leur fils?
4. Selon Nicolas, pourquoi Clotaire ne voit-il pas bien en classe?
5. Qui est Agnan? Qu'est-ce que vous savez de lui?
6. Qu'est-ce que Nicolas et ses copains pensent d'Agnan? de Clotaire?
7. Qu'est-ce que la maîtresse demande à son chouchou de faire?
8. Quelle a été la réaction d'Agnan quand il a vu Clotaire? Pourquoi ont-ils commencé à se disputer?
9. Qu'est-ce que tous les garçons vont demander à leur papa d'acheter? Pourquoi?
10. Qui est le Bouillon? Pourquoi est-il arrivé en courant?
11. Quelle phrase le Bouillon répète-t-il souvent?
12. Dans quelles circonstances Clotaire va-t-il prêter ses lunettes?
13. Pourquoi Clotaire ne veut-il pas prêter ses lunettes à Alceste?
14. Pourquoi Alceste appelle-t-il Clotaire un lâche?
15. Pourquoi le surveillant est-il arrivé cette fois? Quelle punition impose-t-il aux garçons?
16. Pourquoi Clotaire prête-t-il ses lunettes à Alceste en classe?
17. Pourquoi Alceste est-il obligé de sortir de la classe?
18. Décrivez la fin du conte. Pourquoi est-elle vraiment ironique?

Réactions orales ou écrites

REACTION PERSONNELLE

1. Le surveillant a dit à Agnan de boire un verre d'eau sans respirer pour arrêter

les hoquets. Quels remèdes connaissez-vous contre les hoquets? En avez-vous un qui soit efficace?

2. Qu'est-ce que vos parents auraient fait si vous aviez été le dernier de la classe? Quels excuses auriez-vous fabriqués pour justifier votre classement à vos parents?

3. Quand vous étiez à l'école élémentaire, y avait-il un chouchou dans votre classe? Décrivez cette personne. Qu'est-ce que l'instituteur (l'institutrice) lui demandait de faire? Quelle opinion les autres élèves avaient-ils de ce chouchou? Pourquoi?

4. Aviez-vous des copains ou des copines qui faisaient le clown en classe? Que faisaient-ils? Est-ce que l'instituteur (l'institutrice) les punissait? Si oui, comment?

5. A la page 183, la maîtresse dit, «S'il vient un courant d'air, vous resterez comme ça!» Expliquez cette admonition. En grandissant, on entend beaucoup d'admonitions. Y en a-t-il quelques-unes dont vous vous souvenez? Lesquelles?

6. Deviez-vous porter des lunettes quand vous étiez petit? Qu'est-ce que vous avez ressenti la première fois que vous les avez mises pour aller à l'école? Qu'est-ce qui s'est passé?

7. Racontez un incident rigolo qui a eu lieu dans une de vos classes quand vous étiez petit.

8. Que pensez-vous d'un système de classement où les élèves sont classés du premier au dernier, selon leurs notes?

9. Racontez ce conte du point de vue d'Agnan.

B. VOUS ETES RENÉ GOSCINNY. Ecrivez un conte. Sélectionnez le narrateur de l'histoire (Nicolas, Clotaire, Agnan, Alceste, ou...?) et inspirez-vous du style de «Clotaire a des lunettes». Utilisez le plus possible le vocabulaire et les constructions grammaticales discutées dans ce chapitre. Si vous n'arrivez pas à choisir un sujet, en voici quelques possibilités.

a. Clotaire devient premier de la classe.
b. Nicolas apporte une grenouille à l'école pour sa classe de biologie.
c. La maîtresse est malade et il y a une remplaçante.
d. Le directeur de l'école visite la classe.
e. La classe organise un pique-nique.

13

LE CHAMP DE TIR

PAR
JOSEPH KESSEL

JOSEPH KESSEL (1898–1979)

Joseph Kessel was born of Russian parents on November 10, 1898 in Clara, Argentina. His father, Samuel Kessel, after completing his medical studies at the University of Montpellier, France, went to Argentina to serve as a volunteer doctor in a refugee agricultural colony. When Joseph was a year old, his family moved from the Argentinian pampas back to Russia to the city of Orenbourg at the edge of the Ural mountains, where Europe borders Asia. When the boy was ten years old, the family was forced to flee Russia and emigrate to France, the country Kessel adopted and loved, and which was his home until his death on July 23, 1979.

Young Joseph lived with his family in Nice, where he attended a *lycée*. He continued his secondary education in Paris, then studied at the University there. After receiving his *licence,* he stayed on at the Sorbonne to earn an advanced diploma in literature. At the same time he became a student at the Conservatory for Dramatic Art. In need of financial assistance, he was able to find work and to become acquainted with the world of journalism at the *Journal des Débats.*

World War I broke out while Kessel was still a student. In 1916 he put aside his theatrical ambitions and enlisted as a pilot in the French Air Force. In 1918 he left with his squadron for the Far East, beginning a journey that, by the time he returned to France in 1919, had become virtually a world tour. The day after the armistice was signed, Kessel was sent to the United States, and then to join the French general staff in Siberia. There he became acquainted with the Cossacks and their leader, Ataman Semenov. Kessel's later literary works reflect these adventures, which furnished astonishing pages about the Russia of 1918 and the confrontations between the Bolsheviks and the White Russians. For his service in World War I, which he considered to be the *grande guerre,* Kessel was awarded the *Croix de Guerre* and the *Médaille Militaire.*

After he was discharged, Kessel returned to France. He was to become one of the great reporters of the century, and served as a correspondent for *Le Figaro, France-Soir, Le Matin,* and most other major French newspapers. His journalistic career began in 1920 when he was sent to cover the Sinn Fein uprising in Ireland. He was the first to bring back on-site reports of the efforts to liberate the country. In the 1920's and 1930's he traveled widely both as a journalist and on his own. He became established as a superlative writer of action and adventure stories, with a special talent for conveying the atmosphere of the exotic places in which he set his novels. He was a reporter in Palestine (1924), crossed the Abyssinian desert to surprise the slave merchants of the Red Sea (1930), and served in Berlin (1932) and in Spain (1936).

As a reporter, Kessel tried to reenter Russia, for he yearned to visit the country of his childhood. This fabulous and mysterious land of his memories was now denied him, however, and he narrowly escaped being shot by the Bolsheviks.

Kessel served as a war correspondent in 1939 and 1940, but when he joined the Free French, his active and dangerous participation in the Resistance movement forced him to flee France. He escaped via Spain to London, where he joined General Charles de Gaulle and became part of a squadron charged with special missions in France.

After World War II Kessel resumed his career as a reporter and fiction writer. He continued his travels, visiting, among other places, India, East Africa, Burma, Hong Kong, and Afghanistan. His war experiences and his travels provided themes for much of his work throughout his life. Kessel's first literary success was *La Steppe rouge* (1922), which deals with the terror that accompanied the Russian Revolution. This work reflects Kessel's acute consciousness of his Russian ancestry and his fury and frustration at being excluded from his native land. The following year he published his most famous work, *L'Equipage*, which created the literature of aviation. It became a best-seller in France and made Kessel one of France's most widely read authors. It is still regarded as one of the finest novels about flying ever written. From World War II and the Resistance movement came *L'Armée des ombres* (1944). With this work Kessel set out to evoke a new France, one in which rebellion had become a duty. *L'Armée des ombres* was written in London, where Kessel also wrote *Le Chant des partisans*, a patriotic song composed with his nephew Maurice Druon one rainy day in a bar in Piccadilly Circus.

A voyage to Kenya inspired *Le Lion* (1958), a novel in the style of Hemingway that is now used as a classroom text. It is the story of a little girl who, deprived of a human object for her affections, has transferred them to a lion.

Kessel's literary legacy is a vast body of authentic representations of the world-shaking events that occurred during the first half of the 20th century. In addition to more than fifty novels, Kessel wrote a number of travel books, an account of Alcoholics Anonymous, several biographies, and screenplays. Kessel was awarded the *Grand Prix du Roman* by the *Académie Française* for his novel *Les Captifs* (1926), a somber tale about tuberculosis victims. At the age of sixty-nine, he compiled an extensive report on Afghanistan for the World Health Organization. On November 22, 1962 the *Académie Française* crowned his efforts by electing him to its ranks.

Kessel's physical appearance was impressive. He was a large, energetic-looking man with broad shoulders. His eyes were bright but they had a faraway look. His disorderly mop of hair resembled the mane of a savage lion. Jef, as all of his friends called him, had a strong voice marked by soft inflections that tempered the impression of power created by his general demeanor.

On July 25, 1979, young and old, rich and poor came to the Montparnasse cemetery to bid adieu to "Jef." His friend Léon Boussard remembers this simple phrase, spoken by a white-haired old man: *"Kessel, lui, c'était vraiment un chic type."*

Préparation à la Lecture

France and World War II (la deuxième guerre mondiale): an historical overview

THE DEFEAT (1940) By June of 1940 Hitler's Germany, with the help of Fascist Italy, was dominating much of western Europe. In 1938 Germany had annexed Austria and the Sudetenland, and by September of 1939 it had added Poland and Czechoslovakia to its list of conquests. On September 3, 1939, France declared war on Germany. On May 10, 1940, Hitler's army began its spring offensive. Marching victoriously through Belgium, the Netherlands, and Luxembourg, it arrived at the French border. On May 12, 1940, Germany attacked France through the Ardennes forest, across the Meuse River (see map, p. 194). On June 14 the Germans entered Paris, marching triumphantly through the Arch of Triumph and down the *Champs-Elysées*. Within six short weeks, France had fallen. An armistice between Germany and France was signed on June 25, 1940.

How could France be conquered so quickly? France's defeat can be explained in part in classic military terms: 1) the French troops were stretched too thinly along the Meuse; 2) communications between the various army units were slow; 3) the obsolete tactic of static line defense wasted excellent war matériel; and 4) the general morale was very low.

THE ARMISTICE (1940) Because of the imminent threat to Paris, French government officials had fled to Bordeaux on June 10. At the conclusion of their deliberations—from which those who adamantly opposed an armistice had been excluded—the last government of the Third Republic was formed on June 16–17. Field Marshal Henri-Philippe Pétain was chosen as its leader. One of his first priorities was to seek what he hoped would be reasonable terms for an armistice with Germany. When Pétain announced on June 17 that the fighting was to stop, the decision was received with relief and gratitude on the part of the French people. Fear of the horrors of war had caused chaos in northern and eastern France. In a mass exodus, thousands of citizens had fled their homes; essential public services had ground to a halt. Even though the armistice did not officially take effect until June 25, both citizens and soldiers took it upon themselves to make peace immediately. Anyone who wanted to fight on was a threat to the new hope for survival, and incidents of Frenchmen killing Frenchmen were not uncommon. All cities of more than 20,000 inhabitants were declared "open" to the Germans in order to avoid useless destruction, and smaller towns quickly followed suit. Not a single major public official openly opposed the armistice agreement.

Why did most of the French so quickly embrace the idea of an armistice with the Germans? Their reaction was caused by mistaken assumptions that the war was all but over and that Germany had won. Those who would have paid the immediate price of continued war had already tasted the effects of the German blitzkrieg,[1] and wanted no more. The French were convinced that Germany would soon conquer Britain and that a final peace was only weeks away. The French leaders hoped that if they agreed to an armistice and openly sought a peaceful working arrangement with the Germans, lenient peace terms would be made in the near future.

Alternatives to an armistice became unthinkable as the French instinctively shrank from the chaos engendered by war. Many feared that fighting against Germany would destroy Stalin's main enemy in the west and allow the forces of communism to infiltrate France. Fear of Germany's new weapons and rapid successes brought back memories of the blind waste of young men in World War I. Hitler himself helped to foster the desire for a truce by proposing lenient armistice terms in order to cajole the French out of continuing the fight from North Africa[2] or England. Such continued fighting would have split his forces before he was ready. France was divided into an occupied and an unoccupied zone (see map, p. 194). Hitler allowed the French government under Pétain to remain intact and to retain civil control over the free zone as long as it acted in line with the wishes of the German High Command. This policy allowed Hitler the time to decide on France's future and to turn Germany's military strength to more pressing war efforts against Britain.

Why were efforts to continue fighting from abroad so quickly abandoned by the new French government? All such efforts would have immediately undermined the armistice agreement. Germany would have extended its control over "Free France." The French government would not have been allowed to retain any control, leaving its citizens at the mercy of German policies. Any overt acts against Germany by French citizens overseas would have meant immediate reprisals against the mainland population. The conscious provocation of disorder wrought by guerrilla warfare would have caused unspeakable conditions for French citizens. The majority of the French simply wanted to return to normalcy, to salvage their shaken affairs, and to revive their economy.

VICHY The new French government was moved to Vichy, a health spa in the Massif Central. The 84-year-old Pétain, a national hero from World War I, was given full legislative and executive powers as "Head of the French State" under a new constitution. The only restriction was that he could not declare war without the approval of the Assembly. Pétain took his new role seriously. The actions of the Vichy government were conscious, deliberate choices. Pétain made many overtures to the Germans for a broad Franco-German peace settlement, seeking equal partnership in Hitler's "new order" and offering to earn that partnership by

---

1. **blitzkrieg:** rapid assault and destruction via combined mechanized land and air forces.

2. At this time, France possessed a vast colonial empire. Most of its colonies contributed both men and matériel to the task of liberating France throughout WW II. Shortly after the war, many of these colonies sought and eventually gained their independence.

helping Germany in the war against Britain. At the instigation of Pierre Laval,[3] the Vichy government scrupulously upheld its end of the armistice agreement. Germany did not. The Germans never permitted the French government to return to Paris, increasingly restricted its efforts to communicate with the occupied zone, and released French prisoners of war only when they were needed to help fight the British overseas. In addition, Hitler made more and more demands on the French economy, exacting heavy payments for occupation costs and demanding the production of German war matériel by French industry. He annexed Alsace-Lorraine to Germany, and expelled over 100,000 of its inhabitants who wished to retain their French citizenship.

The Germans largely ignored Pétain's overtures. The term "collaboration," an innocent word for "working together," turned into a synonym for high treason when the war in Europe ended and the Vichy officials were tried. The attempt to return to normalcy in 1940 eventually led the Vichy French toward increased complicity with German policy.

THE RESISTANCE Charles de Gaulle, a French general who had escaped to London in June of 1940, refused to accept the fact that France had been defeated, or to recognize the Vichy government. On June 18, he made an impassioned appeal to French patriots via a radio broadcast from London, exhorting them to continue the fight against the Germans anywhere, no matter what the cost. He was soon to be recognized by the Allies as the leader of the fighting French—the Resistance.

Why was there, at first, little response to de Gaulle's pleas? It was hard for the French to believe that the war was not over. A Resistance is nourished by hope, and in 1940 there was none. The very existence of the Vichy government confused the issue. Were the French to fight against their duly-elected new government and the fatherly Pétain? De Gaulle was in London. The logistics involved in joining him there were formidable, and any who did would be branded as outlaws by the Vichy government. There was also strong sentiment against Britain at this time. Churchill had ordered the French fleet in North Africa to be seized in order to prevent it from falling into German hands. In the process, over 1200 French sailors were killed. Those sympathetic to a Resistance felt that by working with the British, they would simply be exchanging one enemy for another. Therefore, de Gaulle's recruits in 1940 were primarily soldiers and officials from French Equatorial Africa, sturdy Breton fishermen, and a few Frenchmen already overseas. There were only minor episodes of overt resistance and only a few measures of repression on the part of the Germans. The outlaw status of the Resistance fighters caused fear among the "solid" French citizens who wanted peace.

Between 1941 and 1943, several decisive events caused the ranks of Resistance fighters to multiply rapidly. On August 21, 1941, a German naval cadet named Moser was assassinated in a Paris subway. This act increased public awareness of active resistance. Other assassinations followed, incurring sickening reprisals. The

---

3. **Pierre Laval:** A French politician who collaborated with the Germans during WW II.

German policy of *travail obligatoire*, which tried to mobilize young Frenchmen for work in German factories, instead incited many of them to join the *Maquis*[4] rather than face deportation to Germany. With the entry into the war of Russia and the United States as Allies, the Allied landing in North Africa in November of 1942, and the defeat of the Germans at Stalingrad in 1943, hope was rekindled for a victory over the Germans.

There were two forms of Resistance—that which was undertaken by Frenchmen living overseas, and that waged by those living in France itself. Resistance fighters in France listened each night to *Radio Française* from London. By this means they received coded messages regarding specific operations, meetings with liaison agents, directions to hidden weapons and money, and instructions for guiding endangered Resistance members out of France to safety. The internal Resistance was difficult and extremely dangerous. Identities had to be kept secret, and hiding places changed often. Threats of arrest, deportation, and death were constant.

After the Allied landing in North Africa, the Germans moved to occupy all of mainland France in an attempt to seize the French fleet at Toulon. The fleet was scuttled to prevent it from falling into German hands. German officials distrusted the Vichy government and its reaction to an Allied attack from the south. This event, coupled with a general disgust for German policies as the war dragged on, contributed to the fact that many formerly pro-Vichy citizens decided to risk their lives in order to help or join the Resistance. Little by little, contacts were made and networks *(réseaux)* of resistance were formed. The *réseaux de renseignement* conducted espionage. The *réseaux d'action* organized the parachuting of weapons and supplies and carried out acts of sabotage and assassination. The *réseaux d'évasion* sheltered downed Allied pilots and helped them to get back to England. The F.F.I. *(Forces Françaises de l'Intérieur)* and the F.T.P. *(Francs-Tireurs Partisans)* recruited an army that entered into combat alongside the Allies and carried out raids on the enemy and its supplies. The importance of more than thirty clandestine newspapers, such as *Combat, Libération,* and *l'Humanité,* cannot be forgotten. Their circulation did much to mobilize public opinion in favor of the Resistance movement.

As Resistance efforts became more frequent and efficient, so did German acts of reprisal. The taking of hostages became common. As it became more and more difficult to repress the Resistance, the Germans drew the Vichy government into even greater complicity. Since its very existence depended upon its ability to keep order, the Vichy government formed a police force, the *Milice,* for the purpose of tracking down and crushing all anti-German activity. Nevertheless, at great cost, Resistance fighters were able to help clear the way for the Allied invasions of Normandy on June 6, 1944 and of southern France on August 15, 1944. On August 25, the Allies entered Paris, and France was at long last liberated. A provincial government was set up under Charles de Gaulle.

---

4. **Maquis:** A Corsican word for the scrubby vegetation of the Mediterranean coast. This term was adopted for the Resistance fighters who hid among the French forests and conducted guerrilla warfare against the Germans.

THE COST Pétain had become powerless in 1942 when the Germans occupied all of France. In 1944, when the Allies landed in Normandy, he was taken to Baden, in Germany, where he remained until after the war. In 1945, at the age of 89, Henri-Philippe Pétain, along with many other Vichy members (including Laval), was tried for treason against France. He was sentenced to death, but de Gaulle reduced the sentence to life imprisonment. Pétain, who had believed that collaboration with the Germans was the only way France could survive, died in exile at the age of 95.

The French Resistance paid a heavy tribute for the liberation of its homeland. The external Resistance lost many men, but the internal Resistance was utterly devastated. Chain arrests, mass executions, and deportations of Resistance fighters cost the lives of over 115,000 brave patriots. Even though much time has passed since the nightmare of World War II, the word **Résistance** continues to stir the patriotic fervor of a grateful France.

POUVEZ-VOUS
IDENTIFIER?...
   le 3 septembre 1939
   le 10 mai 1940
   le 14 juin 1940
   le 25 juin 1940
   le 7–8 novembre 1942
   le 6 juin 1944
   le 15 août 1944
   le 25 août 1944

   Les Ardennes
   la Meuse
   Henri Pétain
   Vichy
   Combat
   Charles de Gaulle
   la Résistance
   le Maquis
   la Milice

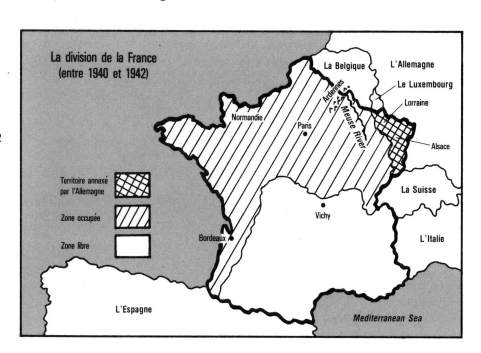

La division de la France
(entre 1940 et 1942)

Pratique   **A. VOCABULAIRE** Pour faciliter votre compréhension du déroulement de l'action dans le «Champ de tir,» vous devrez connaître certains termes militaires. Il n'est pas nécessaire d'apprendre ces mots par cœur puisque vous les rencontrerez rarement. Lisez-les avant de commencer la lecture du conte.

la balle	bullet
la butte (butte de tir)	mound (mound to which a target is affixed for target practice)
le cadenas	padlock

la caserne	barracks
le champ de tir	rifle range
la cible	target (for target practice)
le corps franc	a special commando unit of the French army
les entraves *f.*	shackles
les fers *m.*	shackles (irons)
la grenade fumigène	smoke bomb
la mitrailleuse	machine gun
la mitrailleuse de campagne	portable, lighter-weight machine gun
le mitrailleur	gunner
le peloton d'exécution	firing squad
les rafales *f.*	here: a hail of bullets
tirer au jugé	to fire rapidly but not acccurately (to fire blind)
le tireur d'élite	expert marksman

Les termes militaires qui suivent sont des mots apparentés.

les armes *f.*	le lieutenant
le condamné	l'officier *m.*
la chaîne	le revolver
le gardien	la sentinelle
la grenade	le soldat

B. LISEZ ET REFLECHISSEZ! Lisez les phrases suivantes. Ne consultez pas le dictionnaire. Déterminez le sens des mots en italique en vous servant du contexte.

1. ... l'on entendait en même temps *cliqueter* les chaînes des condamnés et *grincer* leurs fers.
2. La file entravée arriva enfin devant une petite porte *ménagée* dans... [le] mur qui était sur la gauche.
3. Un lieutenant de S.S., très maigre, le visage *minéral*, qui commandait le peloton d'exécution, regarda sa montre.
4. Gerbier regarda l'officier de S.S. Celui-ci *tapotait* une cigarette sur son pouce droit.
5. Le lieutenant de S.S. tira trois balles de revolver qui *filèrent* le long des joues de Gerbier et de ses compagnons.

Etablissons les faits!

A. EXPERIENCE PERSONNELLE

1. Que savez-vous des conditions de vie pour un prisonnier de guerre? Avez-vous vu des films ou lu des livres à ce sujet (soit sur la Deuxième Guerre Mondiale, soit sur les guerres plus récentes comme la guerre de Corée, la guerre du Vietnam,...)? En avez-vous discuté avec vos parents ou vos grands-parents?
2. Vous croyez-vous capable de tenir si fortement à un principe ou à une cause que vous soyez prêt à consacrer, voire même à sacrifier, votre vie à ce principe? Commentez.

B. VUE PANORAMIQUE

1. Qu'est-ce que c'est qu'un champ de tir? A quoi sert le champ de tir dans ce conte?

2. Quels sont les deux endroits où se déroule la plupart de l'action du conte?

3. Qui sont les personnages principaux? Y a-t-il beaucoup de conversation entre eux?

4. Que font les condamnés au début du conte?

5. Comment s'appelle le protagoniste? Qu'est-ce qu'il ne veut pas faire?

6. Tous les condamnés sont-ils morts à la fin de cet épisode?

Introduction au conte

«Le Champ de tir» fait partie de *L'Armée des ombres,* une chronique de la Résistance française écrite par Joseph Kessel en 1944. Kessel lui-même est allé à Londres en 1940 pour servir dans la Résistance comme aviateur et parachutiste. Il avait donc une connaissance personnelle de la Résistance. Dans la préface à son livre il dit que les épisodes et les personnages qu'on y trouve sont basés sur la réalité—«Il n'y a pas de propagande... et il n'y a pas de fiction. Aucun détail n'y a été forcé et aucun n'a été inventé.» Tous les événements dans *L'Armée des ombres* ont été vécus par des Français qui participaient à la Résistance.

Kessel voulait avant tout que son œuvre soit un témoignage du courage et du sacrifice, de la camaraderie et de l'espoir, des risques continuels et du patriotisme de ces héros clandestins qui travaillèrent dans les «ombres» pour la libération de la France. Les exigences de la sécurité l'ont forcé à déguiser l'identité des Résistants et des lieux où l'action se déroule. «Il fallait que tout fût exact et, en même temps, que rien ne fût reconnaissable.» Il a avoué que la crainte qu'il puisse compromettre ses amis a constamment arrêté sa plume. Quand il s'est assuré qu'il avait couvert toutes les traces, sa crainte a été remplacée par une tristesse profonde. Il aurait voulu reconnaître ouvertement ces héros—les identifier pour qu'ils puissent recevoir la gratitude à laquelle ils avaient droit. Kessel se sentait inférieur à cette grande tâche qu'il essayait d'accomplir. Il a révélé que *L'Armée des ombres* lui a coûté plus de peine que tous ses autres ouvrages: «... je voulais tant dire et j'ai dit si peu...».

En lisant «Le Champ de tir», le lecteur ne va pas être d'accord avec ce sentiment d'infériorité chez Kessel. Le chapitre dit beaucoup et le dit bien. La crise émotionnelle de Gerbier est décrite avec puissance et compassion. L'épisode entier tient le lecteur par son drame intense et réaliste. Le spectacle de la froideur brutale du lieutenant S.S. et des réactions humaines des sept condamnés montrent d'une façon inoubliable les risques courus par ces héros clandestins de la Résistance. Ce seul fait montre le talent de Joseph Kessel et prouve que *L'Armée des ombres* a atteint son but.

LE CHAMP DE TIR

vaulted / y sont entrés
entourés (de)

light bulbs / fixées

footsteps

troublé / ici: imaginer

any

faisaient des bruits plaintifs

chocs

LA PARTIE centrale de la vieille caserne était reliée au champ de tir par un très long corridor voûté.° Les sept condamnés s'y engagèrent° un à un, encadrés° par des soldats d'une formation S.S.[1] Gerbier[2] se trouvait à peu près au milieu de la file. L'étudiant marchait en tête et le paysan était le dernier. Les condamnés avançaient lentement. Ils portaient toujours leurs fers aux pieds. Le corridor n'avait pas d'ouverture sur l'extérieur. Des ampoules° piquées° à intervalles réguliers l'éclairaient[3] d'une lumière confuse. Les ombres des condamnés et celles de leurs gardiens en armes formaient une escorte géante et vacillante sur les murs. Dans le silence sonore du couloir, les pas° bottés des soldats faisaient un bruit lourd et profond et l'on entendait en même temps cliqueter les chaînes des condamnés et grincer leurs fers.

«Cela[4] compose une sorte de symphonie, se dit Gerbier. Je voudrais que le patron[5] pût l'entendre.»

Gerbier se souvint de l'expression qu'avait Luc Jardie lorsqu'il parlait de la musique. Et Gerbier fut comme ébloui° de rencontrer° dans le corridor voûté ce visage. Les chaînes cliquetaient. Les fers grinçaient.

«C'est vraiment curieux, se dit Gerbier. Nos entraves me font songer au patron. Sans elles... peut-être...»

Et soudain, Gerbier pensa:

«Je suis un idiot.»

Il venait de savoir que toute° image et toute sensation l'auraient ramené à cet instant à Luc Jardie par un détour imprévu et inévitable.

«Le mot *aimer* a un sens, pour moi, seulement quand il s'applique au patron. Je tiens à lui plus qu'à tout», se dit Gerbier. Mais ce fut alors qu'une réponse lui vint de ses viscères: «Plus qu'à tout et moins qu'à la vie.»

Les ombres dansaient, les entraves gémissaient.°

«Saint Luc[6] est ce que j'aime le plus dans la vie, mais saint Luc disparaissant[7] je voudrais tout de même vivre.»

Les ombres... quelques heurts°... le bruit des chaînes... Gerbier réfléchissait de plus en plus vite.

---

1. **S.S.**: (de l'allemand *Schutz-Staffel*); formation de police militarisée de l'Allemagne nazie, devenue en 1940 de véritables unités militaires

2. **Gerbier**: un des sous-chefs de la Résistance

3. **l'**: c'est-à-dire, le corridor

4. **cela**: c'est-à-dire, le bruit rythmique des chaînes, des fers, et des pas bottés des soldats

5. **le patron**: Le patron de Gerbier était Luc Jardie, chef d'une section importante de la Résistance. Jardie aimait beaucoup la musique.

6. **Saint Luc**: A cause de son caractère, son goût de la vie spirituelle, et sa bienveillance, quelques camarades de classe avaient baptisé Jardie «Saint Luc». Le nom lui était resté.

7. **saint... disparaissant**: c'est-à-dire, si Saint Luc n'existait plus...

narrow-minded

étudie à fond
frappante

immédiatement

engager

ici: terminées

approfondir

tied up in knots
(FA) sensitive

envahir

flock (of sheep)

«Et je vais mourir... et je n'ai pas peur... c'est impossible de ne pas avoir peur quand on va mourir... C'est parce que je suis trop borné,° trop animal pour y croire. Mais si je n'y crois pas jusqu'au dernier instant, jusqu'à la plus fine limite, je ne mourrai jamais... Quelle découverte!... Et comme elle 5 plairait au patron. Il faut que je l'approfondisse°... Il faut...»

A ce point, la méditation fulgurante° de Gerbier fut rompue d'un seul coup. Au premier instant, il ne comprit pas la cause de cet arrêt. Puis il entendit un chant qui emplissait tout le volume sonore du couloir. Puis il reconnut ce chant. *La Marseillaise.*[8] L'étudiant avait commencé. Les autres 10 avaient repris aussitôt.° L'étudiant, le rabbin et l'ouvrier avaient de belles voix pleines et passionnées. C'étaient elles que Gerbier entendit le mieux. Mais il ne voulait pas les écouter. Il voulait réfléchir. Ces voix le gênaient. Et surtout, il ne voulait pas chanter.

«*La Marseillaise...* cela se fait toujours dans un cas pareil», se dit 15 Gerbier. Pour un instant il retrouva son demi-sourire.

La file des condamnés avançait lentement. Le chant passait au-dessus de Gerbier sans l'entamer.°

«Ils ne veulent pas penser, et moi je veux...», se disait- il. Et il attendait avec une impatience sauvage que les strophes connues fussent épuisées.° Le 20 corridor était long.

«J'aurai encore du temps à moi», se dit Gerbier. *La Marseillaise* s'acheva.

«Vite, vite, il faut creuser° ma découverte,»[9] pensa Gerbier. Mais la voix forte et pure de l'étudiant s'éleva de nouveau. Et cette fois Gerbier se sentit pris et noué° à l'intérieur comme par une main magique. *Le Chant du* 25 *Départ*[10] avait toujours agi de cette façon sur lui. Gerbier était sensible° à ses accents, à ses paroles. Il se raidit. Il ne voulait pas faire comme les autres. Il avait un problème essentiel à résoudre. Pourtant il sentit la mélodie sourdre dans° sa poitrine. Il serra les dents. Ses compagnons chantaient...

30 *Un Français doit vivre pour elle*[11]...
Pour elle un Français doit mourir...

Gerbier serra les dents plus fort parce que ces vers chantaient déjà dans sa gorge. Allait-il se laisser emporter?

«Je ne cèderai pas[12]... je ne cèderai pas..., se disait Gerbier. C'est 35 l'instinct du troupeau°... Je ne veux pas chanter comme je ne veux pas courir devant les mitrailleuses.»

---

8. **La Marseillaise:** hymne national de la France, écrit par Rouget de Lisle en 1792, et chanté pour la première fois à Paris par les volontaires de Marseille en juin 1792.

9. **découverte:** c'est-à-dire la découverte qu'il ne mourra jamais s'il ne croit pas qu'il va mourir

10. **Le Chant du Départ:** chant patriotique français, composé en 1794 (voir p. 202)

11. **elle:** c'est-à-dire, la France

12. **Je ne cèderai pas:** *I will not give in.* A quoi Gerbier ne veut-il pas céder?

Ce rapprochement[13] aida Gerbier à contenir le chant prêt à s'échapper de lui. Il eut le sentiment d'avoir vaincu un danger intérieur.

La file entravée arriva enfin devant une petite porte ménagée dans l'épaisseur du mur qui était sur la gauche. Les ombres s'arrêtèrent de
5   danser. Le grincement des chaînes se tut. Et aussi le chant. Une sentinelle ouvrit la porte. Une clarté naturelle se répandit sur un morceau du corridor. L'étudiant reprit *La Marseillaise*, et les condamnés pénétrèrent l'un derrière l'autre dans l'enclos de leur mort.

bare — C'était un champ de tir militaire classique. Un rectangle nu° et fermé de
10   murailles assez hautes. Contre le mur du fond et séparée de lui par un espace étroit, on voyait la butte destinée à porter les cibles. Quelques vieux

shreds of cloth / vive — lambeaux de toile° et de papier tremblaient sur ses flancs à la brise aiguë° du
claire — matin. La lumière était nette° et triste. Un à un les condamnés cessèrent de chanter. Ils venaient d'apercevoir à quelques pas six mitrailleuses de
15   campagne. Un lieutenant de S.S., très maigre, le visage minéral, qui commandait le peloton d'exécution, regarda sa montre.

—Exactitude boche,[14] grommela l'ouvrier communiste.

breathed in — L'étudiant aspirait° de toutes ses forces l'air frais et tirait sur sa petite moustache.

20   «Je ne veux pas courir... je ne veux pas...», se disait Gerbier.

Les autres, comme fascinés, ne quittaient pas du regard le lieutenant S.S. Il cria un ordre. Des soldats donnèrent un tour de clé aux cadenas qui tenaient les entraves des condamnés. Les fers tombèrent avec un bruit sourd

a tremblé — sur la terre. Gerbier frémit° de se sentir d'un seul coup si léger. Il eut
25   l'impression que ses jambes étaient toutes neuves, toutes jeunes, qu'il fallait les essayer sans attendre, qu'elles demandaient du champ.[15] Qu'elles

winged — allaient l'emporter à une vitesse ailée.° Gerbier regarda ses compagnons.
ici: tourmentés — Leurs muscles étaient travaillés° par la même impatience. L'étudiant surtout se maîtrisait avec peine. Gerbier regarda l'officier de S.S. Celui-ci tapotait

verts / vides de toute — 30   une cigarette sur son pouce droit. Il avait des yeux glauques° murés.°
émotion

«Il sait très bien ce que veulent mes jambes, pensa brusquement Gerbier. Il se prépare au spectacle.»[16]

Et Gerbier se sentit mieux enchaîné par l'assurance de cet homme qu'il l'avait été par ses fers. L'officier regarda sa montre et s'adressa aux
35   condamnés dans un français très distinct.

—Dans une minute vous allez vous placer le dos aux mitrailleuses et face à la butte, dit-il. Vous allez courir aussi vite que vous pourrez. Nous n'allons pas tirer tout de suite. Nous allons vous donner une chance. Qui arrivera derrière la butte sera exécuté plus tard, avec les condamnés
40   prochains.

---

13. **rapprochement:** c'est-à-dire, le rapport entre **chanter** et **courir**
14. **boche:** synonyme familier et péjoratif d'Allemand
15. **demandaient du champ:** C'est-à-dire, ses jambes libérées de leurs fers voulaient courir.
16. **spectacle:** Quel spectacle? Continuez à lire et vous découvrirez ce que veut dire Gerbier.

L'officier avait parlé d'une voix forte, mécanique et comme pour un règlement de manœuvres. Ayant achevé, il alluma sa cigarette.

—On peut toujours essayer... On n'a rien à perdre, dit le paysan au rabbin.

Ce dernier ne répondit pas, mais il mesurait des yeux avec avidité la distance qui le séparait de la butte. Sans le savoir davantage, l'étudiant et le jeune breton faisaient de même.

Les soldats alignèrent les sept hommes, comme l'officier l'avait ordonné. Et ne voyant plus les armes, sentant leur gueule° dans son dos, Gerbier fut parcouru° d'une contraction° singulière. Un ressort° en lui semblait le jeter en avant.

—Allez... dit le lieutenant de S.S.

L'étudiant, le rabbin, le jeune Breton, le paysan, se lancèrent tout de suite. Le communiste, Gerbier et le châtelain[17] ne bougèrent pas. Mais ils avaient l'impression de se balancer d'avant en arrière comme s'ils cherchaient un équilibre entre deux forces opposées.

«Je ne veux pas... je ne veux pas courir...», se répétait Gerbier.

Le lieutenant de S.S. tira trois balles de revolver qui filèrent le long des joues de Gerbier et de ses compagnons. Et l'équilibre fut rompu... Les trois condamnés suivirent leurs camarades.

Gerbier n'avait pas conscience d'avancer par lui-même. Le ressort qu'il avait senti se nouer en lui s'était détendu° et le précipitait droit devant. Il pouvait encore réfléchir. Et il savait que cette course qui l'emmenait dans la direction de la butte ne servait à rien. Personne jamais n'était revenu vivant du champ de tir. Il n'y avait même pas de blessés. Les mitrailleurs connaissaient leur métier.

Des balles bourdonnèrent° au-dessus de sa tête, contre ses flancs.

«Des balles pour rien, se dit Gerbier... Tireurs d'élite.. Pour qu'on presse l'allure[18]... Attendent distance plus méritoire... Grotesque de se fatiguer.» Et cependant, à chaque sifflement° qui passait près de lui, Gerbier allongeait sa foulée.° Son esprit devenait confus. Le corps l'emportait° sur la pensée. Bientôt il ne serait plus qu'un lapin° fou de peur. Il s'interdisait° de regarder la butte. Il ne voulait pas de cet espoir. Regarder la butte c'était regarder la mort, et il ne se sentait pas en état de mort... Tant qu'on pense, on ne peut pas mourir. Mais le corps gagnait... gagnait toujours sur la pensée. Gerbier se rappela comment ce corps, contre lui-même, s'était détendu à Londres... Des pointes de bougies° tremblèrent devant ses yeux... Le dîner chez la vieille lady avec le patron.[19] Les pointes des bougies flamboyaient, flamboyaient comme des soleils aigus.

(fam.) bouche; ici: ouverture des mitrailleuses / traversé (par) / contraction musculaire / *spring*

relâché

buzzed

whistling (d'une balle) *stride* / gagnait / *rabbit* / refusait

candles

---

17. **châtelain:** propriétaire d'un château

18. **Pour... l'allure:** c'est-à-dire, pour qu'on fasse courir même plus vite encore les condamnés

19. **Le dîner... patron:** Une vieille dame riche invitait souvent chez elle, à Londres, des membres de la Résistance, qui trouvaient ainsi des moments de détente. Gerbier avait assisté à un de ces dîners avec Luc Jardie et en a gardé le souvenir des bougies que la vieille préférait comme éclairage. (Kessel lui-même a rencontré «Saint Luc» pour la première fois à ce même dîner.)

wave
curtain

haze

Et puis ce fut l'obscurité. Une vague° de fumée épaisse et noire s'étendit d'un bout à l'autre du champ de tir dans toute sa largeur. Un rideau° sombre était tombé. Les oreilles de Gerbier bourdonnaient tellement qu'il n'entendit pas les explosions des grenades fumigènes. Mais parce que sa
5 pensée était seulement à la limite de la rupture, il comprit que ce brouillard° profond lui était destiné. Et comme il était le seul qui n'avait jamais accepté l'état de mort, il fut le seul à utiliser le brouillard.

Les autres condamnés s'arrêtèrent net. Ils s'étaient abandonnés à leurs muscles pour un jeu suprême. Le jeu cessait, leurs muscles ne les portaient
10 plus. Gerbier, lui, donna tout son souffle, toute sa force. Maintenant il ne pensait plus du tout. Les rafales se suivaient, les rafales l'entouraient, mais les mitrailleurs ne pouvaient plus que tirer au jugé. Une balle arracha un

flesh / thigh

lambeau de chair° au bras. Une autre lui brûla la cuisse.° Il courut plus vite. Il dépassa la butte. Derrière était le mur. Et sur ce mur, Gerbier vit… c'était
15 certain… une corde…

wrists

Sans s'aider des pieds, sans sentir qu'il s'élevait à la force des poignets° comme un gymnaste, Gerbier fut sur la crête du mur. A quelques centaines de mètres il vit… c'était certain… une voiture. Il sauta… il vola… Le Bison[20] l'attendait, le moteur tournait, la voiture partit. A l'intérieur il y avait
20 Mathilde[21] et Jean-François.[22]

*   *   *

LE BISON conduisait très bien, très vite. Gerbier parlait, et Jean-François et Mathilde. Jean-François disait que ce n'était pas difficile. Il avait toujours été bon lanceur de grenades au corps-franc. L'important était de bien minuter l'action comme l'avait fait Mathilde. Et Mathilde disait que c'était

facile

25 aisé° avec les renseignements qu'on avait eus.

Gerbier écoutait, répondait. Mais tout cela n'était que superficiel. Sans valeur. Une seule question, une question capitalè obsédait l'esprit de Gerbier.

«Et si je n'avais pas couru?…»
30 Jean-François lui demanda:
—Quelque chose qui ne va pas? Les camarades qui sont restés?
—Non, dit Gerbier.

---

20. **Bison:** Ce pseudonyme d'un des membres de la Résistance qui travaillait avec Gerbier vient de l'intérêt des Français pour les westerns américains.

21. **Mathilde:** Mère de sept enfants qui, un jour, fatiguée des privations de l'Occupation, a demandé le droit de travailler avec la Résistance. Elle éprouvait une révolte enragée contre les boches. Audacieuse et intelligente, elle a accompli des missions très dangereuses avant d'être arrêtée.

22. **Jean-François:** Le frère cadet de Luc Jardie. Le risque, la camaraderie, et l'obéissance aux ordres lui donnaient beaucoup de plaisir. Il passait souvent en zone interdite portant des armes, des messages, des explosifs, etc., à ses camarades. Parce que les membres de la Résistance travaillaient dans le plus grand secret, Jean-François n'a pas su pendant longtemps que son frère, en qui il voyait un doux philosophe, était en fait son chef.

Il ne pensait pas à ses compagnons. Il pensait à la figure minérale du lieutenant de S.S. et à ses yeux murés quand il tapotait sa cigarette sur son ongle, et qu'il était certain de faire courir Gerbier comme les autres à la manière d'un lapin affolé.

5 —Je me dégoûte de vivre, dit soudain Gerbier.

La voiture traversa un pont, puis un bois. Mais Gerbier voyait toujours le visage de l'officier de S.S., la cigarette, l'ongle du pouce. Il avait envie de gémir.

Jusque-là, Gerbier avait été sûr de détester les Allemands avec une
10 plénitude si parfaite qu'elle ne pouvait plus se grossir d'aucun apport.° Et sûr également d'avoir épuisé toutes les sources d'une haine° qu'il chérissait. Or, il se sentait soudain dévoré par une fureur qu'il n'avait pas connue encore et qui dépassait et renouvelait toutes les autres. Mais gluante° et malsaine et honteuse d'elle-même. La fureur de l'humiliation...

aucune façon

hatred

sticky

LE CHANT DU DÉPART

MÉHUL
1763-1817

La victoire, en chantant, nous ouvre la barrière,
La liberté guide nos pas,
Et du Nord au Midi la trompette guerrière
A sonné l'heure des combats.
Tremblez, ennemis de la France,
Rois ivres de sang et d'orgueil!
Le peuple souverain s'avance;
Tyrans, descendez au cercueil!
La République nous appelle,
Sachons vaincre ou sachons périr;
Un Français doit vivre pour elle,
Pour elle un Français doit mourir!

être visible sur

«Il a sali ma haine…,« pensait Gerbier avec désespoir.

Son tourment dut entamer° ses traits, puisque Mathilde eut un mouvement dont elle paraissait incapable. Elle prit une main de Gerbier et la garda
entre les siennes un instant. Gerbier ne sembla pas remarquer ce geste. Mais
5 il en sut plus de gré à Mathilde que[23] de lui avoir sauvé la vie.

EXERCICES DE COMPRÉHENSION

Vrai/faux   Indiquez si le sens des phrases suivantes est vrai ou faux selon le texte. S'il est
faux, corrigez la phrase. Ne vous contentez pas d'utiliser ou de supprimer les mots
négatifs.

1. Au commencement de cet épisode, les cinq hommes condamnés marchent
vers un champ de tir.
2. Un lieutenant S.S. mène les condamnés à la caserne.
3. Les condamnés avancent lentement parce qu'ils ne peuvent pas très bien voir
dans la lumière confuse.
4. Gerbier n'a pas peur de mourir.
5. La méditation de Gerbier est interrompue par le rabbin qui commence à
chanter *La Marseillaise.*
6. Gerbier ne chante pas parce qu'il ne veut pas gêner les Allemands.
7. Quand ses compagnons chantent *Le Chant du départ,* Gerbier se détend
parce qu'il en aime beaucoup les accents et les paroles.
8. Quand les condamnés arrivent au champ de tir, ils voient d'autres membres
de la Résistance.
9. Le lieutenant S.S. donne l'ordre d'enlever les chaînes des condamnés.
10. Le lieutenant S.S. parle aux condamnés en allemand.
11. Les condamnés vont avoir une chance—s'ils courent très vite devant les
mitrailleuses et arrivent derrière la butte, ils seront libérés.
12. Quand le lieutenant S.S. dit, «Allez!», tous les condamnés courent dans la
direction de la butte.
13. Gerbier sait que personne n'est jamais revenu vivant du champ de tir.
14. Les mitrailleurs tirent tout d'abord pour faire courir les condamnés.
15. Tout d'un coup tous les prisonniers sauf Gerbier cessent de courir à cause de
la fatigue.
16. Gerbier court plus vite et dépasse la butte.
17. Sur le mur, Gerbier voit une grenade fumigène.
18. Gerbier s'élève sur la crête du mur d'où il voit Luc Jardie.
19. Après s'être échappé du champ de tir, Gerbier est obsédé par la question, «Et
si mes amis n'étaient pas venus?»
20. Mathilde comprend le désespoir de Gerbier.

---

23. **Mais… que:** *But he was more grateful to Mathilde for it (the gesture) than…*

Résumé   Faites un résumé oral du «Champ de tir» en utilisant les illustrations ci-dessous.

Quelle scène dessineriez-vous pour terminer le conte? Si vous ne pouvez pas dessiner, terminez le conte oralement.

Questions de compréhension

Ecrivez en français les réponses aux questions suivantes. Formulez vos propres réponses. Essayez de ne pas copier les phrases du texte.

1. Au commencement de cet épisode, où étaient les condamnés et que faisaient-ils?

2. Quel bruit pouvait-on entendre pendant que les condamnés marchaient? A quoi Gerbier a-t-il comparé ce bruit?

3. A qui Gerbier a-t-il pensé à ce moment-là? Pourquoi?

4. Quel sens le mot «aimer» avait-il pour Gerbier? Pourquoi est-ce que n'importe quelle image ou sensation aurait évoqué en lui l'image de Luc?

5. Que pensait Gerbier du fait qu'il allait mourir? Pourquoi? Quelle découverte a-t-il faite?

6. Qu'est-ce qui a interrompu la méditation de Gerbier? Comment a-t-il réagi à cette interruption? Pourquoi?

7. *Le Chant du départ* a-t-il ému Gerbier de la même façon que *La Marseillaise?* Expliquez.

8. Qu'est-ce qui a aidé Gerbier à garder le silence?

9. Pourquoi les condamnés ont-ils cessé de chanter en arrivant au champ de tir?

10. Pourquoi l'ouvrier communiste a-t-il parlé d'«exactitude boche»? Qu'est-ce que «boche» veut dire?

11. Quel ordre le lieutenant S.S. a-t-il donné aux soldats? Quelle a été la réaction physique des condamnés à cet ordre?

12. Décrivez le lieutenant S.S. Pourquoi Gerbier se sentait-il davantage enchaîné par l'attitude de ce lieutenant qu'il ne l'avait été par ses fers?

13. Quelle «chance» le lieutenant S.S. a-t-il donnée aux condamnés? Pourquoi ses mots étaient-ils cruels?

14. Identifiez les sept condamnés.

15. Comment les condamnés ont-ils réagi aux paroles du lieutenant et à son ordre, «Allez!»?

16. Quelle phrase Gerbier se répétait-il constamment? Qu'est-ce qui a fait courir Gerbier?

17. Expliquez pourquoi Gerbier savait que courir ne servait à rien. Pourquoi court-il néanmoins?

18. Pourquoi Gerbier refusait-il de regarder la butte?

19. Pourquoi les autres condamnés se sont-ils soudain arrêtés de courir? Pourquoi Gerbier ne s'est-il pas arrêté?

20. Comment Gerbier s'est-il évadé du champ de tir?

21. Qui attendait Gerbier? Où? Qu'a fait chacune de ces personnes pour contribuer à l'évasion de Gerbier?

22. Dans la voiture, quelle question obsédait Gerbier? Pourquoi?

23. Pourquoi Gerbier se dégoûtait-il de vivre? A qui pensait-il une fois qu'il était dans la voiture?

24. Pourquoi Gerbier était-il reconnaissant à Mathilde?

Réactions orales ou écrites

A. SYNTHESE DU TEXTE

1. Pourquoi, selon vous, les compagnons de Gerbier chantent-ils *La Marseillaise* et *Le Chant du départ?* Pourquoi Gerbier ne veut-il pas chanter avec eux? Gerbier dit que «cela se fait toujours dans un cas pareil», et que «c'est l'instinct du troupeau». Qu'est-ce qu'il veut dire?

2. Comment Kessel nous montre-t-il la cruauté du lieutenant S.S.? (Pensez à ce que le lieutenant fait, à ce qu'il dit et «donne» aux condamnés, et à ce que font les mitrailleurs.)

3. Pensez aux réflexions et aux actions de Gerbier. Quels sont ses sentiments concernant
   a. le fait de chanter
   b. le fait de courir
   c. le lieutenant S.S.
   d. le rideau de fumée
   e. son évasion?

4. Comment Kessel utilise-t-il le décor pour renforcer l'atmosphère et le ton de son conte? Donnez des exemples. Quelle image particulière vous a frappé par son intensité dramatique et émotionnelle? Décrivez-la et expliquez pourquoi vous l'avez choisie.

5. Quels adjectifs de la liste suivante choisiriez-vous pour décrire Gerbier à la fin du conte? Justifiez votre choix d'après ce que vous avez appris de Gerbier dans le conte.

heureux	désespéré	rassuré
triste	honteux	humilié
furieux	inquiet	enchaîné

B. REACTION PERSONNELLE

1. Gerbier dit au commencement du conte qu'il n'a pas peur de mourir, et qu'il ne mourra jamais s'il n'y croit pas. Expliquez. Etes-vous d'accord avec lui? Pourquoi ou pourquoi pas?

2. A la fin du conte, Gerbier dit que le lieutenant S.S. a sali sa haine contre les Allemands. Expliquez la différence dans la haine qu'il ressent avant et après l'incident sur le champ de tir, et ce qui a provoqué ce changement.

3. Imaginez une rencontre imprévue entre Gerbier et le lieutenant S.S. après la guerre. Gerbier ne fait plus partie de la Résistance, et le lieutenant ne fait plus partie de l'armée allemande. Nous sommes en 1980. Qu'est-ce qui se passe?

4. Puisque vous avez lu l'introduction historique et le conte, vous comprenez probablement mieux ce qui s'est passé en France pendant la Deuxième Guerre Mondiale. Si vous aviez été citoyen français pendant cette guerre, comment auriez-vous réagi aux événements? Auriez-vous résisté aux Allemands ou auriez-vous collaboré avec eux? Donnez vos raisons.

5. Que fera Gerbier après son évasion du champ de tir? Va-t-il continuer sa participation active dans la Résistance ou va-t-il l'abandonner? A votre avis, est-ce que ses amis l'accueillent chaleureusement, ou le soupçonnent-ils?

Gerbier sera-t-il vivant à la fin de la guerre? Si non, qu'est-ce qui lui est arrivé? Si oui, comment a-t-il réussi à survivre?

Un calligramme

Cette image faite de mots a été composée par Guillaume Apollinaire (voir l'introduction à Apollinaire à la page 112). Bien qu'il ait été écrit pendant la Première Guerre mondiale (1914—1918), ce calligramme exprime déjà, d'une façon très éloquente, le sentiment des Résistants envers les Allemands qui occupaient leur pays. De quoi le calligramme est-il une image? Pourquoi Apollinaire a-t-il choisi cette image? Quel sentiment le calligramme exprime-t-il?

```
              S
              A
             LUT
              M
            O   N
            D   E
            DONT
          JE SUIS
          LA LAN
          GUE   E
         LOQUEN
        TE  QUESA
        BOUCHE
        O  PARIS
       TIRE ET TIRERA
      TOU      JOURS
     AUX      A  L
   LEM        ANDS
```

14

LE ROSSIGNOL DE KABYLIE
PAR
EMMANUEL ROBLÈS

EMMANUEL ROBLÈS (1914–   )

In 1914, the Algerian coastal city of Oran was a mixture of four distinct cultures: Arab, Spanish, Jewish, and French. Its geographic and ethnic divisions, with their resulting political and racial tensions, shaped the cultural milieu into which Emmanuel Roblès was born on May 4, 1914. His family, of Spanish origin, belonged to the poor working class. Roblès never knew his father, a bricklayer who had died in a 1913 typhus epidemic. He was raised by his mother, a laundress, and his maternal grandmother, a native of Grenada, who instilled in him a love of Spanish folklore and culture.

Speaking both French and Spanish at an early age, the young Emmanuel spent his time running free with friends in the Spanish section of the city or reading for hours and dreaming of trips to far-off places. Taunted by the French boys as being a *cinquante pour cent* because of his mixed heritage, Roblès knew at an early age the abuses of colonialism and unjustified prejudice. Although the poverty of the Spanish workers made him fully aware of the social inequalities wrought by colonial exploitation, it also helped him to develop his innate sense of solidarity with all those who are denied their human rights. Roblès has remained faithful to the lessons of his youth, and his life and work have been shaped by them.

When his mother remarried, Roblès intended to leave school. His family opposed his desire to become a navigator, and instead advised him to enter the *Ecole Normale d'Instituteurs* in Algiers. Roblès complied with his family's wishes, though without enthusiasm. After several short trips to Morocco, Paris, and Spain, he entered the *Ecole Normale* in 1931, Roblès remembers these years with fondness. A scholarship removed his financial worries, and the artistic and intellectual stimulations of the capital soon whetted his keen appetite to learn. His classmates, from diverse backgrounds and cultures, mingled without the discrimination and prejudice of the world of adults.

In 1934, inspired by the works of his favorite authors, Roblès traveled to Russia, Poland, and Germany. Upon his return to Algeria, he served as a teacher in a small village. In 1935, once again summoned by an "irresistible temptation for wandering," he visited India, Indochina, and China. The settings, characters, and insights of his later works often reflect his discoveries and observations about the parts of the world he has seen.

Called to military service in 1937, Roblès served for two years as a meteorologist at an Air Force base near Algiers. More interested in the warmth of the sunny beaches and the attraction of the city's literary circles than in soldiering, Roblès associated with the young writers and painters of the time. It was at this stage of his life that he formed two important friendships. Edmond Charlot, who was to become one of his publishers, encouraged the young Roblès with his early attempts at writing. Albert Camus, the author of *L'Etranger* (1942), and one of the most widely read and respected writers of the 20th century, urged Roblès to write for the theater.

Roblès published his first novel, *L'Action,* in 1938. His generation, born amid the horrors of World War I, had just reached adulthood as the world prepared yet again to go to war. Roblès, bursting with youthful dreams of love, hope, and justice, saw nothing but hatred and injustice all around him. His earliest writings reveal his fury and anguish at a world that had betrayed its youth, leaving them to deal with the chaos it had created.

In 1938, Roblès enrolled in the *Faculté des Lettres d'Alger* with plans to earn a degree in Spanish literature. While there he met Paulette Puyade, and they were married in 1939. The young couple was on its honeymoon when France declared war on Germany. Roblès was recalled to Algeria to serve as an interpreter, but was discharged in 1940 when France and Germany declared an armistice. This brief respite, marked by the birth of his son and by teaching in Kabylie and at the *Ecole Normale d'Alger*, ended when the Allies landed in North Africa in 1942.

The publication of his third novel, *Travail d'homme*, brought Roblès to the attention of a French general, who offered him a job as a war correspondent with the Air Force. Once again in uniform, he spent the war years reporting the destruction he witnessed, flying life-threatening missions from one war torn site to another. The survivor of five plane crashes, Roblès experienced the war in Italy, saw London under the blitz, and witnessed the fighting in France, Corsica, Morocco, and Sardinia. From his experiences were born his later novels—*Cela s'appelle l'aurore* (1952), *Le Vésuve* (1961), and *Un Printemps d'Italie* (1970). A large part of Roblès's writing is a statement against the moral and physical horror of war. His heroes are not those who kill the most enemies but those who are capable of remaining human amid a universe of violence—men whose courage and sense of humanity enable them to retain their hope for a saner world.

The end of World War II found Roblès stationed in Germany. He was finally discharged in Paris in 1946, and his wife and son joined him there. He hoped to earn a living from his writings. Charlot, his editor, had come to Paris in 1944. *Travail d'homme* had earned the *Prix Populiste*, and several newspapers were interested in his work. His preference for the warm climate of the Mediterranean, however, prompted Roblès to return to Algiers at the end of the year.

In 1948, following the birth of his daughter, Roblès became a literary critic for *Radio-Alger* and founded *Forge*, a literary review. No publication had provided a voice for the anticolonialist intellectuals in Algeria. Roblès hoped to provide one through *Forge*, proposing to establish solid friendships among the Algerian communities and to give expression to those writers whom the French adminis-tration was trying to stifle. Its circulation was quickly limited by the administration, and the journal ceased publication because of political pressure and lack of funds.

With his return to Algiers, Roblès felt a rebirth of his desire to write. His novel *Les Hauteurs de la ville* (1948) won the *Prix Fémina*, and his play *Montserrat* (1948), based on a colonised people's struggle for freedom, was staged in both Paris and Algiers. Roblès also wrote two comedies (*L'Horloge* and *Portfirio*) for *Le Théâtre de la Rue*, a young theatrical company he founded in 1949 that performed both classical and contemporary plays. In 1952, his play *La Vérité est morte* was performed in Paris at the prestigious *Comédie Française*.

Roblès made his first trip to New York in 1954. From there he traveled to Mexico in order to collaborate with Luis Buñuel on the film version of *Cela s'appelle l'aurore*. When he returned to Algeria, his native country was already embarking upon its war for independence. Roblès was as deeply affected by this struggle as he had been by World War II. Although he was among those who believed that the Algerians' claims were well founded, he was hopeful that the French and Algerians could find a solution that would enable them to live together in a true spirit of cooperation and justice. Writing for the newspaper *Espoir-Algérie*, he joined the Committee for Civil Truce, founded by Camus, and took part in a 1956 delegation to Paris to negotiate with French leaders. The escalation of violence rendered their attempts useless, and Roblès realized that an Algerian-French agreement was hopeless.

Since 1957, Roblès has traveled all over the world, participating in and chairing conferences on francophone literature in Europe, Canada, the Caribbean, the United States, Russia, and Central and South America. He has continued to publish novels (*La Remontée du fleuve*, 1964; *Les Sirènes*, 1977), plays (*Plaidoyer pour un rebelle*, 1965), collections of short stories (*L'Homme d'avril*, 1959; *L'Ombre et la rive*, 1972), poems (*Un Amour sans fin*, 1976), and literary articles. He collaborated with Luchino Visconti on the film version of Camus' *L'Etranger*, and he has seen several of his own works filmed for television and cinema. His work has been translated into over twenty languages. He was elected to the *Académie Goncourt* in 1973. After the death of his wife in 1974, Roblès taught at the University of Sherbrooke in Canada. He is currently director of *La Collection Méditerranée* for Seuil publishers in Paris.

Emmanuel Roblès is a writer with a profound respect for human dignity, freedom, and justice. The themes of social injustice, war, and death permeate his works, for they are a reflection of what he has seen and lived. Marie-Hélène Chèze writes in her book *Emmanuel Roblès, Témoin de l'homme*, that *"... les meilleures de ses œuvres, ne sont-elles pas nourries de cette fraternité chaleureuse... et d'une volonté de faire triompher, à travers des héros lucides et responsables, les forces de vie contre les forces de mort, et la dignité humaine contre tout ce qui la nie?"*[1] Roblès is truly a witness of his time, and his work touches that inner core of humanity within each of us.

PRÉPARATION À LA LECTURE

Algeria and its fight for independence   The original inhabitants of what are today Algeria, Morocco, Tunisia, and western Libya were the Berbers. Since the Berber tribes customarily united only sporadically and for relatively short periods of time, they were easy targets for one foreign invasion after another. Phoenicians, Romans, Arabian Muslims, Turks, and others left their mark upon the region long before the European countries began to influence its history in the 16th century.

In the 1500's Spain seized several Algerian coastal cities, including Oran, and did not relinquish its foothold in Algeria until the end of the 1800's. In the 1830's

---

1. Chèze, Marie-Hélène, *Emmanuel Roblès, Témoin de l'homme*, Editions Naaman, 1979, p. 58.

France sent a military expedition that seized control of Algiers and other coastal towns. French monarchs, having failed to define future North African policy, left their military rulers in control for forty years. The military rulers favored European colonization. Although at first they left the inland authority in the hands of the Algerians, they later committed themselves to total conquest of the country. The rebellions which resulted were followed by retaliation and wholesale destruction of Algerian villages by the French. Desolation spread far and wide, and thousands of Algerian refugees died of hunger.

The final outcome of the process was the creation of what was known as French Algeria. Following the crushing of Algerian resistance, a large scale confiscation of cultivable land made colonization possible. By 1880 the coastal area had become predominantly Christian of mixed European origin. With the passage of time, the combined influence of French education, Muslim environment, and Algerian climate created a European-Algerian sentiment.

The authority of the French government weakened, leading to increased influence of the settlers and to renewed Muslim uprisings that were subsequently suppressed.

With the establishment of the French Empire in 1852, responsibility for Algeria was at first transferred from Algiers to a minister in Paris, but the emperor Napoleon III soon reversed this disposition. He expressed hope that the number of French colonists would keep Algeria forever French, but he also declared that France had a duty to consider the needs of the 3,000,000 Algerian Arabs. He proclaimed that Algeria was "not a French province, but an Arab country, a European colony, and a French camp."

Any hopes that the Emperor's declaration may have given the Arabs was destroyed by his downfall in 1870 and the defeat of the French in the Franco-Prussian war in 1871. A final great uprising by the Kabyle Berbers of Algeria ensued. The rebellion was suppressed and was followed by confiscation of another 11,000,000 acres of land and the levying of an indemnity of 36,000,000 francs. These measures provided France with land for its refugees from Alsace and the funds with which to exploit the land. During the next fifty years the European population felt free to dominate Algeria politically, economically, and socially.

By 1902 France had annexed the huge Saharan section of the country. During the early 1900's the French improved transportation, mechanized farming methods in order to increase agricultural production, and expanded manufacturing and mining operations.

In 1930, after a century of rule, France considered its permanence in Algeria assured. The French believed that the Algerians preferred merging themselves with France to independence. They concentrated on the tiny minority who had received a French education and who saw this assimilation as a salvation for their compatriots. The French ignored the fact that the Algerian natives were of the Islamic faith and had always considered the Christian Europeans aggressors and different from themselves. They also ignored two other populist groups—a new Algerian nationalist movement, and a faction led by a man of Muslim religious learning who, with his followers, founded schools that provided education in Arabic.

Although the government in Paris favored the assimilationist movement, the settlers' opposition brought it to naught. Signs of discontent were ignored or were not recognized. In the 1940's the political structure imposed in the 1830's was made more liberal, but from the native Algerian point of view, the changes were not significant. The French saw only the economic situation, neglecting Muslim pride and self-respect.

World War II brought with it the collapse of France, and in 1942 the Anglo-American occupation of North Africa. In December 1942 a former assimilationist leader of the Arabs drafted a manifesto, seeking recognition of the political autonomy of Algeria as a sovereign nation. In December 1943 General Charles de Gaulle declared that France was obligated to the Muslims of North Africa for the loyalty they had shown, and in May of 1944 he extended French citizenship to certain categories of Muslims. That gesture was not enough to satisfy most of the Muslim population, and an insurrection erupted in May of 1945. Massacres of European settlers brought on French retaliation and suppression. All thoughts of reform were temporarily brought to a halt.

By 1947 France was ready to try again by passing a new law that attempted to give the Algerians more autonomy and more rights as French citizens. The new law satisfied no one, was poorly implemented, and was no more successful than the previous policy of assimilation had been.

It soon became apparent that a storm was brewing. Organized by a few young men who had decided that only open rebellion could bring justice to Algeria, the storm of revolt burst in October of 1954. The weapons were to be guerilla warfare at home and diplomatic activity abroad. The French proposed a new plan, but once again it was too weak and too late to be effective. Another massacre of Europeans ensued and again was followed by mass executions of Muslims. The situation continued to deteriorate, and 1957 saw a terrorist attempt to paralyze the French administration of Algiers. This effort was also defeated by French troops. The now independent Tunisia and Morocco were effectively cut off from Algeria and were unable to offer help to their neighbors.

By the end of 1957 it was obvious that the insurgent nationalists could not win the military conflict. Armed attacks continued on a reduced scale, but they were limited to basic guerrilla action. Despite the French military presence, a decisive victory by the French army was also impossible. The war would henceforth be fought by diplomats in the United Nations and elsewhere.

By the end of 1960 de Gaulle, then President of France, realized that no one could dispute the will of the bulk of the Algerian people any longer. The Algerian war came to an end on March 18, 1962 with the signing of a cease-fire at Evian-les-Bains, France. The agreement provided for the establishment of an independent Algeria with provisions for a transitional government which would maintain order until arrangements were completed for a nationwide referendum. On April 8, in a national referendum in France, ninety per cent of the voters endorsed Algerian independence. On July 1 a referendum to ratify or reject the

Evian agreement took place in Algeria. The voters, given the choice among continued control by the French, complete independence, and independence in cooperation with the French, overwhelmingly chose the last option. On July 3, 1962 Algeria declared its independence.

The Kabyles

The Kabyles are a Berber people living in the mountainous coastal area to the east of Algiers. Very conservative, they are organized traditionally into extended families, each of which claims descent from a common ancestor. These families are loosely linked into tribes, which then form confederations. Communal issues are discussed and arbitrated by the *djemaâ*, a council of adult males. Women are considered inferior and cannot inherit. Justice, meted out by the council, is frequently private, and vengeance is still an accepted custom.

The Kabyle dialect is distinctive, and the Kabyle people do not communicate easily with other Berber groups. Of all the Berbers in Algeria (of which they are the largest group), the Kabyles have been both the most and the least exposed to France. Because they live in isolated and barren areas in villages that, for defensive purposes, are usually perched on mountain peaks, they have had little contact with French settlers or with the French administration. However, the Kabyles have sent the largest group of immigrants to France as migratory workers. They have been eager to obtain a French education, and consequently, a large number of Algerian professionals today are of Kabyle origin.

Pratique   **A. VOCABULAIRE UTILE** Vous trouverez les mots et expressions qui suivent dans «Le Rossignol de Kabylie». Etudiez-les, particulièrement ceux que vous ne connaissez pas.

accueillir	to welcome
l'amertume *f.*	bitterness
l'avertissement *m.*	warning
(*v.* avertir)	
debout	standing
dehors	outside
la douleur	grief, pain
émouvoir (*p.p.* ému)	to move (to affect emotionally)
enregistrer	to record
épier	to watch, spy upon
faire mine de	to pretend
faire signe	to make a sign (i.e., to nod or wave)
hocher la tête	to shake one's head
il doit y avoir	there must be
vanter	to praise
(se vanter)	(to boast)

EXERCICE Vérifiez votre compréhension. Dans les phrases qui suivent, remplacez les tirets par le mot ou l'expression approprié, tiré de la liste ci-dessus. N'oubliez pas de faire les changements nécessaires.

1. Ces musiciens vont au studio pour _____ leur dernière composition.
2. Mon grand-père, profondément triste, ne pouvait rien dire. Il _____ pour montrer qu'il ne voulait pas quitter le cimetière.
3. _____ de la jeune fille était évidente. Elle a continué à pleurer, la tête dans les mains.
4. Cet auteur-là m'a impressionné, ses mots et ses sentiments m'ont touché, ils m'_____ profondément.
5. Ce magasin est très grand. _____ des ascenseurs ici, mais je ne peux pas les trouver.
6. Je ne veux pas m'asseoir. Je préfère me tenir _____.
7. L'agent de police a arrêté le jeune chauffeur qui a brûlé un feu. «Cette fois, a dit l'agent, c'est _____; mais la prochaine fois, vous aurez une contravention.»
8. Je suis arrivé à la soirée. Il y avait beaucoup de monde. Mon ami qui m'attendait m'_____ de la main qu'il m'avait vu.
9. Le détective _____ les actions du suspect afin d'avoir assez de renseignements pour l'arrêter.
10. Marc a passé deux ans en France. Quand il est rentré, ses parents l'_____ à bras ouverts.

B. LISEZ ET REFLECHISSEZ! Déterminez la signification des mots en italique dans les phrases suivantes.

1. Des enfants *étaient accourus* et se pressaient de chaque côté de la porte.
2. Du ciel étoilé tombait une froide lumière qui *bleuissait* les maisons.
3. Il chantait... pour libérer ce... bonheur qui l'*alourdissait*.
4. [Noreddine travaillait] à Alger,... et les sommes qu'il *percevait* lui permettaient de vivre...

C. VOCABULAIRE DE LA KABYLIE L'action de ce conte se passe en Algérie. Les définitions des termes arabes qui suivent vous aideront à comprendre ce qui se passe.

le burnous	grand manteau en forme de cape que portent les Arabes (mot anglais: *burnoose*)
les fellagha(s) **(le fellag)**	partisans algériens qui se sont soulevés contre l'autorité française de 1954 à 1962 conseil de
la djemaâ	notables dans chaque village musulman en Afrique du Nord (Le conseil arbitre les problèmes et les intérêts de la communauté.)
l'asfrou *m.* **(les isfra)**	poème
le kanoun	récipient en terre cuite où l'on met du charbon de bois pour faire cuire ou réchauffer la nourriture

Etablissons les faits!

A. EXPERIENCE PERSONNELLE

1. Traditionnellement les Etats-Unis se sont toujours efforcés d'accueillir les millions de personnes qui ont quitté leur pays pour trouver un emploi et une meilleure vie dans le Nouveau Monde. Qu'est-ce que vous savez des conséquences de cette immigration?
2. Nous jugeons parfois une personne selon son apparence, sa classe sociale, son succès, ou ses amis. Nous négligeons ou ignorons alors les données qui nous permettraient une opinion moins superficielle et plus juste. Avez-vous jamais réalisé que vous faisiez un tel jugement? Avez-vous jamais réalisé être la victime d'un tel jugement? Commentez.

B. VUE PANORAMIQUE

1. Où se passe l'action du conte? Quelle est la durée de l'action?
2. Quel événement sert de cadre historique à ce conte?
3. Qui est le personnage principal?
4. Qui sont les autres personnages principaux? Quels sont leurs rôles?
5. Expliquez le titre du conte.
6. Comment se termine «Le Rossignol de Kabylie»? Qu'est-ce qui arrive au protagoniste?
7. Quels sont vos sentiments à la fin du conte?

Introduction au conte

«Le Rossignol de Kabylie» est un des quatre contes qui font partie de *L'Homme d'avril*, publié en 1959. L'action du conte se passe en Kabylie, une région montagneuse du nord de l'Algérie. Les événements ont lieu pendant la période où les Algériens se sont révoltés contre l'autorité française, entre 1954 et 1962. Le héros du conte est un vieux poète qui est connu pour ses beaux poèmes émouvants. Le langage des dialogues est sûr, concis et réaliste. Les passages descriptifs évoquent une certaine sérénité poétique devant la beauté de la nature.

«Cette vie que nous perdrons»—presque tous les héros de Roblès sont hantés par ces mots. Le vieux poète n'est point différent. Dans les œuvres de Roblès, la mort n'arrive jamais naturellement, mais attaque les jeunes ou les vieux d'une manière brutale et soudaine.

Bien que la vie ne soit qu'un long chemin qui mène toujours à la mort, aucun héros dans les œuvres de Roblès ne refuse de s'y engager pleinement. Exister, pour Roblès, veut dire engager le meilleur de son être, soit en accomplissant un «vrai travail d'homme», soit en créant quelque chose qui durera. L'un ou l'autre de ces choix est un moyen de justifier l'existence. Quelles que soient les absurdités de ce monde, les héros de Roblès sont capables d'accepter leur condition et de justifier leur vie. «Cette mort qu'ils jugent absurde et qu'ils redoutent, ils sont prêts à l'affronter pour donner un sens à leur vie. Et, quand elle arrive, ils y font face avec dignité, avec, parfois, une sorte de détachement «qui ressemble à de la sérénité.»[1]

Georges Régnier a fait un film du «Rossignol de Kabylie» en 1963.

---

1. Chèze, Marie-Hélène, *Emmanuel Roblès, Témoin de l'homme,* Editions Naaman, 1979, p. 53.

LE ROSSIGNOL DE KABYLIE

COMME les clameurs, dehors, se renforçaient, Noreddine Aït Kaci se réveilla. Sa femme revenait de la cour. Du soleil entrait par la porte grande ouverte.

fatiguée et vieille / *withered* / *mind* / encore sous l'effet du sommeil

—Des soldats, dit Aïni. Il y en a un qui veut te voir. Noreddine regarda
5 la vieille Aïni, toute cassée,° le visage desséché.° Il réfléchissait, l'esprit° encore engourdi.°

—Ce sont des Français?

—Des Français, bien sûr…

a ôté
straw mat

Elle paraissait inquiète. Noreddine se leva, rejeta° le burnous qui le
10 recouvrait et chercha ses sandales. Il les trouva au bout de la natte° sur laquelle il avait dormi.

malaria

Il tremblait en se chaussant mais c'était la fièvre, car il souffrait de paludisme.° Par la fenêtre, il aperçut le Djurjura[1] tout enneigé, bleu et blanc, coiffé d'un bourrelet de nuages.

15 A cet instant, on frappa à l'entrée. Il se retourna, vit l'officier et, comme au moment précédent, pour sa femme, il resta à observer l'inconnu sans dire un mot. Il cherchait à deviner les intentions du visiteur.

---

1. **Djurdjura** (also spelled **Djurjura**): chaîne de montagnes en Kabylie

scratching

—Lieutenant Humez, dit celui-ci. Vous permettez?[2]

—Humez... Vous êtes le boxeur? dit le vieillard en se grattant° le dessus d'une main.

—Non, non... Un homonyme seulement. Nous portons le même nom. C'est tout... Mais je suis aussi du Nord. Du Nord de la France... De Tourcoing[3]...

—Ah, Tourcoing, dit Noreddine à qui ce nom aussi suggérait quelque chose de connu. Je crois que j'ai un ami qui a travaillé à Tour... enfin, dans cette ville.

—Oui, les Kabyles sont nombreux à Tourcoing...

cross-legged

peu denses

Sur un signe de Noreddine il s'était assis à la turque° sur la natte. Sans képi[4] il paraissait plus petit, comme tassé sur lui-même.[5] Quand il se penchait en avant, sa grosse tête blonde, aux cheveux déjà clairsemés,° entrait dans le rayon de soleil qui passait par l'étroite fenêtre.

—Nous avons fait halte dans le village, dit l'officier. Et j'ai pensé... J'ai voulu vous saluer. Vous savez, j'ai acheté votre disque...

Noreddine avait frappé dans ses mains pour commander le thé.[6] Aïni, dans la courette, activait le feu. Elle se retourna à demi pour crier que la chose[7] avançait.

Noreddine se demandait où l'officier voulait en venir.[8] Certainement, il allait lui poser des questions sur les fellaghas, mais il ne savait rien. Et le peu qu'il savait, il ne le dirait pas.

Il avait tellement de parents que dans chaque bande,[9] autour du village ou dans la région, il comptait un petit-neveu ou un petit-fils. Ou quelqu'un de connaissance. Et aller dénoncer ces gens-là lui aurait paru une vilenie.

ne connaissait pas

De toute façon il ignorait° la haine. Il était vieux et avait vu trop de choses pour brûler encore au feu des passions qui incendiaient le cœur des hommes dans les montagnes.

de temps en temps

Il ne se préoccupait que de ses poèmes, de ses chants. Il descendait à Alger,[10] de loin en loin,° pour un enregistrement à la Radio, et les sommes qu'il percevait lui permettaient de vivre ainsi qu'Aïni. On l'estimait comme improvisateur, et sa voix, en dépit de ses soixante-huit ans, avait gardé une

---

2. **Vous permettez?**: formule de politesse; c'est-à-dire, **vous me permettez d'entrer...?**

3. **Tourcoing**: une ville (centre d'industries textiles) située au nord-est de la France, près de la frontière belge

4. **képi**: casquette rigide avec visière, semblable à celle des Légionnaires et des gendarmes

5. **comme... lui-même**: comme s'il avait diminué de taille

6. **avait... thé**: D'habitude on servait du thé à la menthe aux visiteurs. Aïni a compris ce que le geste de son mari signifiait.

7. **la chose**: Quelle chose?

8. **où... venir**: quelle était la véritable intention de l'officier

9. **bande**: Le mot peut signifier une famille, une tribu, on un clan; ici, le mot a le sens d'un **groupe de fellagha.**

10. **Alger**: capitale de l'Algérie (voir p. 214)

trembler

cloth
binoculars

silencieuse

slopes
gardien de moutons

encore plus

s'est communiquée à

détonations (backfire)
n'y a pas fait attention

skin

étonnante fraîcheur. Au contraire, celle[11] d'Aïni s'était mis à chevroter° et Noreddine n'etait pas loin de penser qu'il y avait en sa faveur un petit miracle dont la seule pensée le faisait intimement sourire.

L'officier avait défait la pièce d'étoffe° kaki dont il se protégait le cou. Il
5 portait un énorme revolver sur le ventre et des jumelles° pendaient sur sa poitrine.

—Je suis venu, dit-il, parce que dans mon pays on vous connaît. Mon père est ingénieur dans une usine de textiles. Il a appris le kabyle.[12] Il connaît de nombreux chants... Moi-même... Oui, j'en ai beaucoup en-
10 tendu. J'ai acheté, comme je l'ai dit, un de vos disques...

Noreddine approuva gravement mais cet homme l'ennuyait. Il y avait longtemps qu'il avait perdu toute curiosité pour les êtres et qu'il n'écoutait avec attention que certaines voix intérieures qui lui parlaient de la grâce des saisons douces et de l'approche feutrée° de la mort. Un arbre en fleurs, un
15 oiseau dans le vent avaient un langage qui l'inspirait. Et aussi la neige sur les pentes° du Djurjura, les appels des jeunes filles en bas, du côté de la fontaine, le cri lointain d'un berger,° lui rappelaient ses années de vigueur et d'ardente création.

—Et me voici dans ce pays que j'aimais à distance et que j'aime
20 davantage° depuis que je le connais... Me voici et je le parcours en armes, comme un ennemi... Et j'aurais tant voulu y venir en ami.

Il y avait dans le ton beaucoup d'amertume. Noreddine hochait la tête pour montrer qu'il comprenait cet état d'âme. Aïni revint avec un plateau, une théière et deux petites tasses à fleurs bleues. Une coupe contenait le
25 sucre.

Lorsque Aïni se fut retirée, Noreddine demanda des nouvelles de ses compatriotes de Tourcoing. L'officier parla de leur misère[13] et surtout de leur nostalgie du pays. Il en parla avec une sympathie sincère. Parfois il caressait les jumelles d'un geste machinal.
30 Cette émotion si réelle gagna° Noreddine qui, doucement, les yeux fermés, se mit à composer un poème sur l'exil et la douleur de l'exilé. Il oubliait la présence de l'officier. Le chant emplissait la chambre. Des enfants étaient accourus et se pressaient de chaque côté de la porte.

Lorsque Noreddine eut terminé, une pétarade° de moteur retentit du
35 côté de la djemaâ mais l'officier n'y prit pas garde.° Il laissait aussi se prolonger en lui une émotion qui lui serrait les lèvres et lui voilait le regard.

Au bout d'un long moment de silence il se leva, alla jusqu'à la fenêtre et regarda les montagnes. Les enfants l'épiaient en échangeant parfois des coups de coude. L'officier avait un visage très fin, avec un air de tristesse.
40 Le soleil et le grand air avaient foncé sa peau.° Il était rasé de frais.

---

11. **celle:** c'est-à-dire, **la voix**

12. **le kabyle:** la langue berbère de la Kabylie

13. **misère:** Les Kabyles qui sont allés à Tourcoing pour gagner de l'argent dans les usines de textiles vivaient dans la pauvreté.

Noreddine eut pitié de lui. C'était un sentiment neuf pour son cœur. Mais cet homme avait dit qu'il aurait voulu venir en Kabylie en ami et il ne pouvait se promener seul et sans armes à travers les collines.° Sur ce thème *hills* qui l'émouvait comme la chaleur d'un feu par une nuit fraîche, le vieux se 5 mit à composer un asfrou. Les mots lui venaient doucement sur les lèvres. Etonné, puis captivé, l'officier s'était tourné à demi. Il écoutait. A la fin, il sourit et dit qu'il avait reconnu les trois tercets,[14] l'alternance des vers de sept et cinq pieds[15] ainsi que l'ordonnance des rimes.[16] Et Noreddine fut satisfait car il avait spontanément réussi° un de ses meilleurs isfra et il le *ici: composé avec succès* 10 savait. Lorsque l'officier lui demanda la traduction de son poème, le vieux dit qu'il avait plaint l'homme dont l'amour est repoussé.° *rejeté*

Dans la cour, Aïni essayait de chasser les gamins° mais ceux-ci ré- *urchins* sistaient, faisaient mine d'obéir et revenaient, les yeux luisants de curiosité.

Du village arrivaient des appels brutaux.° De nouveau, le moteur *(ici: FA) loud* 15 s'emballa.° L'officier qui s'était accroupi° en face de Noreddine dit qu'il *raced / crouched* était obligé de repartir mais qu'il avait aimé cette halte chez un poète admiré, celui qu'on appelait «le rossignol° de Kabylie». *nightingale*

Le compliment ne toucha point Noreddine qui pensait déjà aux ennuis que cette visite lui vaudrait° dans les jours à venir mais il ne craignait pas ces *ici: apporterait* 20 ennuis puisqu'il se savait entre les mains de Dieu. Simplement, il se disait que l'officier était malheureux et que lui, Noreddine, avait un peu bercé° *apaisé* son cœur. Il en éprouvait un sentiment très doux.

Lorsque les soldats furent repartis, le village demeura° plongé dans un *est resté* silence bizarre. On n'entendait même pas les bêtes dans les étables. Tout *immobilisé* 25 semblait figé° dans une stupeur angoissée.

*   *   *

L'APRES-MIDI, on entendit des coups de fusil° sur l'autre crête. Nored- *gunshots* dine, qui coupait des brindilles° pour le feu, leva la tête pour mieux écouter. *petites branches*

Ensuite, le ciel se décolora. Des reflets pourpres coururent sur les vastes champs de neige, en face, le long de la muraille du Djurjura, et le froid 30 devint plus pénétrant.

Aïni avait bourré° le kanoun et réchauffait de maigres restes° de mouton *rempli (de charbon de bois) /* tandis que Noreddine réparait une boîte de fer-blanc° qu'il avait trouvée sur *leftovers / tin* la route, la veille, en revenant du marché de Beni-Douala.[17]

On frappa et Aïni, après une courte hésitation, ouvrit. C'est un garçon 35 en uniforme que la lampe éclaira de bas en haut. La lampe était posée par terre, près de la boîte, et Noreddine la prit pour l'élever au-dessus de sa tête. Il reconnut l'homme qui attendait devant la porte.

---

14. **tercet:** *a group of three lines of poetry that usually rhyme*
15. **l'alternance... pieds:** *the alternating of lines of seven and five syllables*
16. **l'ordonnance des rimes:** *the arrangement of the rhymes*
17. **Beni-Douala:** petite ville de Kabylie

—C'est toi, Hocine?

—Suis-moi, dit l'autre d'un ton grave et comme peiné.°

attristé

Noreddine fit signe à sa femme qu'il ne tarderait pas à revenir mais la vieille tremblait de frayeur.

5 Il ajusta son burnous, s'avança vers Hocine qui était le fils aîné° de son cousin Ameur, et lui demanda s'ils iraient loin.

le plus âgé

—Tais-toi et marche devant...

Deux autres soldats attendaient dans la rue silencieuse. Du ciel étoilé tombait une froide lumière qui bleuissait les maisons. Les figuiers,° dans la 10 descente, formaient de lourdes masses noires mais des feuilles brillaient par endroits° comme des lames° de verre. C'étaient les premières feuilles de ce printemps.

fig trees

par-ci, par-là / ici: morceaux

Lorsqu'ils arrivèrent à la fontaine, ils tournèrent à gauche vers un groupe de maisons qu'on distinguait à peine mais dont les tuiles° recevaient cette 15 clarté légère qui se posait comme une couche de sel.[18]

tiles

Un chien aboya° très loin, au fond des vapeurs sombres qui montaient des vallées. En face, sur la pente voisine, une lumière, une seule, brillait. Noreddine regarda furtivement cette lumière et renifla.°

barked

sniffed

Hocine et ses deux compagnons, tous trois armés de mitraillettes, 20 marchaient comme en terrain connu et sans même prendre de précautions.

Lorsqu'ils arrivèrent devant la première maison, après avoir contourné une haie° de cactus, une porte s'ouvrit toute seule et Noreddine imagina tout de suite qu'il s'agissait de la porte même de la mort. Aussitôt, il éprouva non de l'inquiétude à son sujet mais une émotion de chercheur 25 dont la patience et la persévérance sont enfin récompensées. Cette porte ouvrait sur la mort et il allait être initié à un mystère[19] dont chaque jour l'avait rapproché.[20] Les premiers vers[21] s'ordonnèrent immédiatement dans son esprit et, plongé dans sa méditation, il regarda d'un air lointain les cinq hommes assis autour de la pièce où il venait tout juste de pénétrer. Une 30 lampe à pétrole, sur une caisse,° fumait sans que personne ne songeât à moucher° la mèche.° Cette lampe s'incorpora d'elle-même au poème, lui ajouta une image poignante.

hedge

grande boîte
trimming / wick

Le plus jeune des hommes, une fois la porte fermée, dit sèchement que Noreddine Aït Kaci, déjà suspect puisqu'il collaborait avec les services 35 radiophoniques des Français,[22] avait trahi° les siens.[23]

dénoncé

Cette accusation tira le vieux de sa rêverie. Il regarda avec une profonde attention ce jeune homme qui devait avoir à peine vingt ans et qui, un jour, lui avait récité un de ses poèmes entendu à la radio.

---

18. **cette... sel:** *this soft light (from the stars), which rested (on the tiles) sparkling like a layer of salt*

19. **mystère:** A quel mystère va-t-il être initié?

20. **l'avait rapproché:** A quoi se réfère l'?

21. **les premiers vers:** c'est-à-dire, les premiers vers d'un poème

22. **déjà... Français:** parce que les Français à Alger enregistraient de temps en temps les chants de Noreddine

23. **les siens:** c'est-à-dire, ses compatriotes, les Kabyles

—Qu'ai-je fait? Dis-le donc?

—Tu as renseigné l'officier français sur l'emplacement des nôtres.[24] Ils nous sont tombés dessus.° Par bonheur, nos guetteurs° avaient trouvé leur manœuvre suspecte.

ont attaqué / sentinelles

5   —Folie, dit Noreddine, très détaché de cette histoire.

—Nous avons des témoins. Et les Français devaient, d'après nos renseignements, se rendre à Tizi-Hibel.[25] Qu'ils aient changé soudain leur itinéraire, et précisément après que tu aies reçu chez toi leur officier, est un fait qui t'accuse, Noreddine!

10   Cette voix calme où vibrait une secrète fureur intéressa le vieux.

Tous les hommes présents, les cinq assis par terre à la turque sur une natte d'alfa[26] et les trois, derrière Noreddine, debout et presque contre lui, attendaient qu'il répondît.

Le vieux regarda la lampe puis dit qu'il avait reçu l'officier, mais que tous 15   deux n'avaient fait que parler de poésie.

Le jeune homme fit le geste d'effacer quelque chose.

—Tu mens...

—Mais non, répliqua Noreddine avec douceur. Pourquoi mentirais-je?

Et il rapporta mot pour mot la conversation qu'il avait eue avec le 20   lieutenant. On lui ordonna de répéter les deux poèmes qu'il avait soi-disant° improvisés et il le fit, les mains croisées sur le ventre, dans une attitude qu'il aurait pu très bien prendre devant un auditoire° ordinaire. Au fur et à mesure° qu'il récitait, il s'évadait[27] de la pièce et son esprit vagabondait dans les zones froides du ciel nocturne, au-dessus des grandes prairies de neige 25   et des sauvages amas° de rochers.

supposedly

public
progressivement, alors

masses

Le silence qui suivit ressemblait à celui qui avait régné chez lui. Comme le lieutenant, les hommes gardaient les lèvres serrées et les yeux vagues. Le jeune observait un endroit du mur où il n'y avait rien mais sur lequel il se voyait lui-même, cheminant par des terres hostiles et familières à la fois.[28] 30   —Impossible de te croire, dit-il enfin, d'une voix molle,° sans agressivité.

douce

Un autre parla pour dire que Noreddine Aït Kaci devait mourir car il aurait dû se taire devant ce Français.

Les autres approuvèrent mais comme à regret.

35   Les hommes armés de mitraillette ne bougeaient pas. Noreddine sentait cependant près de lui leur odeur fauve° de coureurs de brousse.°

musky / guerrilla fighters

---

24. **des nôtres:** Qui sont **les nôtres?**

25. **Tizi-Hibel:** ville de Kabylie

26. **alfa:** *a tough wiry grass of Northern Africa (also called esparto grass), yielding a fiber used in the making of paper and as cordage for mats*

27. **s'évadait:** c'est-à-dire, il s'évadait figurativement

28. **Le jeune... fois:** Le jeune homme, hypnotisé par la beauté et le message du poème, est transporté dans le monde que Noreddine vient de créer.

—Quel est ton dernier vœu? dit le jeune en épiant le visage du vieux qui s'efforçait à présent de ne pas montrer son abattement.°

découragement

C'était l'heure décisive et il l'attendait depuis quelque temps. Il se tourna légèrement vers la porte comme pour vérifier qu'elle n'avait pas changé de ⁵ place, puis ramena son regard sur la lampe. Au pied de celle-ci, le réservoir à pétrole formait une petite flaque d'ombre. Noreddine demanda simplement qu'on le laissât célébrer° sa mort par un poème. On approuva. Et même, il parut que cette proposition intéressait toute l'assemblée, car il y eut des petits mouvements comme lorsqu'on se prépare à concentrer son ¹⁰ attention.

honorer

Noreddine se recueillit° un court instant. Il était étonné par son propre détachement. Il pensait à Aïni. Il pensait au lieutenant français qui, pour trop aimer sa poésie, avait attiré sur lui le malheur. Il devait y avoir un lien° secret entre ces divers instants de la journée, quelque relation mystérieuse. ¹⁵ Cet étranger si nostalgique était descendu du Nord, porteur d'un message et d'un arrêt. Noreddine suivait l'enchaînement° des faits comme si cet enchaînement manifestait la volonté du destin. La mort était très proche cependant et gardait l'odeur un peu âcre° de ses gardiens.

s'est concentré

rapport

succession

sour

A la fin il se mit à réciter son poème de cette voix un peu onctueuse° qu'il ²⁰ avait une fois pour toute adoptée. Il s'émut au premier tercet, en évoquant son ombre qui continuerait à hanter les réunions où des hommes fourbus° écouteraient sa voix ou se répéteraient ses poèmes. Il dit qu'il resterait mêlé à° ces paysages, à ces pentes, à ces fontaines, tant que ses chants dureraient dans les mémoires. Il ne parlait pas de lui mais de son art et de cette âme qui ²⁵ ne pouvait mourir puisqu'elle participait de cette terre. Le trait final° survint° dans ce silence que Noreddine connaissait bien. Puis le jeune soupira, dit qu'il était dur de faire disparaître un si grand artiste. Visiblement, le poème l'avait ému. Noreddine perçut cette même hésitation chez tous les autres. Des lueurs brillaient à la surface de leurs yeux froids. ³⁰ Finalement, le plus âgé déclara qu'on pouvait croire Noreddine, que ses arguments paraissaient acceptables et que tout ceci devrait lui servir d'avertissement. On approuva.

chaude et sensuelle

très fatigués

ici: ferait partie de

ici: pensée finale
est tombé brusquement

—Tu peux partir, dit l'un des hommes.

La même clarté douce et froide s'étendait sur la campagne. Noreddine se ³⁵ mit en route, tout seul à présent, mais il peinait.° Pourtant, la joie, une joie toute jeune et bondissante, lui faisait presser le pas. Il fallait rejoindre Aïni sans tarder car elle devait mourir d'angoisse. Il atteignit un éperon° rocheux qui dominait la vallée. Il savait qu'il ne lui restait que vingt minutes de marche à compter de ce point. Alors il se mit à chanter, à vanter la beauté ⁴⁰ de cette nuit. Il chantait pour lui seul, pour libérer ce trop-plein de bonheur qui l'alourdissait. Il avait attendu la mort avec calme, avec la résignation d'un vrai croyant, mais il accueillait ce sursis° comme un don de Dieu. Oui, toute cette journée avait un sens et il la commenta sur un air allègre° que personne, jamais, ne recueillerait, puisqu'il était seul sous ces étoiles. Il ⁴⁵ chantait tout en marchant sur le sentier° qu'il devinait à peine.° La balle qui l'atteignit en pleine poitrine, il n'aurait pu dire si elle venait d'être tirée par

marchait avec difficulté

spur (of land)

reprieve
mélodie vive et animée

chemin étroit / trouvait avec
    difficulté

légèrement chaude

un Français ou un des siens. Elle[29] le coucha doucement sur un lit de lentisques[30] et il sut, tandis que la vie fuyait, tiède,° entre ses doigts, que le destin pour le saisir, avait attendu ce chant d'espoir.

EXERCICES DE COMPRÉHENSION

Vrai/faux   Indiquez si le sens des phrases suivantes est vrai ou faux selon le texte. S'il est faux, corrigez la phrase. Ne vous contentez pas d'utiliser ou de supprimer les mots négatifs.

La visite

1. Noreddine Aït Kaci habite avec sa femme et ses enfants.
2. Noreddine porte d'habitude un manteau et des bottes.
3. Le Djurdjura est une rivière qui coule près du village.
4. Humez s'assoit sur la seule chaise et enlève ses chaussures.
5. Les habitants du nord de la France s'appellent les Kabyles.
6. Humez est venu chez Noreddine pour acheter un de ses disques.
7. Noreddine a frappé dans ses mains pour que la servante prépare le thé.
8. Noreddine pense que l'officier va lui poser des questions sur les fellagha dans la région.
9. Noreddine ne se préoccupe que des passions qui incendient les partisans algériens.
10. Noreddine gagne de l'argent en faisant des enregistrements de ses chants à la Radio à Alger.
11. Parce que l'officier est venu dans ce pays en ami il ne porte pas d'armes.
12. L'officier parle de la misère des Kabyles en France.
13. L'officier est ému par le poème que Noreddine improvise sur les saisons douces.
14. Le deuxième asfrou que Noreddine compose est inspiré par un sentiment de pitié pour Humez.
15. Noreddine compose ses poèmes en français.
16. Noreddine comprend que la visite de l'officier va lui causer des ennuis.
17. Noreddine est heureux parce qu'il a réussi à consoler Humez.´

L'accusation

1. L'après-midi, Hocine vient chercher Noreddine.
2. Noreddine part avec les soldats, et sa femme sourit en faisant un signe d'adieu.

---

29. **Elle:** A quoi se rapporte **elle?**
30. **lentisques:** *Mastic trees; small evergreen trees of the Mediterranean region*

3. Hocine emmène Noreddine au camp des Français.

4. Quand Noreddine arrive à sa destination, il a l'impression que la mort l'attend.

5. Noreddine apprend qu'on l'accuse d'avoir collaboré avec les Allemands contre les Français.

6. Les soldats français ont attaqué les fellagha après la conversation entre Noreddine et Humez.

7. Noreddine explique que l'officier français et lui ont parlé de poésie.

8. Plusieurs hommes décident que Noreddine doit mourir, mais les autres contestent cette décision.

9. Le dernier vœu de Noreddine est que les hommes lui permettent de dire au revoir à Aïni.

10. Noreddine est étonné par sa frayeur envers sa mort proche.

11. Le poème que Noreddine chante parle des regrets qu'il éprouve en quittant ce monde.

12. Les hommes, très émus par les vers de Noreddine, le libèrent.

13. Noreddine, plein de joie, se dépêche de rejoindre Aïni.

14. La balle qui tue Noreddine a été tirée par le plus jeune des fellagha.

Questions de compréhension

Ecrivez en français les réponses aux questions suivantes. Formulez vos propres réponses. Essayez de ne pas copier les phrases du texte.

La visite

1. Qui est Noreddine? Qui est Aïni?

2. En quelle saison se passe le conte? Quelle est la durée de l'action? Justifiez votre réponse.

3. Qui est venu rendre visite à Noreddine? D'où est-il? Pourquoi est-il en Kabylie?

4. Pourquoi Humez est-il venu voir Noreddine?

5. Noreddine ne savait pas pourquoi l'officier venait le voir. Qu'a-t-il supposé être la raison de cette visite? Comment Noreddine s'est-il proposé de répondre aux questions de l'officier? Pourquoi?

6. Noreddine haïssait-il les soldats français? Pourquoi? De quoi Noreddine se préoccupait-il?

7. Que faisait Noreddine à Alger? Pourquoi?

8. Comment l'officier connaissait-il les chants de Noreddine?

9. Noreddine a trouvé la visite de l'officier ennuyeuse. Quelle «voix» Noreddine écoutait-il avec attention? Qu'est-ce qui l'inspirait?

10. Pourquoi l'officier a-t-il parlé avec beaucoup d'amertume?

11. Pourquoi Noreddine s'est-il mis à composer un poème? Quel était le sujet de ce poème? Comment l'officier a-t-il réagi?

12. Que faisaient les enfants dehors? Pourquoi?

13. Quel était le sujet du deuxième asfrou que Noreddine a composé? Pourquoi l'a-t-il composé?

14. Quel compliment l'officier a-t-il fait à Noreddine avant de partir? Ce compliment a-t-il impressionné Noreddine? Pourquoi ou pourquoi pas?

15. Après le départ de l'officier, Noreddine a éprouvé un sentiment très doux. Pourquoi?

L'accusation

1. Qu'est-ce que Noreddine a entendu au cours de l'après-midi? Quelle est, selon vous, l'importance de ces sons?
2. Qui était Hocine? Pourquoi est-il venu chercher Noreddine? Etait-il seul? Expliquez.
3. Hocine a mené Noreddine à une maison où il y avait d'autres fellagha. Quand il est arrivé devant la porte ouverte, quelle sensation Noreddine a-t-il éprouvée? S'est-il inquiété? Pourquoi ou pourquoi pas?
4. De quoi Noreddine a-t-il été accusé? Que ressentait Noreddine pendant cette accusation?
5. Selon les fellagha quelle était la preuve de la complicité de Noreddine?
6. Noreddine a expliqué que l'officier français et lui n'avaient parlé que d'une seule chose. De quoi avaient-ils parlé? Les autres l'ont-ils cru?
7. Comment Noreddine a-t-il essayé de prouver son innocence?
8. Qu'est-ce qu'on a ordonné à Noreddine de répéter? Comment les autres ont-ils réagi?
9. A quoi Noreddine a-t-il été condamné?
10. Quel a été le dernier vœu de Noreddine? Comment sait-on que les hommes s'intéressaient à ce que Noreddine voulait faire?
11. Pendant que Noreddine se recueillait, à quoi pensait-il? Pourquoi a-t-il été étonné?
12. De quoi Noreddine a-t-il parlé dans ce troisième poème?
13. Comment les autres ont-ils réagi à ce poème?
14. Comment Noreddine se sentait-il alors qu'il se pressait de rentrer chez lui? Qu'est-ce qu'il s'est mis à faire? Pourquoi?
15. Qu'est-ce qui est arrivé à Noreddine? Qu'a-t-il finalement compris durant ses derniers moments?
16. Pourquoi la fin de ce conte est-elle si poignante?

Résumé   Vous racontez «Le Rossignol de Kabylie» à vos camarades de classe qui ne l'ont pas lu. Votre professeur vous a donné la permission d'utiliser en tant qu'aide-mémoire les sept phrases ci-dessous. Chaque phrase sert de point de départ à chaque partie de votre récit. Ajoutez les détails nécessaires pour composer un résumé complet du conte. N'oubliez pas de situer le décor et d'identifier les personnages avant de commencer.

1. Un soldat français rend visite à Noreddine.
2. Noreddine compose les deux poèmes.
3. L'officier part.
4. Un garçon en uniforme frappe à la porte de Noreddine.
5. Noreddine est accusé.

6. On accorde à Noreddine son dernier vœu.

7. Noreddine se dépêche de rentrer chez lui.

Réactions orales ou écrites

A. SYNTHESE DU TEXTE

1. Ce conte nous offre un bref aperçu de la vie indigène en Algérie. Quelles indications révélatrices de ce style de vie avez-vous découvertes?

2. Décrivez Noreddine Aït Kaci en choisissant au moins trois des adjectifs qui suivent. Justifiez votre choix d'après ce que vous avez appris de Noreddine dans le conte.

loyal	introspectif	fier	courageux	amical
naïf	craintif	honnête	compréhensif	poli
calme	créateur	curieux	timide	doux

3. Roblès révèle, par l'intermédiaire de Noreddine, une conscience profonde de la beauté de la nature. Dans quels passages cette conscience est-elle évidente? Qu'est-ce que vous avez appris sur le paysage de cette région?

4. La plupart de l'action dans ce conte semble se passer dans une atmosphère de tranquillité—la conversation avec l'officier, et même l'accusation contre Noreddine. De temps en temps, Roblès permet l'intrusion du monde extérieur. Mentionnez les incidents qui interrompent cette sérénité. Expliquez pourquoi vous les avez choisis et l'effet qu'ils ont eu sur vous, le lecteur.

5. Vous êtes chargé d'illustrer une édition du «Rossignol de Kabylie». Dessinez l'un des sujets suivants:

  a. Aïni

  b. Noreddine

  c. le lieutenant

  d. le jeune soldat

  e. la scène dans la maison où l'on interroge Norreddine

  f. (Choisissez un sujet ou une scène que vous voulez illustrer.)

B. REACTION PERSONNELLE

1. Les femmes jouent un rôle secondaire dans les œuvres de Roblès. Pourtant, nous avons l'impression que Noreddine et Aïni s'aiment beaucoup. Imaginez les pensées d'Aïni pendant l'absence de Noreddine. Que pense-t-elle du Lieutenant Humez? Qui accuse-t-elle de la mort de son mari? Quelle sera sa vie maintenant?

2. A votre avis, les fellagha avaient-ils raison d'accuser Noreddine? Décrivez leur débat moral. Justifiez votre réponse.

3. Selon vous, qui a tiré la balle qui a tué Noreddine? Est-ce que c'était un Français ou un Kabyle? Justifiez votre choix en expliquant le raisonnement du meurtrier.

4. Vous êtes le Lieutenant Humez. Vous venez d'apprendre que Noreddine est mort. Quels sont vos sentiments? Que faites-vous? Allez-vous rendre visite à

Aïni? Essayez-vous de découvrir l'identité de l'assassin? Si oui, comment? Si non, pourquoi pas?

5. Hocine essaie de raconter à ses parents ce qui s'est passé dans la maison où l'on avait accusé Noreddine. Pensez à sa jeunesse et aux émotions qu'il a ressenties. Quelles questions ses parents lui ont-ils posées? Comment y a-t-il répondu?

6. La fin de ce conte est contraire aux attentes du lecteur. Démontrez cette ironie. Auriez-vous terminé le conte de cette façon? Si non, comment l'auriez-vous terminé? Si oui, pourquoi acceptez-vous la conclusion telle qu'elle est?

7. Dans l'introduction au conte, vous avez lu que les héros de Roblès sont prêts à affronter la mort, et, «quand elle arrive, ils y font face avec dignité». Croyez-vous que Noreddine illustre bien cette observation? Développez.

8. Exister, pour Roblès, veut dire engager le meilleur de son être, soit en accomplissant «un vrai travail d'homme», soit en créant quelque chose qui durera. De quelle façon Noreddine a-t-il justifié sa vie? Expliquez votre réponse.

9. Un soldat américain, pendant la Guerre du Vietnam, rend visite à un poète vietnamien. Imaginez les raisons de sa visite. Ce soldat, que pense-t-il de sa présence dans ce pays? Se considère-t-il ami ou ennemi? Qu'est-ce qui arrive après sa visite chez le poète?

ENTRACTE

LA POÉSIE

René Philombe (1930–   )

Romancier, poète, conteur et journaliste, René Philombe est né au Cameroun où il a fait ses études. Quoique victime de la poliomyélite qui l'a frappé en 1957, Philombe a fondé deux journaux hebdomadaires et a participé activement à la vie politique. Emprisonné plusieurs fois à cause de ses activités subversives, il a commencé sa carrière littéraire en 1964. Son autobiographie, *Lettres de ma cambuse* (1964), a reçu le Prix Mottard de l'Académie Française.

Philombe, comme presque tous les auteurs contemporains de l'Afrique Noire, a été influencé par le mouvement de **négritude.** Ce mouvement littéraire affirme la totalité de la culture noire et souligne la responsabilité des Noirs de se libérer des conséquences dégradantes du colonialisme. En exprimant aussi un espoir dans la force vitale de l'Afrique et un rêve de fraternité universelle, la littérature africaine du vingtième siècle dépasse très souvent la question de couleur et défend les droits de tous les êtres humains. La révolte contre le colonialisme est évidente dans le poème «Civilisation», publié dans une anthologie en 1965.

Civilisation

obscurité / *safe, healthy*	Ils m'ont trouvé dans les ténèbres° saines°
	de ma hutte de bambou
	ils m'ont trouvé
animal skins	vêtu d'obom[1] et de peaux de bête°
5	avec mes palabres[2]
	et mes rires torrentiels
	avec mes tam-tams
	mes gris-gris[3]
	et mes dieux
10	O pitié! Qu'il est primitif!
	Civilisons-le!...
showered	Alors ils m'ont douché° la tête
ici: vides de sens, absurdes	dans leurs livres bavards°
rigged out (le harnais = harness)	puis ils m'ont harnaché° le corps
15	de leurs gris-gris
qui leur appartiennent	à eux°
	puis ils ont inoculé

1. **obom:** *cloth made from the bark of certain trees*

2. **palabres:** discussions, conversations

3. **gris-gris** (singulier: **gri-gri**): amulette (*charm*) magique portée pour détourner le mal et pour porter chance

dans mon sang
dans mon sang clair et transparent
et l'avarice
et l'alcoolisme
5   et la prostitution
et l'inceste
et la politique fratricide...

Hourra!...[4]
Car me voilà un homme civilisé!

Questions

1. Identifiez «ils» et «me». Quel rapport y a-t-il entre les deux?
2. Quels éléments dans la première partie du poème indiquent l'origine de «me»?
3. Quels éléments dans la deuxième partie du poème décrivent «la civilisation» de «ils»?
4. Dans quels vers du poème l'ironie du narrateur est-elle évidente? Expliquez cette ironie.
5. Selon vous, qu'est-ce que le poète essaie de communiquer au lecteur?

Réactions

1. Quelle émotion ce poème a-t-il évoquée en vous? Après l'avoir lu, vous êtes-vous senti indifférent, amusé, triste, fâché, choqué,... ? Pourquoi?
2. Quand les Européens sont venus aux Etats-Unis pour fonder des colonies, ils ont trouvé ce «nouveau monde» peuplé par les Indiens d'Amérique. Quelles similarités et quelles différences remarquez-vous entre cette «colonisation» et celle décrite par René Philombe? (Si vous voulez, essayez d'écrire un poème où «ils» sont les colonisateurs anglais et «me» est un Américain indigène.)
3. Ce poème suggère-t-il que la civilisation n'amène que des résultats négatifs? Expliquez votre réponse. Selon vous, la civilisation offre-t-elle des avantages? Si oui, mentionnez-en quelques-uns.
4. Imaginez que vous êtes administrateur dans un pays récemment colonisé par votre gouvernement. A quelles réactions vous attendriez-vous de la part des indigènes? Pourquoi? Mentionnez trois mesures que vous prendriez pour obtenir une attitude positive envers votre présence dans ce pays.

---

4. **Hourra!:** du cri, **Hip, hip, hip, hourra!**

YAMBO OUOLOGUEM (1940–)

Yambo Ouologuem est né au Mali et a fait de brillantes études de littérature et de sociologie à Paris. Il parle plusieurs langues africaines aussi bien que le français, l'anglais et l'espagnol. Rejetant l'idée qu'on ne peut pas «penser africain» en français, il a choisi cette langue pour ses œuvres littéraires. Dans *Le Devoir de violence* (1968) Ouologuem présente une histoire controversée de l'Afrique et souligne l'héritage de violence et de crime de ce grand continent. Son essai, *Lettre à la femme nègre* (1968), attaque l'hypocrisie européenne et africaine dans un style mordant et sarcastique. Son intelligence acerbe et son humour caustique sont évidents dans ses écrits. Pour Ouologuem, il n'y a pas à proprement parler de «problème nègre»—il n'y a que des problèmes universels de classe et de conflit humain.

La poésie d'Ouologuem présente souvent les thèmes dont il traite dans ses œuvres plus longues. Dans le monologue doux-amer de son poème «A Mon Mari,» il se moque de ceux qui rejettent leurs origines afin de donner l'illusion qu'ils sont différents de ce qu'ils sont.

A MON MARI

Tu t'appelais Bimbircokak
et tout était bien ainsi
Mais tu devins Victor-Emile-Louis-Henri-Joseph
et achetas un service de table

5 J'étais ta femme
Tu m'appelas ton épouse[1]
Nous mangions ensemble
Tu nous séparas autour d'une table

Calebasse[2] et louche
10 Gourde et couscous[3]
Disparurent du menu oral
bénévole, paternel   Que me dictait ton commandement paterne°

---

1. **épouse:** En milieu africain, le mot «femme» est plus familier que le mot «épouse». «Ma femme» est la personne qui m'aime, qui m'obéit, qui s'occupe de mes besoins et que j'aime. «Mon épouse», terme utilisé seulement dans les milieux européanisés de l'Afrique, crée une certaine distance—le rôle de cette femme devient presque égal à celui de l'homme dans le mariage.

2. **calebasse:** *a hollow gourd used as a bowl or platter*

3. **couscous:** plat africain fait de blé *(wheat)* et servi avec de la viande, des légumes et des sauces piquantes

ici: insistais   Nous sommes modernes précisais°-tu

                                        Chaud chaud chaud est le soleil
comme il est dans les   A la demande des° tropiques
                                        Mais ta cravate ne quitte
                    5   Point ton cou menacé d'étranglement

pout   Et puisque tu boudes° quand je te rappelle ta situation
                                        Eh bien n'en parlons plus mais je t'en prie
                                        Regarde-moi
                                        Comment me trouves-tu

grapes / gingerbread   10   Nous mangeons des raisins° du lait pasteurisé du pain d'épice°
                                        D'importation
                                        Et mangeons peu
                                        Ce n'est pas ta faute

                                        Tu t'appelais Bimbircokak
                    15   Et tout était bien ainsi
                                        Tu es devenu Victor-Emile-Louis-Henri-Joseph
                                        Ce qui
                                        Autant qu'il m'en souvienne
                                        Ne rappelle point ta parenté avec
Rockefeller   20   Roqueffelère°
je ne suis pas experte   (Excuse mon ignorance je ne m'y connais pas° en finances et en
                                        Fétiches)[4]
                                        Mais vois-tu Bimbircokak
                                        Par ta faute
                    25   De sous-développée je suis devenue sous-alimentée.

Questions   **1.** Contrastez les deux noms attribués au mari dans la première strophe.
                  2. Enumérez les changements qui ont eu lieu dans la vie quotidienne de cette
                  femme et de son mari.
                  3. Comment le poète se sert-il des temps des verbes pour communiquer les
                  changements?
                  4. Quel message la femme essaie-t-elle de transmettre à son mari? Comment le
                  mari réagit-il d'habitude?
                  5. «A Mon Mari» est un monologue doux-amer. Cherchez les vers qui montrent
                  le côté doux ou drôle ainsi que ceux qui montrent le côté amer.

---

4. **fétiche:** objet auquel on attribue un pouvoir magique ou bénéfique

Réactions

1. Créez un dialogue en vous basant sur ce monologue. Prenez le rôle de Bimbircokak et répondez aux commentaires de votre femme. Décidez d'abord si vous allez être d'accord avec elle ou si vous allez défendre vos actions.

2. Nous nous trouvons tous un jour ou l'autre dans une situation où nous nous croyons obligés de donner de nous-mêmes une impression différente. Nous cachons souvent ce que nous pensons pour ne pas faire de mal aux autres. Nous nous comportons de telle ou telle façon pour être acceptés dans un certain groupe. Vous êtes-vous jamais trouvé dans une telle situation? Laquelle? Qu'avez-vous fait? Vous sentiez-vous à l'aise ou non? Par la suite, étiez-vous content d'avoir agi ainsi?

3. Que veut dire la femme de Bimbircokak par la phrase «De sous-développée je suis devenue sous-alimentée»? Fait-elle allusion uniquement à la nourriture? Quels autres changements dans sa vie l'ont rendue «sous-alimentée»?

PART III

As you continue to develop your reading ability in French, you are no doubt eager to test your skills with selections that have not been specially prepared for use in an intermediate French course. Such readings have neither prereading exercises nor margin glosses to help you with new vocabulary, nor do they have postreading exercises to help you test your comprehension. Some may not even have biographical information about the author or introductions to help you focus your thoughts. You are entirely on your own.

In an effort to help prepare you for the "real world" of reading French, the format of the chapters in Part III differs from that in Parts I and II. A two-step approach is used. The first two selections are by authors who have been presented earlier in this text. Since you are familiar with the author, style, characters, and necessary background information, no introductory material is furnished. In addition, there are no margin glosses, *Vrai/faux,* or *Résumé* exercises. Only footnotes and a minimal number of content and discussion questions are provided.

The last two chapters contain readings by authors whom you have not yet met. Brief biographies, such as those that you might find on a book jacket, are provided. Once again, content and discussion questions are supplied in order to facilitate class discussion.

If you have made a diligent attempt to practice the reading strategies suggested in Chapter 1, you will be pleasantly surprised at the facility with which you are able to read the selections in Part III. Enjoy!

15

IL FAUT ETRE RAISONNABLE

PAR
RENÉ GOSCINNY

ILLUSTRÉ PAR
JEAN-JACQUES SEMPÉ

Introduction au conte

«Il faut être raisonnable» par René Goscinny est tiré du livre *Les Vacances du petit Nicolas*. Il s'agit du même Nicolas rencontré à l'école avec tous ses copains le jour où Clotaire et ses lunettes ont tellement embêté la maîtresse et le surveillant. Relisez dans le Chapitre 12 les renseignements sur l'auteur, le dessinateur, le vocabulaire et les commentaires culturels.

　　Dans «Il faut être raisonnable» Nicolas se préoccupe des grandes vacances, sujet très important pour lui comme pour tous les Français. L'année scolaire a pris fin et tous les copains sont prêts à partir en vacances. Seul Nicolas ne sait ni comment ni où il va les passer. Nicolas est inquiet parce que chez lui on n'en parle pas encore. Nicolas décide alors de poser des questions à ses parents.

 ## *IL FAUT ÊTRE RAISONNABLE*

CE QUI m'étonne, moi, c'est qu'à la maison on n'a pas encore parlé de vacances![1] Les autres années, Papa dit qu'il veut aller quelque part, Maman dit qu'elle veut aller ailleurs, ça fait des tas d'histoires. Papa et Maman
5　disent que puisque c'est comme ça ils préfèrent rester à la maison, moi je pleure, et puis on va où voulait aller Maman. Mais cette année, rien.

---

1. **vacances:** On dit qu'en France, l'année est divisée en deux parties—les vacances et le reste de l'année! La majorité des Français prennent leurs vacances ou en juillet ou en août.

Pourtant, les copains de l'école se préparent tous à partir. Geoffroy, qui a un papa très riche, va passer ses vacances dans la grande maison que son papa a au bord de la mer. Geoffroy nous a dit qu'il a un morceau de plage pour lui tout seul, où personne d'autre n'a le droit de venir faire des pâtés.
5 Ça, c'est peut-être des blagues, parce qu'il faut dire que Geoffroy est très menteur.

Agnan, qui est le premier de la classe et le chouchou de la maîtresse, s'en va en Angleterre passer ses vacances dans une école où on va lui apprendre à parler l'anglais. Il est fou, Agnan.

10 Alceste va manger des truffes en Périgord,[2] où son papa a un ami qui a une charcuterie. Et c'est comme ça pour tous: ils vont à la mer, à la montagne ou chez leurs mémés à la campagne. Il n'y a que moi qui ne sais pas encore où je vais aller, et c'est très embêtant, parce qu'une des choses que j'aime le mieux dans les vacances, c'est d'en parler avant et après aux
15 copains.

C'est pour ça qu'à la maison, aujourd'hui, j'ai demandé à Maman où on allait partir en vacances. Maman, elle a fait une drôle de figure, elle m'a embrassé sur la tête et elle m'a dit que nous allions en parler «quand Papa sera de retour, mon chéri», et que j'aille[3] jouer dans le jardin, maintenant.

20 Alors, je suis allé dans le jardin et j'ai attendu Papa, et quand il est arrivé de son bureau, j'ai couru vers lui; il m'a pris dans ses bras, il m'a fait «Ouplà[4]!» et je lui ai demandé où nous allions partir en vacances. Alors, Papa a cessé de rigoler, il m'a posé par terre et il m'a dit qu'on allait en parler dans la maison, où nous avons trouvé Maman assise dans le salon.

25 —Je crois que le moment est venu, a dit Papa.

—Oui, a dit Maman, il m'en a parlé tout à l'heure.

—Alors, il faut le lui dire, a dit Papa.

—Eh bien, dis-lui, a dit Maman.

—Pourquoi moi? a demandé Papa; tu n'as qu'à lui dire, toi.

30 —Moi? c'est à toi à lui dire, a dit Maman; l'idée est de toi.

—Pardon, pardon, a dit Papa, tu étais d'accord avec moi, tu as même dit que ça lui ferait le plus grand bien, et à nous aussi. Tu as autant de raisons que moi de le lui dire.

—Ben alors, j'ai dit, on parle des vacances ou on ne parle pas des
35 vacances? Tous les copains partent et moi je vais avoir l'air d'un guignol si je ne peux pas leur dire où nous allons et ce que nous allons y faire.

Alors, Papa s'est assis dans le fauteuil, il m'a pris par les mains et il m'a tiré contre ses genoux.

---

2. **des truffes en Périgord**: Le Périgord est une région près du Massif Central, célèbre pour ses forêts où l'on trouve beaucoup de truffes *(truffles)*. Ces champignons sont un mets très recherché—appelé par un chef célèbre le «diamant de la cuisine».

3. **que j'aille**: *This grammatical construction is used here to imitate children's incorrect speech. It should read:* **elle m'a dit d'aller...**

4. **Ouplà!**: *distortion of* **Hop là!**, *interjection used when someone throws you up in the air*

—Mon Nicolas est un grand garçon raisonnable,[5] n'est-ce pas? a demandé Papa.

—Oh! oui, a répondu Maman, c'est un homme maintenant!

Moi, j'aime pas trop quand on me dit que je suis un grand garçon, parce
5   que d'habitude, quand on me dit ça, c'est qu'on va me faire faire des choses qui ne me plaisent pas.

—Et je suis sûr, a dit Papa, que mon grand garçon aimerait bien aller à la mer!

—Oh! oui, j'ai dit.

10   —Aller à la mer, nager, pêcher, jouer sur la plage, se promener dans les bois, a dit Papa.

—Il y a des bois, là où on va? j'ai demandé. Alors c'est pas là où on a été l'année dernière?

—Ecoute, a dit Maman à Papa. Je ne peux pas. Je me demande si c'est
15   une si bonne idée que ça. Je préfère y renoncer. Peut-être, l'année prochaine…

—Non! a dit Papa. Ce qui est décidé est décidé. Un peu de courage, que diable[6]! Et Nicolas va être très raisonnable; n'est-ce pas, Nicolas?

Moi j'ai dit que oui, que j'allais être drôlement raisonnable. J'étais bien
20   content, avec le coup de la mer et de la plage, j'aime beaucoup ça. La promenade dans les bois, c'est moins rigolo, sauf pour jouer à cache-cache; alors là, c'est terrible.

—Et on va aller à l'hôtel? j'ai demandé.

—Pas exactement, a dit Papa. Je… je crois que tu coucheras sous la
25   tente. C'est très bien, tu sais…

---

5. **raisonnable**: Les enfants français sont très tôt encouragés à se comporter comme des adultes. Les admonitions telles que «Sois sage!», «Sois raisonnable!», «Sois poli!», s'entendent très souvent dans une famille française.

6. **que diable!**: interjection exprimant un étonnement indigné

Alors là, j'étais content comme tout.

—Sous la tente, comme les Indiens dans le livre que m'a donné tante Dorothée? j'ai demandé.

—C'est ça, a dit Papa.

5 —Chic! j'ai crié. Tu me laisseras t'aider à monter la tente? Et à faire du feu pour cuire le manger? Et tu m'apprendras à faire de la pêche sous-marine pour apporter des gros poissons à Maman? Oh! ça va être chic, chic, chic!

Papa s'est essuyé la figure avec son mouchoir, comme s'il avait très
10 chaud, et puis il m'a dit:

—Nicolas, nous devons parler d'homme à homme. Il faut que tu sois très raisonnable.

—Et si tu es bien sage et tu te conduis comme un grand garçon, a dit Maman, ce soir, pour le dessert,[7] il y aura de la tarte.

15 —Et je ferai réparer ton vélo, comme tu me le demandes, depuis si longtemps, a dit Papa. Alors, voilà... Il faut que je t'explique quelque chose...

—Je vais à la cuisine, a dit Maman.

—Non! reste! a dit Papa. Nous avions décidé de le lui dire ensemble...

20 Alors Papa a toussé un peu dans sa gorge, il m'a mis ses mains sur mes épaules et puis il m'a dit:

—Nicolas, mon petit, nous ne partirons pas avec toi en vacances. Tu iras seul, comme un grand.

—Comment, seul? j'ai demandé. Vous ne partez pas, vous?

25 —Nicolas, a dit Papa, je t'en prie, sois raisonnable. Maman et moi, nous irons faire un petit voyage, et comme nous avons pensé que ça ne t'amuserait pas, nous avons décidé que toi tu irais en colonie de vacances.[8] Ca te fera le plus grand bien, tu seras avec des petits camarades de ton âge et tu t'amuseras beaucoup...

30 —Bien sûr, c'est la première fois que tu seras séparé de nous, Nicolas, mais c'est pour ton bien, a dit Maman.

—Alors, Nicolas, mon grand... qu'est-ce que tu en dis? m'a demandé Papa.

—Chouette! j'ai crié, et je me suis mis à danser dans le salon. Parce que
35 c'est vrai, il paraît que c'est terrible, les colonies de vacances: on se fait des tas de copains, on fait des promenades, des jeux, on chante autour d'un gros feu, et j'étais tellement content que j'ai embrassé Papa et Maman.

Pour le dessert, la tarte a été très bonne, et j'en ai eu plusieurs fois parce que ni Papa ni Maman n'en ont mangé. Ce qui est drôle, c'est que Papa et

---

7. **dessert:** En France le dessert est souvent donné comme récompense aux enfants sages. On prive de dessert les enfants méchants ou insupportables.

8. **colonie de vacances:** *(camp)* Beaucoup d'enfants passent leurs vacances dans ces colonies où, sous la direction de moniteurs *(counselors)*, ils s'engagent dans des activités diverses. Il existe toutes sortes de colonies, pour enfants ou adolescents, où l'on peut s'adonner au sport, à la musique, à une langue étrangère, etc.

Maman me regardaient avec des gros yeux ronds. Ils avaient même l'air un peu fâché.

Pourtant, je ne sais pas, moi, mais je crois que j'ai été raisonnable, non?

Les préparatifs sont allés bon train,[9] entrecoupés, toutefois, par dix-sept coups de téléphone de la mémé de Nicolas. Un seul incident curieux: la mère de Nicolas a tout le temps des choses qui lui tombent dans les yeux, et elle a beau se moucher,[10] rien n'y fait...

EXERCICES DE COMPRÉHENSION

Questions de compréhension

1. Quelle importance les vacances ont-elles pour les Français? Et pour Nicolas et ses parents? Commentez.
2, Les copains de Nicolas où vont-ils passer les vacances? Et Nicolas, que pense-t-il des projets de ses copains?
3. Les parents de Nicolas ont eu de la difficulté à lui dire où il va aller passer ses vacances. Pourquoi?
4. Quels encouragements les parents offrent-ils à Nicolas pour lui faire accepter leur idée?

---

9. **bon train:** c'est-à-dire, **bien et vite**

10. **elle... moucher: avoir beau + infinitif** = *to do something in vain;* **se moucher** = *to blow one's nose.* Pourquoi la mère de Nicolas doit-elle souvent se moucher?

5. Qu'est-ce que les parents de Nicolas lui révèlent enfin? Pourquoi avaient-ils peur de le lui révéler? Comment justifient-ils leur décision à Nicolas?
6. Nicolas est-il satisfait des vacances projetées? Comment le savez-vous?
7. Comment le dîner se déroule-t-il? Qu'est-ce que Nicolas ne comprend pas?
8. Comment se passent les préparatifs pour les vacances de Nicolas?

Réactions orales ou écrites

A. SYNTHESE DU TEXTE

1. Les parents de Nicolas ne savent pas comment leur fils va réagir à leurs projets pour ses vacances. Il est évident qu'ils s'inquiètent beaucoup. Trouvez dans le conte tout ce qui dénote leur incertitude. (Pensez aux mots, gestes, descriptions, etc.)
2. Relevez tout ce qui indique, dans le texte, que les enfants français sont très tôt encouragés à se comporter comme des adultes.

B. REACTION PERSONNELLE

1. En France, les admonitions telles que «Sois sage!» et «Sois raisonnable!» sont souvent entendues quand les parents s'adressent aux enfants. Quelles admonitions sont utilisées le plus souvent par les parents américains? Avez-vous remarqué certaines similarités entre la façon de discipliner les enfants en France et aux Etats-Unis? Comment vos parents vous ont-ils discipliné?
2. Si vous aviez été les parents de Nicolas, auriez-vous conduit cette affaire comme eux? Expliquez. Que pensez-vous des parents de Nicolas? Selon vous, quelles qualités les parents devraient-ils posséder?
3. Relatez votre premier voyage ou séjour loin de vos parents. Où êtes-vous allé? Que ressentiez-vous avant votre départ? Et vos parents, que ressentaient-ils? Qu'est-ce qui s'est passé une fois que vous êtes arrivé à votre destination? Et après votre retour? Que pensez-vous de cet incident maintenant que vous êtes plus âgé?
4. Nicolas arrive à la colonie de vacances. Qui rencontre-t-il? Comment se passe sa première nuit à la colonie? Aime-t-il les repas pendant son séjour? Qu'est-ce qu'il apprend à faire? Veut-il y retourner l'été suivant?
5. Les parents de Nicolas sont partis en vacances. S'amusent-ils? Pensent-ils à Nicolas? A leur retour, la mère de Nicolas veut visiter la colonie de vacances pour voir son fils. Le père essaie de la dissuader. Imaginez leur conversation. Qu'est-ce qu'ils décident de faire?
6. Vous souvenez-vous d'un été, lorsque vous étiez plus jeune, où vous êtes allé en vacances? Avec qui êtes-vous allé? Où êtes-vous allé? Qu'avez-vous fait?

16

LA TABATIÈRE EN OR
PAR
GEORGES SIMENON

Introduction au conte

«La Tabatière en or» est le dernier des *13 Mystères* de Georges Simenon. Le protagoniste est Joseph Leborgne, celui qui a résolu le crime du «Pavillon de la Croix Rousse» (Chapitre 9). Etudiez de nouveau, dans le Chapitre 9, les renseignements sur l'auteur et sur son œuvre.

«La Tabatière en or», avec ses révélations inattendues, vous réserve bien des surprises. Alors en relisant l'introduction du chapitre 9, prêtez particulièrement attention aux renseignements portant sur la série des treize mystères et son héros, Leborgne!

 ## *LA TABATIÈRE EN OR*

LE DOSSIER n'était pas avec les autres. Je ne l'avais pas cherché. Un tiroir était entrouvert et, apercevant une chemise pareille à celles que je compulsais d'habitude sous le regard ironique de Joseph Leborgne, je la saisis.

Il vit mon geste dans un miroir. Il s'approcha vivement de moi et je suis
5 certain que son premier mouvement fut de m'arracher le dossier des mains.

Mais il se ressaisit. Il balbutia d'une drôle de voix:

«Rendez-le-moi!»

La curiosité ne va pas sans indiscrétion. Je refusai en souriant. Leborgne était devenu pâle, mais je donnais de cette pâleur une explication toute
10 différente de la réalité. Je supposais que j'avais, enfin, mis la main sur une affaire qu'il n'avait pu déchiffrer, ou dans laquelle il s'était fourvoyé.

«Vous ne voulez pas me le rendre?»

A cet instant, une coupure de journal reproduisant une photographie glissa du dossier et je constatai avec stupeur que c'était Leborgne lui-même,
15 mais un Leborgne différent de celui que je connaissais. Sur le portrait, il

n'avait pas vingt ans. Une légère moustache ombrageait ses lèvres. Son visage semblait plus long et des cheveux bouclés lui donnaient une allure romantique.

Nos regards se croisèrent et le sien trahit la lassitude, la résignation.

5 «Après tout...» murmura-t-il pour lui-même.

Il était trop tard, en effet, pour me cacher le secret de l'étrange dossier, car il m'avait été impossible de ne pas voir sous la photo reproduite par le journal, la mention:

Jacques Saint-Clair

10 le jeune assassin de M. Gourdon-Moreuil

*   *   *

JE M'EN voulais de mon refus de rendre le dossier. Je maudissais mon indiscrétion professionnelle. J'eus donné gros pour n'avoir pas lu les mots terribles et je regardais piteusement mon compagnon, qui avait gagné son fauteuil favori.

15 «Vous ne vous appelez pas Leborgne?

—Jusqu'à dix-huit ans, je me suis appelé Saint-Clair.

—Et... c'est... c'est vrai?»

J'étais pourpre. Je devais avoir l'air stupide avec, à la main, la chemise dont je ne savais que faire.

«Lisez», soupira-t-il.

Il serait trop long de reproduire tous les articles ayant paru sur
5 l'assassinat de l'avocat Gourdon-Moreuil, et je fus obligé pour moi-même, pour mettre de l'ordre dans mes idées, d'en faire un résumé que je crois néanmoins complet.

La partie la plus importante de ce résumé est sans contredit la biographie de celui qui s'appelait à cette époque Jacques Saint-Clair et qui est devenu
10 l'énigmatique Joseph Leborgne.

«Né à Montmorency,[1] d'une famille aisée.

«Depuis quatre générations, les Saint-Clair étaient notaires[2] de père en fils.

«A l'âge de huit ans, Jacques Saint-Clair perdit à la fois son père et sa
15 mère dans un accident de chemin de fer, sur la ligne d'Orléans, au cours duquel il fut blessé lui-même.

«La tutelle ayant été confiée à un oncle maternel, celui-ci fit faillite trois ans plus tard et dut avouer que la fortune de l'enfant était engloutie[3] dans la débâcle en même temps que la sienne propre.

20 «C'est alors que le parrain[4] de Jacques Saint-Clair, l'avocat Gourdon-Moreuil, décida de s'occuper de celui-ci et le mit au lycée Condorcet,[5] où il paya régulièrement sa pension.[6]

«A dix-sept ans, Saint-Clair passa son baccalauréat et, d'accord avec son parrain, se prépara à l'école de droit.

25 «Il prit une chambre dans une pension de famille du boulevard Saint-Germain[7] et, dès lors, la tradition s'établit d'un dîner réunissant, chaque mercredi, le parrain et le filleul dans l'appartement de Gourdon-Moreuil, rue de Bellechasse.

«Jacques Saint-Clair arrivait à sept heures. Les deux hommes se met-
30 taient à table à sept heures et demie et étaient servis par Armand, le seul domestique de l'avocat.

«A neuf heures, le jeune homme s'en allait, car Gourdon-Moreuil ne se couchait jamais plus tard.»

La biographie de Gourdon-Moreuil n'est peut-être pas moins intéres-
35 sante.

---

1. **Montmorency:** ville située au nord de Paris

2. **notaire:** officier public français qui reçoit et rédige les actes et les contrats pour leur donner un caractère authentique (C'est l'avocat qui plaide au Palais de Justice, pas le notaire.)

3. **engloutie:** Ici le mot veut dire **dissipée.**

4. **parrain:** *(godfather)* En France, être parrain (ou marraine) n'est pas seulement un honneur. C'est une responsabilité sérieuse qui comporte des obligations financières et à laquelle il faut réfléchir avant de l'accepter.

5. **lycée Condorcet:** lycée célèbre de Paris, nommé d'après le Marquis de Condorcet (1743–1794) qui présenta un plan grandiose d'instruction publique

6. **pension:** la somme qu'on paie pour être logé et nourri; l'établissement où l'on prend pension

7. **Saint-Germain:** boulevard très connu à Paris

C'était un homme de cinquante-deux ans, qui avait toujours joui d'une fortune assez coquette. Ayant pris ses grades[8] à l'Université, il ne plaida jamais et il ne tarda pas à devenir le prototype du célibataire endurci et maniaque.

Toute sa vie, il occupa le même appartement, rue de Bellechasse, et, lors de sa mort, son domestique, Armand, était à son service depuis plus de vingt ans.

Gourdon-Moreuil menait une existence régulière.

Il collectionnait avec passion les tabatières et les cannes et il avait aménagé un petit salon en véritable musée, aux murs entièrement tapissés de vitrines.

Il ne recevait pas. Il n'allait pas dans le monde.

Par contre, il lisait énormément et sa bibliothèque ne comportait guère que des recueils d'anecdotes historiques.

Quant au drame, en voici un résumé établi d'après une douzaine de récits et surtout d'après le procès-verbal de l'interrogatoire d'Armand.

Ce mercredi-là, Saint-Clair arriva à sept heures, comme d'habitude, mais le valet de chambre remarqua qu'il était nerveux. Aussi[9] celui-ci n'était-il pas étonné, quelques minutes plus tard, d'entendre des éclats de voix dans le grand salon, où le parrain et le filleul se promenaient de long en large.

Gourdon-Moreuil n'avait pas de secret pour son domestique.

Armand savait donc que, depuis trois mois environ, Saint-Clair avait une maîtresse dont il était fou. C'était une fille de mœurs légères,[10] connue au Quartier latin sous le nom de Margot.

Le jeune homme qui, jusque-là, n'avait usé que modérément de la générosité de son bienfaiteur, avait fait coup sur coup des folies et Gourdon- Moreuil avait dû lui remettre à plusieurs reprises des sommes supplémentaires.

A sept heures et demie, le dîner fut servi dans la salle à manger et il se déroula dans un silence d'orage.

Gourdon-Moreuil et Saint-Clair, qui venaient de se disputer, étaient sombres.

A huit heures, Gourdon-Moreuil et Saint-Clair rentrèrent dans le grand salon où une nouvelle discussion ne tarda pas à s'amorcer.

Armand, de sa chambre où il se préparait à sortir, perçut des éclats de voix. Il lui sembla que Saint-Clair menaçait.[11]

A huit heures et demie, au moment où il sortait, il entendit derrière lui des pas précipités et le jeune homme arriva à la porte en même temps que lui, après avoir traversé le petit salon, le bureau et l'entrée.

---

8. **pris... grades:** obtenu ses diplômes

9. **aussi:** Au commencement d'une phrase, **aussi** veut dire **par conséquent**, et l'on utilise l'inversion du verbe qui suit.

10. **mœurs légères:** conduite morale suspecte et corrompue

11. **menaçait:** Il menaçait Gourdon-Moreuil.

A cet instant on pouvait entendre les allées et venues de Gourdon-Moreuil dans le grand salon.

Sortant ensemble, le domestique et Saint-Clair descendirent l'escalier côte à côte et Armand remarqua alors qu'un objet volumineux gonflait la
5 poche de son compagnon. Celle-ci[12] était même légèrement entrebâillée et Armand crut apercevoir l'éclat sourd d'une tabatière en or massif qui était une des plus belles pièces de la collection de son maître.

En vieux serviteur, il était volontiers familier et c'est pourquoi, sur le trottoir, il questionna en mettant sa main sur le bras du jeune homme:
10 «Il vous l'a donnée?

—Non! Je l'ai prise! répliqua nerveusement celui-ci. *Il le fallait!*»

Et il s'éloigna en courant presque.

Armand passa la soirée au théâtre Montrouge.

Quand il rentra, à minuit, la porte de l'appartement était ouverte. Il s'en
15 étonna. Il regretta de n'avoir pas d'arme sur lui, car il pressentit un malheur.

Il traversa l'entrée, le bureau, pénétra dans le salon aux collections où il trouva toutes les vitrines béantes et vides. Seules les cannes étaient là.

Il se précipita dans le grand salon et il s'y heurta au corps de son maître
20 qui était étendu sur le tapis, la poitrine trouée d'une balle.

Il n'y avait pas de revolver auprès de lui. Le corps était déjà froid.

Armand allait appeler au secours quand des bruits lui parvinrent de la cuisine dans laquelle il se rendit, armé d'un chenet qu'il prit dans la cheminée.
25 Un spectacle ahurissant l'attendait.

Jacques Saint-Clair, les yeux fous, brisait à grands coups de marteau les tabatières de la collection, s'obstinait avec une rage inexplicable à ne laisser de ces véritables trésors d'art qu'un amas méconnaissable de métal.

Sa tâche s'achevait lorsque le domestique entra.
30 Il le regarda avec effroi, eut l'air de chercher une issue.

Puis, brusquement, après un dernier coup d'œil à son œuvre, il s'enfuit, emportant un morceau d'or gravé qu'il n'avait pas eu le temps de marteler.

On ne devait pas le retrouver. D'après certains indices on supposa qu'il s'était réfugié en Angleterre.
35 Sa maîtresse, interrogée, confirma que le jeune homme avait des dettes criardes et qu'il avait même signé des chèques sans provision. Mais elle jura qu'elle ne savait rien du drame.

Dans le grand salon, on ne trouva aucun désordre. Gourdon-Moreuil était mort sur le coup.
40 Il ne s'était pas couché, ni même dévêtu.

Hormis la collection détruite, dont on ne put pas identifier les restes, il n'y avait aucune trace d'effraction ni de vol dans l'appartement.

---

12. **celle-ci:** pronom démonstratif; ici, la poche

Il me reste à signaler le ton indigné des articles qui tous, sans exception, représentaient Saint-Clair comme un monstre d'ingratitude et réclamaient sa tête au cas où on parviendrait à découvrir sa retraite.

Je regardai Joseph Leborgne, qui était toujours de marbre, et je ne trouvai rien à dire.

Je me demandais comment me tirer de cette situation atrocement pénible quand sa voix mate s'éleva, prononçant:

«Qu'est-ce que vous en pensez?»

Il me sembla que cette voix regorgeait d'amertume. Je hasardai:

«Vous êtes resté longtemps en Angleterre?

—Cinq ans. Quand je suis revenu, je m'appelais Joseph Leborgne... Il n'y avait pas encore prescription... »[13]

Je ne voyais pas son visage et, cependant, j'avais l'impression très nette que celui-ci était sardonique.

* * *

JE NE M'ÉTAIS jamais occupé de police ni de mystère, déclara Leborgne. Je crois maintenant que c'est cette affaire, où tout le monde pataugea jusqu'au bout, qui m'a donné le goût des enquêtes criminelles.

«A ce moment, je n'étais qu'un jeune homme quelconque, amoureux pour la première fois de sa vie et prêt à toutes les folies. Comme vous l'avez lu, j'avais fait des dépenses exagérées, signé des chèques. J'étais traqué. Il me fallait cinq mille francs le jour même et mon parrain me les refusait avec des phrases méprisantes à l'adresse de[14] ma maîtresse.

«C'est alors que l'idée me vint de prendre une de ses tabatières que je comptais, non pas vendre, mais mettre en gage, avec l'arrière-pensée de la dégager un jour et de la restituer.

«J'en avais remarqué une, tout en or, que Gourdon-Moreuil ne contemplait qu'avec émotion.

«En sortant, je m'en saisis, je la poussai dans ma poche et je n'eus pas le courage de mentir au domestique.

«Il me fallait de l'argent ce soir-là, coûte que coûte. Après j'aviserais...

«Il était tard. Mais je connaissais un prêteur chez qui je me rendis et qui, après un simple coup d'œil sur l'objet, me le poussa dans la main et me conseilla de ne le montrer à personne.

«Quelques instants plus tard, j'apprenais la raison de son geste. La tabatière était une pièce historique de grande valeur volée un an plus tôt au musée de Cluny.[15]

---

13. **Il... prescription:** The statute of limitations had not yet expired.

14. **à l'adresse de:** au sujet de

15. **musée de Cluny:** C'est un célèbre hôtel du XVe siècle, situé à Paris. Il renferme un musée qui contient une curieuse collection d'objets et de tapisseries dont la plupart remontent aux XIVe, XVe et XVIe siècles.

«Ce fut pour moi une révélation. Je compris pourquoi mon parrain ne montrait sa collection à personne, ce qui est contraire à l'habitude des collectionneurs. Je me souvins de certaines autres bizarreries.

«Je retournai rue de Bellechasse, et, dans le grand salon, je me heurtai à
5 un cadavre.

«Gourdon-Moreuil s'était tué en découvrant le vol, en se doutant que mon acte ferait éclater la vérité. Son revolver était près de lui.

«Je l'enfouis dans ma poche. J'étais en proie à une fièvre intense. Car j'étais la cause indirecte de sa mort et il était mon bienfaiteur.

10 «Il avait volé des années durant, mais n'était-ce pas plutôt une sorte de malade qu'un malfaiteur?

«Certains hommes poussent ainsi une manie jusqu'au paroxysme.

«Je voulus sauver sa mémoire. Je ne pouvais emporter toutes les tabatières. Et je ne savais pas lesquelles étaient des objets volés.

15 «J'entrepris de les briser à grands coups de marteau.

«Armand me surprit... Je m'enfuis.»

Leborgne me regarda avec un étrange sourire. Et il soupira:

«Croiriez-vous que c'est ce crime, mon crime, qui est à la base de toutes mes découvertes en matière policière? Il m'a appris une vérité, trop peu
20 connue ou trop négligée: c'est que la logique d'un homme empoigné par un drame n'est pas la logique de ceux qui en lisent le récit dans leur fauteuil, ce que j'appellerai la logique de tous les jours.

«Donnez-moi donc une cigarette...»

EXERCICES DE COMPRÉHENSION

Questions de compréhension

1. Quand le narrateur a pris un dossier du tiroir, pourquoi Leborgne a-t-il voulu l'arracher de ses mains?

2. Qu'est-ce qui a été révélé au sujet du passé de Leborgne? (son vrai nom, où il était né, quelle tragédie l'a frappé quand il avait huit ans,...)

3. Quel lien existait entre Saint-Clair et Gourdon-Moreuil? Pourquoi Gourdon-Moreuil devait-il s'occuper de l'éducation de Saint-Clair?

4. Décrivez Gourdon-Moreuil (âge, profession, habitudes, vie sociale, passe-temps,...)

5. Qui est Armand? Quel rôle joue-t-il dans le conte, dans la vie de Gourdon-Moreuil et dans la vie de Saint-Clair?

6. D'habitude qu'est-ce qui se passait le mercredi chez Gourdon-Moreuil? Un certain mercredi Saint-Clair est venu chez Gourdon-Moreuil et ils se sont disputés. Pourquoi?

7. A quelle heure le jeune homme a-t-il quitté la maison? Comment Armand savait-il l'heure exacte? Le crime avait-il été déjà commis? Expliquez.

8. Qu'est-ce qu'Armand a remarqué alors qu'il descendait l'escalier avec Saint-Clair? Décrivez cet objet et expliquez comment Saint-Clair en a pris possession.

9. A minuit quand Armand est rentré du théâtre, qu'est-ce qu'il a remarqué? Qu'a-t-il découvert ensuite
   a. dans le salon aux collections
   b. dans le grand salon
   c. dans la cuisine
10. Décrivez la scène du crime.
11. Pourquoi n'a-t-on pas arrêté Saint-Clair? Quels renseignements Margot a-t-elle pu donner à la police?
12. Cinq ans plus tard, Saint-Clair est retourné en France. Pourquoi a-t-il changé de nom?
13. Le narrateur a reçu de Saint-Clair/Leborgne une explication de ce qui s'était passé avant la mort de Gourdon-Moreuil. Qu'est-ce que Saint-Clair/Leborgne avait décidé de faire afin d'obtenir l'argent dont il avait besoin? Pourquoi n'a-t-il pas réussi?
14. En retournant à l'appartement de Gourdon-Moreuil, Saint-Clair/Leborgne avait découvert le cadavre. Comment s'était-il expliqué la mort de son parrain?
15. Pourquoi Saint-Clair/Leborgne s'était-il cru obligé de cacher les vrais faits de ce drame?
16. Quelle influence ce drame a-t-il eue sur la vie de Saint-Clair/Leborgne?

Réactions orales ou écrites

REACTION PERSONNELLE

1. Imaginez et créez un dialogue entre Saint-Clair et Gourdon-Moreuil. Gourdon-Moreuil essaie d'expliquer pourquoi il ne veut pas (ne peut pas) donner à Saint-Clair l'argent qu'il lui demande. D'abord Saint-Clair refuse d'accepter ces raisons, mais à la fin de la conversation, les deux parviennent à un compromis. Quel est ce compromis et comment y arrivent-ils?
2. Débat: L'Innocence de Leborgne? (Choisissez a ou b.)
   a. Vous êtes l'avocat de Leborgne (avocat de la défense). A votre avis, tout ce que Leborgne a dit au sujet du drame est vrai. Prouvez-le. (Rappelez-vous que selon la justice française on est coupable jusqu'à preuve du contraire.)
   b. Vous êtes le procureur de la République. Trouvez dans le texte tous les détails qui ont impliqué Saint-Clair et préparez votre propre dossier du crime.
3. Expliquez le rapport qui existait entre Gourdon-Moreuil et Saint-Clair. A votre avis, Saint-Clair détestait-il son parrain? Gourdon-Moreuil avait-il raison de refuser à son filleul les cinq mille francs? Qu'est-ce qui se serait passé s'il lui avait donné l'argent?
4. Expliquez la phrase, «Certains hommes poussent ainsi une manie jusqu'au paroxysme». Quel rapport cette pensée a-t-elle avec le mystère? Donnez d'autres exemples d'une manie poussée à l'extrême.
5. Relisez le dernier paragraphe du conte où Leborgne révèle que cet incident qui a eu lieu pendant sa jeunesse explique son goût actuel des mystères et

des affaires criminelles. Trouvez-vous son raisonnement logique? Il dit
ensuite: «... la logique d'un homme empoigné par un drame n'est pas la
logique de ceux qui en lisent le récit dans leur fauteuil, ce que j'appellerai la
logique de tous les jours». Que veut dire cette phrase? Etes-vous d'accord
avez cette pensée? Si vous aviez été Leborgne, auriez-vous quitté la sécurité
de l'Angleterre pour regagner la France?

17

LE DIABLE ET LE CHAMPIGNON

PAR
MICHEL TREMBLAY

MICHEL TREMBLAY (1942–   )

Né dans un quartier populaire de Montréal en 1942, Michel Tremblay est devenu, depuis la fin des années 60, un dramaturge dominant du théâtre québécois. Acclamé au Canada et à l'étranger pour ses nombreuses pièces de théâtre, il a aussi écrit des romans, des comédies musicales, des paroles de chansons, des scénarios de film, et des contes. Les pièces de Tremblay ont été présentées non seulement au Canada mais aussi en Europe, en Australie, aux Etats-Unis, en Amérique Latine, et au Japon. La plupart de son œuvre a déjà été traduite en anglais, et l'auteur a reçu de nombreux prix littéraires. En 1984, le gouvernement français a rendu hommage à l'ensemble de son oeuvre en nommant Tremblay «Chevalier de l'ordre des Arts et des Lettres de France». «L'originalité de son style, la diversité de ses modes d'expression et la profondeur de sa vision du monde le situe parmi les auteurs marquants de notre temps».[1]

Michel Tremblay avait entre dix-huit et vingt ans quand il a écrit *Contes pour buveurs attardés (Stories for Late Night Drinkers)*. A cette époque-là, il faisait l'apprentissage de son futur métier de linotypiste à l'Institut des Arts Graphiques. Aujourd'hui il appelle ces contes les «premiers balbutiements d'un tout jeune écrivain qui n'a pas encore trouvé sa voie et qui se réfugie dans l'imaginaire pour oublier l'horreur de son quotidien et l'avenir désolant qu'il se prépare dans un métier qu'il n'aime pas».[2] Ayant découvert très tôt sa vocation d'écrivain, Tremblay a abandonné le métier de linotypiste en 1967.

«*Le Diable et le champignon*», un des contes dans *Contes pour buveurs attardés*, a été écrit en 1961, «rajeuni» en 1965, et publié en 1966. Dans ce recueil tous les contes plongent le lecteur dans un univers de rêves. Parce qu'ils assument des qualités humaines, tout en gardant leurs pouvoirs fantastiques, ces fantômes de cauchemars deviennent pour le lecteur tout à fait crédibles. Dans «*Le Diable et le champignon*», Tremblay traite d'un thème universel d'une manière nouvelle et frappante.

 # *LE DIABLE ET LE CHAMPIGNON*

C'ETAIT un grand diable de diable. Comme tous les diables, il avait une queue. Une drôle de queue. Une queue de diable, tout longue, et qui traînait par terre. Et qui se terminait en pointe de flèche. Bref, c'était un grand diable de diable avec une queue.

5   Il marchait sur la route et toutes les filles qu'il rencontrait s'enfuyaient en tenant leurs jupes. Lorsqu'elles étaient rendues chez elles, elles criaient: «J'ai vu le diable! Le diable est là, je l'ai vu! C'est vrai, je vous le dis!»

Et le diable continuait sa route. Les regardait s'enfuir en souriant.

1. La notice biographique de Michel Tremblay, Editions Leméac, 1986.
2. Michel Tremblay, *Contes pour buveurs attardés*, Editions internationales Alain Stanké, 1966, p. 161.

Il arriva à une auberge. «A boire!» cria le diable. On lui servit à boire. L'aubergiste avait peur. «Tu as peur du diable?» demanda le diable. «Oui.» répondit timidement l'aubergiste et le diable rit. «Ton vin est bon, aubergiste, je reviendrai!» L'aubergiste baissa la tête en s'essuyant les mains
5 sur son tablier d'aubergiste. Blanc. Mais sale. Avec dessus des traces de sauces, de viandes, de légumes qu'on vient d'arracher de terre, de charbon aussi parce qu'il faut bien allumer les fourneaux, le matin. «Pour une fois, pensait l'aubergiste, j'eusse[1] préféré que mon vin fût moins bon!» Et le diable qui lisait dans les pensées comme tous les diables rit plus fort et
10 même se tapa sur les cuisses.

Mais quelqu'un était entré dans l'auberge et le diable se tut. C'était un garçon. Un garçon jeune avec une figure belle. «D'où vient ce roulement de tambour que j'entends?» demanda le diable. «Je ne sais pas, répondit le garçon. Ce roulement de tambour m'accompagne partout depuis que je suis
15 né sans que je sache d'où il vient. C'est toujours comme ça. Il est toujours avec moi.» Le diable s'approcha du garçon et s'assit à côté de lui sur un banc. «Tu es soldat?» demanda le diable. Et à l'instant même le tambour s'arrêta. «Soldat? Qu'est-ce que c'est?» demanda à son tour le garçon. «Comment, s'écria le diable, tu ne sais pas ce que c'est qu'un soldat?
20 Aubergiste, voilà un garçon qui ne sait pas ce que c'est qu'un soldat!» L'aubergiste, qui était retourné à sa cuisine, revint dans la salle et dit: «Moi non plus je ne sais pas ce que c'est qu'un soldat.»

—Mais voyons, cria le diable, voyons, voyons! Un soldat, c'est quelqu'un qui fait la guerre!
25 —La guerre? dit le garçon. Qu'est-ce que c'est?
—Tu ne sais pas ce que c'est que la guerre? demanda le diable.
—Non. C'est là un mot que je ne connais pas, répondit le garçon.
—C'est un mot tout nouveau pour nous, ajouta l'aubergiste.

Alors le diable en furie hurla en se tenant la tête à deux mains: «Aurais-je
30 oublié d'inventer la guerre?»

Sur la route, près de l'auberge, une petite fille chantait:

«Une femme a ouvert la porte.
Le diable a crié: «Mourez»
35 La femme à l'instant est morte
Et dans les enfers est allée.»

—Je veux un morceau de charbon cria le diable. L'aubergiste lui en apporta un. «Il n'est pas assez gros. Il me faut un gros morceau de charbon.
40 Il me faut le plus gros morceau de charbon!» L'aubergiste lui donna alors le plus gros morceau de charbon qu'il possédait. «Il n'est pas encore assez gros!» dit le diable. L'aubergiste répondit: «Il n'y en a pas de plus gros. C'est lui, le plus gros. Le plus gros que j'ai.
—C'est bon, fit le diable, contrarié, puisque c'est le plus gros que tu as…

---

1. **eusse**: aurais

Alors le diable monta sur la table et fit ce discours: «Vous qui ignorez ce que c'est que la guerre, ouvrez bien grandes vos oreilles!» La salle de l'auberge était pleine à craquer. Même que l'aubergiste s'était vu obligé de faire asseoir des gens au plafond. «Regardez sur ce mur, continua le diable.
5 Avec ce mauvais morceau de charbon, je vais vous montrer ce que c'est que la guerre!» Se précipitant alors sur le mur, le diable se mit à dessiner farouchement. Le dessin qu'il fit était le dessin d'un champignon. Un immense champignon qui emplissait le mur de l'auberge. Quand il eut fini, le diable revint d'un bond sur la table et déclara: «Voilà. Je vous ai dessiné
10 une guerre. Une petite guerre, mon morceau de charbon étant trop petit pour que je puisse vous en dessiner une grosse, une vraie.» Tout le monde disparut en applaudissant et il ne resta plus dans l'auberge que le diable, le garçon et l'aubergiste. «Mais c'est un champignon! dit le garçon en riant. Un vulgaire champignon! Et un soldat, c'est quelqu'un qui cultive les
15 champignons?

—Tu ne comprends rien, dit le diable en faisant tourner sa queue, rien de rien. Ce champignon-là n'est pas un champignon ordinaire! Tu sais ce que c'est qu'un fusil?

—Oui, répondit le garçon.
20 —Ah! voilà au moins une chose que je n'ai pas oublié d'inventer, c'est déjà çà. Tu as un fusil?

—Oui.

—Va me le chercher tout de suite. La guerre ne peut attendre. Elle a assez tardé!
25 Le garçon s'en fut chercher son fusil cependant que le diable buvait une autre bouteille de vin (c'était un diable un peu ivrogne).

L'aubergiste regardait le champignon qui était sur le mur et se grattait la tête en pensant: «Quand même, un si gros champignon... quelle économie!» Et il retourna à sa cuisine.
30 Le diable, lui, n'était pas content. «Imbécile, se disait-il, espèce d'im-bécile, de triple buse, de stupide, d'abruti que je suis! Voilà pourquoi nos affaires allaient si mal! J'avais oublié d'inventer la guerre! Ah! mais ils ne perdent rien pour attendre! Je vais leur en tripoter une sucrée, de guerre![2] Une vraie de vraie! Ah! ils ne savent pas ce que c'est que la guerre! Foi de
35 diable, ils ne seront pas longs à l'apprendre! Il va leur péter à la figure la plus belle petite...»[3]

Déjà, le garçon était de retour avec son fusil. Quand le diable vit le fusil du garçon, sa colère redoubla. Comment, c'était là un fusil? On le prenait pour un idiot, ou quoi? Tout rouillé! Tout crotté! Même qu'il y manquait
40 des morceaux! Le diable s'empara du fusil et le tordit. Le garçon ouvrit grand les yeux et dit: «Oh!»

Le diable s'approcha du foyer, prit le tisonnier et en soufflant dessus en

---

2. **Je... guerre:** *I'm going to cook them up a really good war . . .* (free translation)

3. **Il... petite:** *It's going to explode right in their faces, the most beautiful little . . . (war) . . .* (free translation)

fit le plus beau fusil qu'on avait jamais vu. Le garçon dit au diable: «Je peux le toucher?»

—Mais comment donc, répondit le diable. Il est à toi. Je te le donne!» Le garçon le remercia. «Ne me remercie pas, cela me déçoit toujours!»

Le garçon serrait le fusil contre lui, et l'embrassait. Il se mit à danser en le tenant dans ses bras comme s'il se fût agi d'une femme. «Tu l'aimes bien, le fusil, hein?» fit le diable. «Oh! oui,» répondit le garçon en dansant. Le diable l'arrêta d'un geste et le fit reculer jusqu'au banc. «Comment appelle-t-on le pays voisin? Le pays qui touche au tien?» demanda-t-il au garçon. Ce dernier parut fort surpris. «Le pays voisin? Mais il n'y a pas de pays voisin! Il n'y a qu'un pays, le monde. Le monde est un pays. Le mien.» Le diable flanqua deux gifles au garçon qui tourna deux fois sur lui-même.

—A-t-on déjà vu gens aussi ignorants! rugit le diable. Le monde, un pays? Mais vous êtes tous fous! Voyons... pour faire un guerre, il faut au moins deux pays. Disons que le village qui se trouve de l'autre côté de la rivière est un autre pays. Un pays ennemi. Surtout, ne me dis pas que tu ignores ce que signifie le mot ennemi ou je te flanque deux autres claques! Tu hais les gens de l'autre village... tu les hais de tout ton cœur, tu entends?

—Mais ma fiancée...

—Et ta fiancée aussi! Elle, plus que les autres! Tu les hais tous et tu veux les tuer!»

Le garçon bondit sur ses pieds. «Avec mon fusil? cria-t-il. Mais c'est impossible! Nous ne nous servons de nos fusils que pour tuer les oiseaux ou les animaux...

—Tu veux les tuer avec ton fusil parce que c'est comme ça que doit commencer la première guerre! Tu seras le premier soldat!

—Il faut donc tuer des gens pour faire la guerre? dit le garçon en regardant le champignon.

—Oui, c'est ça. Faire la guerre, c'est tuer des gens. Des tas de gens! Tu verras comme c'est amusant!

—Et le champignon? demanda le garçon.

—Le champignon? Il viendra plus tard. Beaucoup plus tard. Tu seras peut-être mort, alors.

—Tué?

—Probablement.

—Dans la guerre?

—Oui.

—Alors, je ne veux pas être soldat. Ni faire la guerre.

Le diable monta sur la table et poussa un terrible hurlement de diable. «Tu feras ce que je te dirai de faire!» cria-t-il ensuite au garçon.

L'aubergiste sortit de sa cuisine. Il tirait derrière lui un immense chaudron. «Je voudrais que vous me disiez où je pourrais trouver un champignon aussi gros que celui-là qui est sur le mur» dit-il en montrant le champignon. «Retourne à ta cuisine, homme ignorant! hurla le diable. Ce n'est pas toi qui mangeras ce champignon, c'est lui qui te dévorera!»

Le diable descendit de la table, prit le garçon par les épaules, le fit asseoir et lui dit: «Tu es un homme, je suppose que tu aimes te battre... Non, ne m'interromps pas, j'ai compris. Tu ne t'es jamais battu, n'est-ce pas? Si je ne l'étais pas déjà, tu me ferais sûrement damner... Ecoute... Tu n'aimerais
5 pas voir surgir devant toi quelqu'un qui t'est antipathique depuis toujours... Il doit bien y avoir quelqu'un que tu n'aimes pas particulièrement... quelqu'un que tu pourrais haïr franchement et avec qui tu pourrais te battre... Il ne t'est jamais arrivé de sentir le besoin de haïr? Le besoin de te battre?» Le garçon répondit tout bas: «Oui, j'ai déjà ressenti ce besoin et
10 j'aimerais me battre avec...

— Qui, qui? cria le diable.

— Le frère de ma fiancée qui s'oppose à notre mariage.

La porte de l'auberge s'ouvrit aussitôt et le frère de la fiancée parut. «Vas-y, souffla le diable à l'oreille du garçon, profite de l'occasion! Personne
15 ne vous verra ni ne vous entendra. Provoque-le... dis-lui des choses désagréables... la bataille viendra toute seule.»

Le garçon se leva, s'approcha du frère de sa fiancée et lui dit quelque chose à l'oreille. Le frère sursauta et regarda le garçon avec de grands yeux interrogateurs. Alors le garçon lui cracha à la figure. Les deux hommes
20 sortirent de l'auberge pendant que le diable s'installait à la fenêtre.

Au bout de deux minutes à peine, le garçon rentra dans l'auberge. Il était couvert de poussière et ses vêtements étaient éclaboussés de sang. Il avait une lueur au fond des yeux et il souriait. «Je l'ai tué, cria-t-il, je l'ai tué et j'ai joui de le voir mourir!»
25 Une fanfare envahit la cour de l'auberge. Une fanfare de diables qui jouait des airs que les soldats aiment.

— Suivons la fanfare, dit le diable au garçon. Allons au village voisin apprendre aux paysans que tu as tué leur fils... Ils sortiront leurs fusils... voudront t'attaquer... les tiens viendront te défendre... Allons-y, soldat, la
30 guerre nous attend!

La fanfare, le diable et le soldat partirent dans la direction du village d'à côté. Et la fanfare jouait de beaux airs, et le diable dansait, et le garçon riait... Alors le soldat se multiplia: deux soldats, puis quatre soldats, puis huit, puis seize, puis trente-deux, puis soixante-quatre, puis cent vingt-
35 huit, puis deux cent cinquante-six, puis cinq cent douze, puis mille vingt-quatre, puis deux mille quarante-huit, puis quatre mille quatre-vingt-seize... Il y eut des injures, des insultes, puis des coups, puis des coups de fusil; on courait, on se cachait, on attaquait, on se défendait, on se tuait, on tombait, on se relevait, on retombait... Arrivèrent les fusils; toutes sortes
40 de fusils, des petits, des moyens, des gros, des moins petits et des plus gros, des plus petits et des moins gros; puis des canons, des mitraillettes, des avions munis d'armes, des navires munis d'armes, des autos, des trains, des tracteurs, des autobus, des voitures de pompier, des bicyclettes, des trottinettes, des voitures de bébés munis d'armes... La lutte augmentait
45 toujours, toujours, sans jamais s'arrêter. Cela durait, et durait, et durait, et durait...

Puis, un jour où le ciel était clair, le diable fit un petit signe de la main et le champignon parut.

EXERCICES DE COMPRÉHENSION

Questions de compréhension

1. Décrivez le diable. Les habitants du village l'ont-ils accueilli chaleureusement? Expliquez.

2. Quel travail l'aubergiste fait-il dans son auberge? Comment le savez-vous?

3. Décrivez le jeune homme. Qu'est-ce qui l'accompagne toujours? Peut-il expliquer ce phénomène? Pouvez-vous l'expliquer?

4. Quels sont les deux mots dont le garçon et l'aubergiste ne connaissent pas le sens? Comment le diable réagit-il aux questions et aux commentaires du garçon et de l'aubergiste?

5. Qu'est-ce que le diable demande à l'aubergiste de lui apporter? Qu'en fait-il ensuite? Comment explique-t-il son action aux gens? Les gens comprennent-ils?

6. Qu'est-ce que le dessin sur le mur représente pour le garçon? pour l'aubergiste?

7. Qu'est-ce que le diable demande au garçon d'aller chercher? En attendant, à quoi réfléchit-il?

8. Pourquoi le diable n'est-il pas content de voir le fusil du jeune homme? Qu'en fait-il pour se satisfaire? Quelle est la réaction du jeune homme?

9. A quoi sert le fusil pour les habitants du village? A quoi sert-il pour le diable?

10. Selon le diable, de quoi a-t-on besoin pour faire une guerre?

11. Quand le garçon demande la signification du champignon comment le diable répond-il? Pourquoi le garçon ne veut-il pas être soldat?

12. Pourquoi le diable doit-il persuader le garçon de haïr quelqu'un? Qui le garçon hait-il? Pourquoi?

13. Qu'est-ce qui se passe entre le garçon et sa victime? Décrivez le garçon quand il revient dans l'auberge. Pourquoi est-ce que cela est important?

14. Décrivez ce qui suit ce premier conflit.

15. Comment, d'un seul soldat pour faire la guerre, en est-on arrivé à un champignon? Selon vous, qu'est-ce que c'est que le champignon? Comment avez-vous réagi en lisant le dernier paragraphe?

Réactions orales ou écrites

A. SYNTHESE DU TEXTE

1. A quel point avez-vous compris la signification du champignon? S'il le faut, relisez le conte afin de pouvoir décrire comment l'auteur développe ce symbole.

2. Comment Tremblay a-t-il personnifié le diable? Pensez à ce qu'il fait, à ce qu'il dit, à ses habitudes, à son apparence,...

3. Dans ce conte le garçon est le symbole de l'innocence. Trouvez les détails qui justifient cette interprétation.

4. Quels sont les procédés sataniques employés par le diable pour persuader le garçon de devenir soldat? Comment le diable profite-t-il de l'innocence du garçon pour en arriver à ses fins?

B. REACTION PERSONNELLE

1. Quelle est votre définition du diable? Pensez-vous qu'il puisse être personnifié? Si oui, comment? Avez-vous déjà rencontré le diable? Dans quelle circonstance? Développez.

2. Ce conte est-il optimiste ou pessimiste? Justifiez votre réponse. Si vous aviez écrit le conte, comment l'auriez-vous terminé? A votre avis, ce conte, écrit en 1961, est-il toujours à propos aujourd'hui? Pourquoi ou pourquoi pas?

3. Si vous étiez le diable, quelle sorte de personne choisiriez-vous pour être le premier soldat dans un monde innocent? (Choisiriez-vous une personne célèbre ou importante, un religieux, un homme ou une femme ordinaire, un homme politique,...?) Que feriez-vous pour convaincre cet individu de faire ce que vous voulez? Quel en serait le résultat?

4. Il y a une guerre entre votre pays et un autre pays du monde. Racontez ce qui a causé cette guerre. Ensuite, décidez si oui ou non vous allez y participer. A quoi pensez-vous avant de prendre votre décision?

5. Dieu voit tout ce que le diable fait. Que pense-t-Il des actions du diable et du jeune garçon? Est-ce que Dieu intervient? Comment? Que fait-Il? A-t-Il une conversation avec le diable ou avec le jeune garçon? Quelle en est l'issue?

6. La fiancée du jeune garçon consent à être interviewée. On lui pose des questions sur sa vie à partir du jour où le diable est entré dans l'auberge. Avec un camarade, représentez la fiancée et l'interviewer. Quelles questions posera l'interviewer? Quelles réponses donnera la fiancée?

18

« GOD SAVE THE QUEEN »
PAR
GILBERT CESBRON

GILBERT CESBRON (1913–1979)

Ecrivain prolifique, Gilbert Cesbron a publié plus de quarante volumes—romans, contes, essais, poèmes, et pièces de théâtre—qui ont tous rencontré un vif succès auprès du grand public.

Cesbron s'attaque toujours aux problèmes moraux de la société, tels que la jeunesse délinquante, l'euthanasie, la violence, la guerre,... . Le monde actuel, avec toute sa misère, sa souffrance, son humiliation des moins favorisés, figure dans son œuvre. Et c'est toujours avec tendresse, compassion et sincérité que cet humaniste élève la voix. Il proteste contre le monde répressif, contre une société, qu'elle soit capitaliste, ou Marxiste, qui souvent sans le savoir fait grand tort aux innocents.

Parmi les divers prix que l'auteur a reçu on peut citer le Prix de la Guilde du Livre, décerné à un de ses premiers récits, *Les Innocents de Paris* (1944), et le Prix «Rainier» de la Littérature pour l'ensemble de ses œuvres. Sa pièce la plus célèbre, *Il est minuit, docteur Schweitzer* (1951), a été adaptée à la radio et portée à l'écran.

«God Save the Queen» a été tiré de la collection *Tout dort et je veille* (1959). Même dans ce conte si court et facile à lire, il est évident que l'auteur savait créer des personnages vivants et vibrants.

«*GOD SAVE THE QUEEN*»

LA REINE d'Angleterre pencha la tête et tendit ses deux mains afin qu'on la débarrassât du diadème, des colliers, des bracelets. Elle se sentit le front et les bras si légers, se sentit si libre soudain qu'elle ne put supporter davantage toutes ces servantes, cette *étiquette* tyrannique:

5 —Laissez-moi, dit-elle, je me déshabillerai seule.

—Mais, Votre Majesté..., commença la coiffeuse.

—Je me coifferai seule, laissez-moi! Merci...

Elles se retirèrent en saluant très bas et la jeune reine, demeurée seule, prit plaisir à se dévêtir en un tournemain. Elle choisit une robe de nuit, 10 ouvrit toute grande la fenêtre d'un de ses boudoirs et s'accouda devant la nuit.

De ce balcon elle voyait aller et venir les sentinelles, leurs grands bonnets à poils, leurs crispins éblouissants. «Les malheureux! songea-t-elle, ils ne peuvent lever les yeux vers ce ciel admirable... » A ce moment, l'un des 15 gardes s'assura furtivement que nul ne le voyait et, tenant d'une main son immense bonnet, il regarda le ciel et rit silencieusement. La reine d'Angleterre s'en sentit tout heureuse.

—Hep!

Un homme se tenait contre la grille, un jeune marin qui souriait en regardant dans sa direction.

—Hep! Mademoiselle!

Oui, c'était bien elle qu'il appelait puisque, lorsque le regard de la reine
5 se posa sur lui (quel charmant visage!) l'homme retira son béret et l'agita gracieusement.

—Je vous distingue mal, mademoiselle, souffla-t-il, mais vous me paraissez si gracieuse... Oh non! restez... Ne croyez pas (elle le vit rougir) que c'est pour épater mes copains que je m'intéresse à une femme de
10 chambre de la Reine... Ne partez pas!... Tenez, je vous jure sur l'honneur que je n'en parlerai à personne... Mais dites-moi un mot, mademoiselle, que j'entende le son de votre voix...

—Bonsoir, murmura la reine.

—J'aime le son de votre voix! reprit-il d'un ton altéré. Ecoutez,
15 êtes-vous libre jeudi prochain? Nous irions sur une plage: je vous montrerai mon bateau... *H. M. S. Commander*—il est beau—vous savez! Nous pourrions nous baigner et dîner au bord de l'eau. Jeudi prochain... Etes-vous libre, mademoiselle?

—Non, dit la reine. (Elle se rappela que, jeudi, elle inaugurait un hôpital
20 d'enfants. Il y aurait des discours...)

—Alors vendredi soir, continua le marin. Dans mon quartier on joue un film épatant: une histoire de gosses... Vous aimez les enfants?... Et puis on souperait dans un *milk-bar* que je connais: ils font des glaces au chocolat avec des noix et de la crème... Vendredi soir, vous pourrez venir?

25 —Non, dit-elle. (Elle se rappela que, vendredi, elle présidait une soirée de gala au Grand Opéra. Il y aurait d'ennuyeuses cantatrices. Toute la salle se lèverait quand elle entrerait dans sa loge...)

—Eh bien, disons samedi? continua-t-il sans se décourager. Oh, je sais! Nous irions à Luna-Park et ensuite... Savez-vous ce qui me ferait plaisir?
30 Dîner avec vous chez vos parents...

—Les vôtres habitent-ils Londres? demanda la reine.

—Ils sont morts. Et j'embarque dimanche pour la Chine... Vous savez bien, cette histoire de Chine dont on parle tant—eh bien, j'en suis! Alors samedi, n'est-ce pas? Vous ne pouvez me refuser cela: mon dernier jour...

35 —Samedi je ne suis pas libre, dit-elle. (Lancement d'un nouveau porte-avions devant cent mille personnes. Des discours... des discours...) Oh, attention! la sentinelle!...

Le garde se rapprochait comme un automate. Le marin se fondit dans la nuit, et la reine referma sa fenêtre, se coucha, dormit assez mal.

40 —Je voudrais des détails sur cette affaire de Chine, demanda-t-elle le lendemain au Conseil des Ministres.

—Majesté, dit le Lord Ministre de la Guerre avec embarras, nous aurions aimé vous tenir à l'écart de cette malheureuse histoire: nous y
45 perdrons sans doute les deux navires que nous envoyons là-bas...

—Dont le magnifique *Commander*, ajouta avec regret le Premier Lord de l'Amirauté.

—Equipages sacrifiés, en tout cas... Mais cette intervention est nécessaire à la politique générale de l'Empire.

5   Et les Ministres expliquèrent longuement à la Souveraine comment cette affaire de Chine...

—Pourtant, dit la reine, sacrifier délibérément nos gens...

—Mille de nos gens, et pour préserver l'Empire, Majesté! remarqua doucement le Lord Ministre de la Guerre. Et tous se tournèrent vers la reine

10 et levèrent un sourcil.

—Bien sûr, dit-elle en baissant la tête.

*   *   *

Le soir, elle entendit appeler sous ses fenêtres. Le marin avait enjambé la grille et se dissimulait dans les jardins.

—Voyez, dit-il, je risque ma liberté pour vous parler de plus près. Alors

15 vendredi? samedi? Vendredi ou samedi?

Son visage était charmant, si jeune surtout... La reine trouva la force de répondre:

—Ni ce vendredi, ni ce samedi: je ne suis pas libre de mon temps vous le comprenez bien!... Mais à votre retour de là-bas, oui, je vous promets

20 qu'à votre retour...

—Alors dites-moi: «Bonne chance», mademoiselle!

—Dieu vous garde! dit-elle.

Et la reine d'Angleterre referma la croisée, s'étendit sur son lit et pleura.

EXERCISES DE COMPRÉHENSION

Questions de compréhension

1. Pourquoi, ce soir-là, la reine congédie-t-elle ses servantes?
2. Qu'est-ce que la reine voit de son balcon? Quelles pensées lui viennent soudain à l'esprit? Pourquoi la reine se sent-elle soudain tout heureuse?
3. Qui commence à parler à la reine? Pour qui prend-il la reine? Pourquoi?
4. Où le jeune homme invite-t-il la reine? Pourquoi refuse-t-elle? Comment cette conversation révèle-t-elle les différences qui existent entre eux?
5. Pourquoi le lendemain la reine demande-t-elle à ses ministres des détails concernant l'affaire en Chine? Qu'apprend-elle d'eux? Quelles raisons les ministres lui donnent-ils pour leur décision?
6. Le soir, quelle promesse le jeune homme reçoit-il de la reine? Selon vous, pourquoi la reine lui fait-elle cette promesse? Savez-vous pourquoi la reine pleure à la fin du conte? Expliquez.

Réactions orales
ou écrites

REACTION PERSONNELLE

1. Le jeune marin vous semble-t-il un peu naïf ou innocent? (Pensez à ce qu'il fait, à ce qu'il invite la reine à faire, etc.) Si vous aviez été la reine, auriez-vous eu envie d'accepter les invitations du marin? Pourquoi ou pourquoi pas?

2. Quand le marin demande à la reine de lui dire «Bonne chance», elle lui dit «Dieu vous garde». Pourquoi? Eprouvez-vous de la compassion pour le marin? pour la reine? Expliquez.

3. Cesbron, qui s'élève contre les injustices du monde actuel, semble vouloir nous communiquer un message à travers son conte. Selon vous, quel est ce message? Etes-vous d'accord avec l'auteur?

4. A votre avis, est-ce que le sacrifice d'une vie humaine peut être justifié dans certaines situations? Justifiez votre réponse.

5. Pensez-vous qu'il soit facile d'être une personne célèbre? Quels sont les avantages et les inconvénients de la célébrité?

6. Le pouvoir d'un président ou d'un souverain est souvent limité. Comment et pourquoi? Aimeriez-vous avoir leurs responsabilités? Elaborez.

7. Cesbron a écrit ce conte en 1959. A votre tour, essayez d'imaginer une situation semblable. Créez un épisode où vous développerez une conversation entre deux personnages contemporains. par exemple, le président des Etats-Unis et une jeune secrétaire; la princesse Diana et un jeune étudiant;...

APPENDIX A

PASSÉ SIMPLE

The **passé simple** (simple past) denotes an action entirely completed in the past. In literary works and narrations, it is the most commonly used past tense. The passé simple corresponds in meaning to the **passé composé** (compound past), which is the past tense used in conversational French.

In order to understand and appreciate literary texts, it is necessary to recognize the passé simple.

A. FORMATION OF THE PASSÉ SIMPLE: REGULAR VERBS

A special set of endings is added to the stem of the verb.

1.	**-er** verbs:	-ai	-as	-a	-âmes	-âtes	-èrent
2.	most **-ir** and most **-re** verbs:	-is	-is	-it	-îmes	-îtes	-irent
3.	most **-oir** verbs:	-us	-us	-ut	-ûmes	-ûtes	-urent

Examples:

quitter	**sortir**	**entendre**
je quitt**ai**	je sort**is**	j'entend**is**
tu quitt**as**	tu sort**is**	tu entend**is**
il quitt**a**	il sort**it**	il entend**it**
nous quitt**âmes**	nous sort**îmes**	nous entend**îmes**
vous quitt**âtes**	vous sort**îtes**	vous entend**îtes**
ils quitt**èrent**	ils sort**irent**	ils entend**irent**

B. VERBS THAT HAVE IRREGULAR STEMS IN THE PASSÉ SIMPLE:

Since the third person singular and plural forms of the verb are those most commonly encountered in reading, those are the ones listed.

aperçut, aperçurent	apercevoir	*to notice*
apparut, apparurent	apparaître	*to appear*
apprit, apprirent	apprendre	*to learn*
s'assit, s'assirent	s'asseoir	*to sit down*
but, burent	boire	*to drink*
comprit, comprirent	comprendre	*to understand*
conclut, conclurent	conclure	*to conclude*
conduisit, conduisirent	conduire	*to drive*
connut, connurent	connaître	*to know*
courut, coururent	courir	*to run*
craignit, craignirent	craindre	*to fear*

crut, crurent	croire	*to believe*
décrivit, décrivirent	décrire	*to describe*
devint, devinrent	devenir	*to become*
disparut, disparurent	disparaître	*to disappear*
dit, dirent	dire	*to say, to tell*
dut, durent	devoir	*to owe; to have to*
écrivit, écrivirent	écrire	*to write*
eut, eurent	avoir	*to have*
fit, firent	faire	*to make; to do*
fuit, fuirent	fuir	*to flee*
fut, furent	être	*to be*
introduisit, introduisirent	introduire	*to introduce*
lut, lurent	lire	*to read*
mit, mirent	mettre	*to put*
mourut, moururent	mourir	*to die*
naquit, naquirent	naître	*to be born*
parut, parurent	paraître	*to appear*
plut, plurent	plaire	*to please*
plut	pleuvoir	*to rain*
prit, prirent	prendre	*to take*
promit, promirent	promettre	*to promise*
put, purent	pouvoir	*to be able*
relut, relurent	relire	*to reread*
remit, remirent	remettre	*to put back*
reprit, reprirent	reprendre	*to take again*
retint, retinrent	retenir	*to retain, to detain*
revit, revirent	revoir	*to see again*
rit, rirent	rire	*to laugh*
sourit, sourirent	sourire	*to smile*
se souvint, se souvinrent	se souvenir	*to remember*
surprit, surprirent	surprendre	*to surprise*
survécut, survécurent	survivre	*to survive*
sut, surent	savoir	*to know*
tint, tinrent	tenir	*to hold*
se tut, se turent	se taire	*to be silent*
valut, valurent	valoir	*to be worth*
vécut, vécurent	vivre	*to live*
vint, vinrent	venir	*to come*
vit, virent	voir	*to see*
voulut, voulurent	vouloir	*to want, to wish*

APPENDIX B

NEGATIVE CONSTRUCTIONS

ne... aucun(e)   no, not any
> Il **n'**y a **aucune** trace de vol.
> Aller là où je **n'**en avais **aucune** envie...

ne... guère   *scarcely*
> On devinait que le pantalon **ne** tenait **guère...**
> Ce **n'**était **guère** dans ses habitudes.

ne... jamais   *never, not ever*
> Je **ne** note **jamais** un rendez-vous dans mon carnet.
> Je **n'**avais **jamais** vu Joseph Leborgne travailler.

ne... ni... ni   *neither . . . nor*
> Vous **ne** savez **ni** lire **ni** écrire votre langue.
> **Ni** papa **ni** maman **n'**en ont mangé.

ne... nulle part   *not . . . anywhere, nowhere*
> Je **n'**allais **nulle** part.
> J'ai perdu ma clé. Je **ne** l'ai trouvée **nulle part.**

ne... pas   *not*
> Il **ne** voulait **pas** les écouter. Nous **n'**allons **pas** tirer tout de suite.

ne... personne   *no one, not any one*
> Tu **n'**as rencontré **personne?**
> Il **n'**y avait **personne** pour sonner ma cloche.

ne... plus   *no longer*
> Je **n'**osais **plus** prononcer une parole. Il **ne** dort **plus.**

ne... point   *not, not at all*
> Je cherchai une place où je **ne** serais **point** serré.
> Le vieux poète **n'**est **point** différent.

ne... rien   *nothing, not anything*
> Je **n'**ai **rien** osé faire. Il **ne** comprend **rien.**

Aucun, personne, and **rien** are frequently used as subjects. In that case, they appear as follows:

> **Aucun(e)... ne**
>> **Aucune** trace de larmes **ne** se voyait. **Aucun n'**en parlait à l'autre.

> **Personne ne...**
>> **Personne n'**est sorti. **Personne** d'autre **n'**a le droit de venir.

> **Rien ne...**
>> **Rien n'**a amélioré son existence. **Rien ne** la gêne.

NOTE: Ne... que follows the pattern of a negative construction, but it does NOT express a negative idea.

> **ne... que**   *only*
>> Il **n'**y **que** moi qui ne sais pas encore où je vais aller.
>> Je **ne** peux passer **que** bien tard dans la nuit.

LEXIQUE

The definitions given in this glossary reflect the context in which the words are used in this text. If the meaning here differs from the usual definition, the principal meaning is often also given. Exact cognates and easily recognizable words have been omitted. Multiple-word expressions are listed under each primary component. For example, **mettre le feu** is listed under both **mettre** and **feu**. The feminine form of the adjective is given only if it is irregular. This glossary also incudes words and expressions found in the introductory materials, footnotes, and exercises.

The following abbreviations are used:

adj. adjective	**fig.** figurative	**pl.** plural
adv. adverb	**Fr.** French	**p.p.** past participle
Can. Canadian	**inf.** infinitive	**prep.** preposition
conj. conjunction	**m.** masculine	**pro.** pronoun
f. feminine	**n.** noun	**v.** verb **sing.**
fam. familiar		

A

à in, to, with, into, at, for, by, upon, after, from

abandon *m.* abandonment, forlornness

abandonner to abandon; **s'_____ à** to commit oneself to

abattement *m.* dejection, low spirits

abécédaire *m.* primer

abeille *f.* bee

abîmer to overwhelm, ruin; **s'_____** to sink into

aboyer to bark

abri *m.* shelter; **se mettre à l'_____** to take shelter (from), to take refuge (from)

abrité sheltered, screened

abruti stupid

absolument absolutely

accentuer to stress

accessoire *m.* accessory, property

acclamer to applaud, acclaim

accommoder to accommodate; **s'_____** to make the best of, accept

accompagner to accompany

accomplir to accomplish

accord *m.* agreement, consent; **être d'_____ avec** to agree with

accorder to grant, give, award; **s'_____** to agree

accouder (s') to lean on one's elbow(s)

accourir to run up to

accoutumer to accustom; **à son accoutumée** as usual

accrocher to catch hold; **s'_____ à** to catch on, to get caught on

accroupir (s') to crouch

accueillir to greet, welcome
acerbe sharp, caustic
acheter to buy
achever to finish
acquérir to acquire, gain
âcre bitter, sour
activer to stir up, accelerate
actrice *f.* actress
actuellement at present
addition *f.* restaurant bill
adieu good-bye, farewell
admettre to admit
adonner (s') to devote oneself to
adorer to adore, love, be fond of
adresse *f.* address; **à l'___ de** con-
    cerning
adresser to address: **s'___ à** to be
    meant for; to speak to
adroit skillful, clever
adroitement skillfully, cleverly
adversaire adversary, enemy
affaire *f.* affair, situation; *pl.* business;
    things, belongings
affecté affected
affecter to feign, assume, pretend
affiche *f.* poster, bulletin
afficher to post, affix
affolé frightened
affoler to madden, distract, bewilder;
    s'___ to panic
affreusement frightfully, horribly
affreux (affreuse) frightful, horrible
affronter to face, confront
afin de in order to
africain African
âge *m.* age
âgé aged; **___ de dix ans** ten
    years old
agent *m.* policeman
agir to act, to do; **s'___ de** to be a
    question of
agité emphasized, excited, aggra-
    vated
agiter to agitate, shake; to wave
agneau *m.* lamb
agressivité *f.* aggressiveness
ahurissant confusing, bewildering,
    stupefying
aide *f.* aid, help
aigu (aiguë) sharp, piercing
aile *f.* wing; brim of a hat
ailé winged
ailleurs elsewhere; **d'ailleurs** be-
    sides, furthermore

aimable nice, friendly
aimé(e) the loved one
aimer to love, to like; **___ mieux** to
    prefer
aîné eldest
ainsi thus; **___que** as well as
air *m.* air, appearance, look; **d'un
    ___ with a look; avoir
    l'___(de)** to look (like); **grand
    ___** open air
aise *f.* ease; comfort; **à l'___**
    comfortable, at ease
aisé well-to-do, comfortable, easy,
    convenient
ajouter to add
ajuster to adjust
alcoolisme *m.* -alcoholism
algérien (algérienne) Algerian
aligner to line up, align
alimenter to feed, nourish; **sous-
    alimenté** undernourished
allée *f.* shaded path, walk
allègre cheerful, lively, happy
allemand German; *n.m.* German lan-
    guage
aller to go; **s'en ___** to go away;
    allons let's go, come now
allô hello *(on the telephone)*
allonger to lengthen, stretch out
allumer to light
allumette *f.* match
allure *f.* appearance, aspect; speed,
    pace, gait
alors then, next; **___ que** while
alourdir to weigh heavily upon
altéré weakened, distorted
amant *m.* lover
amas *m.* mass, pile
amasser to amass, hoard
ambitieux (ambitieuse) ambitious
âme *f.* soul
aménager to arrange
amener to take, bring, lead
amer (amère) bitter
amertume *f.* bitterness
ami *m,* friend
amical friendly
amirauté *f.* admiralty
amitié *f.* friendship
amorcer (s') to begin, start
amour *m.* love
amoureux (amoureuse de) in love
    (with)
ampoule *f.* light bulb
amusant amusing

amuser to amuse; **s'___** to have a
    good time, have fun
an *m.* year; **avoir sept ans** to be
    seven years old
ancêtre *m.* ancestor
ancien (ancienne) old, ancient; *(be-
    fore noun)* former
âne *m.* donkey, ass; idiot
ange *m.* angel
angle *m.* corner, angle
angoisse *f.* anguish, distress
angoisser to anguish, distress, afflict
année *f.* year
anniversaire *m.* birthday, anniversary
annoncer to announce
antichambre *f.* antechamber, entry
antipathique that which provokes or
    inspires aversion, repugnance
apaiser to appease, calm, pacify
apercevoir to perceive, notice
aperçu *m.* glimpse, overview
apparaître to appear
appareil *m.* apparatus, appliance,
    machine (in general)
appareil-photo *m.* camera
apparemment apparently
appartement *m.* apartment
appartenir to belong
appel *m.* call
appeler to call; **s'___** to be called,
    named
appendicite *f.* appendicitis
appétit *m.* appetite
applaudir to applaud
appliquer to apply; **s'___** to take
    pains, give one's full attention, work
    hard
apport *m.* contribution
apporter to bring
apprendre to learn
apprenti *m.* apprentice
apprentissage *m.* apprenticeship
approche *f.* approach, coming
approcher to approach, draw near
approfondir to deepen, examine thor-
    oughly
approprié appropriate, fitting
approuver to approve
appuyer to prop, lean against
après after
après-midi *m.f.* afternoon
arbre *m.* tree
argent *m.* money
arme *f.* weapon, firearm

armé armed

armée f. army

armoire f. wardrobe, heavy cupboard

arracher to tear off, wrench out, pull away forcefully

arranger to arrange, help matters

arrêt m. arrest, sentence, judgment

arrêter to stop; **s'____ à** to settle on, stop

arrière behind

arrière-pensée f. intention

arrière-salle f. back room

arriver to arrive, happen

arroser to water

artère f. road, artery

articuler to state

ascenseur m. elevator

aspect m. appearance, look, aspect

aspirer to breathe, breathe in

assassinat m. assassination

assassiner to assassinate, kill

assaut m. assault, attack

assemblée f. assembly, group

asseoir to sit, seat; **s'____** to sit down

assez enough, rather, somewhat

assiette f. plate

assigner to assign, allocate

assimiler to assimilate, understand

assis seated

assister to assist, help; **____ à** to attend, witness

assommer to stun, stupefy, knock out

assurance f. assurance; insurance

assurer to fasten, assure; **s'____** to make certain

astuce f. slyness, guile

atomique atomic

âtre m. fireplace, hearth

atrocement cruelly, outrageously

attaquer to attack

atteindre to affect, reach, strike

atteint (*p.p.* **atteindre**) stricken; **être ____ de** to suffer from

attendre to wait, wait for; **s'____ à** to expect

attente f. expectation

attentif (attentive) attentive

attentivement attentively

attirer to attract, draw

attrister to sadden

auberge f. inn

aubergiste m. innkeeper

aucun any; **ne... aucun** not a, not any, no one, nobody

audacieux (audacieuse) audacious

auditif (auditive) auditory

auditoire m. audience

aujourd'hui today

auparavant before, before that

auprès close by; **____ de** at the side of

aussi also; **____ bien** in any case, therefore

aussitôt immediately

autant the same, as much; **d'____ que** especially since; **____ dire** you might as well say; **____ de** so much

auteur m. author

authentique authentic

automate m. **____** robot, automaton

automatique automatic

automne m. autumn

autopsie f. autopsy

autoriser to allow, give permission

autorité f. authority

autour around; **____ de** around

autre other; **de temps à ____** now and then; **un ____ que** anyone other than

autrefois formerly

autrement otherwise

autrui others, other people

avaler to swallow, gulp

avancer to advance, move forward; **s'____** to approach, come forward

avant before, beforehand; **____ que** before

avantage m. advantage

avantageusement advantageously, usefully

avec with

avenir m. future

aventure f. adventure

avertir to warn

avertissement m. warning

aviateur m. aviator, flier

avidité f. avidity, greediness, eagerness

avis m. judgment, opinion

aviser to think about, consider

aviver to revive

avocat m. lawyer

avoir to have, possess; **____ peur** to be afraid; **____ sept ans** to be seven years old; **qu'est-ce que tu as?** what's the matter (with you)?; **qu'est-ce qu'il y a?** what's the matter?; **____ l'air de** to seem like, look; **n'____ rien à voir avec** to have nothing to do with

avouer to admit

B

baccalauréat m. exam given at end of secondary studies; diploma received if exam is passed (no exact equivalent in the United States)

badinage m. banter

bafouiller to stammer, splutter

bagarre f. fight, scuffle

bahut m. trunk, chest

baie f. bay window

baigner to bathe; **se ____** to go swimming

bail m. lease

baiser to kiss

baisser to lower; **se ____** to stoop down

balancer to rock, swing, sway

balbutiement m. stuttering, stammering

balbutier to stammer

balcon m. balcony

balle f. bullet

banc m. bench

bande f. group, gang, troupe

banlieue f. suburb, outskirts

banque f. bank

banquette f. bench

barbe f. beard

bas (basse) low, below, down; *n.m.* bottom

basculer to topple over, lose balance

bataille f. battle

bateau m. boat

bâtiment m. building

battement m. beating

battre to beat, strike; **se ____** to fight; **machine à ____** f. thresher

bavard chatty, gossiping; meaningless, nonsensical

béant wide-open

beau (bel, belle, beaux, belles) handsome, beautiful

beau-père (belle-mère) stepfather (mother); father- (mother-) in-law

beaucoup much, very much, a great deal

bébé *m.* baby

bec *m.* beak; _____ **de gaz** gas street light

belge Belgian

bénéfique beneficial

bercer to rock, soothe

berger *m.* shepherd

besoin *m.* need; **avoir _____ de** to need

bestial sensual, earthy

bête *f.* animal, beast; *(adj.)* stupid, foolish

bêtement stupidly, foolishly

bêtise *f.* stupidity. blunder

beurre *m.* butter

bibliothèque *f.* library

bien very, well, good, good-looking; _____ **sûr** of course; _____ **que** although; _____ **des** many; *n.m.pl.* possessions, goods, belongings

bienfaiteur *m.* benefactor

bientôt soon

bienveillance *f.* goodwill

bière *f.* beer

billet *m.* note, ticket

bizarrerie *f.* caprice, whim, strangeness

blaguer to joke, kid; **sans blague!** no kidding!

blanc (blanche) white

blême pale, wan, sallow

blesser to wound, hurt

blessure *f.* wound, injury

bleu-marine navy blue

bleuir to make blue, become blue

blottir to curl up, huddle up, crouch down

bocage *m.* grove, wooded region

bock *m.* glass of beer

bockeur *m.* beer drinker

bœuf *m.* steer, ox

bohémien (bohémienne) Bohemian

boire to drink

bois *m.* wood, wooded area

boîte *f.* box

bon (bonne) good

bond *m.* leap, bound, jump

bondir to leap, jump, bounce, frisk

bondissant bounding

bonheur *m.* happiness; **par _____** fortunately

bonjour good morning, good day, how do you do?

bonne *f.* maid (servant)

bonnet *m.* hat, cap; _____ **à poil** fur hat (headgear worn by British military guard)

bonsoir *m.* good evening

bord *m.* edge

bordé bordered

borné narrow-minded

bosquet *m.* grove of trees

botte *f.* boot

botter to put on boots

bottine *f.* ankle boot

bouche *f.* mouth

boucher to block; **se _____ les oreilles** to plug one's ears

bouclé curly

boucle d'oreille *f.* earring

bouder to pout

boudoir *m.* boudoir, lady's private room

boue *f.* mud

bouffée *f.* puff of smoke

bouger to budge

bougie *f.* candle

bougonner to grumble

boule *f.* ball; **perdre la _____** to lose one's head, go crazy

bouleversement *m.* disorder, confusion, upset

bouleverser to upset, throw into confusion, overwhelm

bourdonner to buzz, hum

bourreau *m.* executioner, torturer

bourrelet *m.* cushion, roll

bourrer to stuff, fill

bout *m.* end; **au _____ de** at the back of, end of

bouteille *f.* bottle

boutique *f.* shop

boxeur *m.* boxer

bras *m.* arm; **à pleins _____** with both arms; **à _____ ouverts** with open arms

brasserie *f.* beerhouse, restaurant, pub

brave good, worthy, brave

bref (brève) brief, curt, concise; in short

Breton (Bretonne) person from Brittany

brièvement briefly

brièveté *f.* brevity

brigadier *m.* police sergeant

briller to shine; be known for

brindille *f.* twig, sprig

brise *f.* breeze

briser to break

broche *f.* skewer

broder to embroider

brouillard *m.* fog, haze, mist

brousse *f.* undergrowth, brush; **coureur de _____** guerrilla fighter

broyer to crush, grind

bruit *m.* noise

brûler to burn; _____ **un feu** to run through a red traffic light

brume *f.* mist

brun (brune) brunette

brusque abrupt

brusquement abruptly

brutal brutal; sudden; loud

brutalement brutally; rudely

bruyant noisy

bureau *m.* office

buse *f.* buzzard; *(fig.)* blockhead, idiot

but *m.* objective, goal, aim

buter to stumble against, run into

butte *f.* natural or artificial mound

buveur *m.* drinker

C

cache-cache *m.* hide-and-seek

cacher to hide

cachette *f.* hiding place

cadavre *m.* corpse, cadaver

cadenas *m.* padlock

cadet (cadette) younger, junior of two

cadre *m.* setting, framework

café *m.* coffee; café

cahier *m.* notebook

caillou *m.* pebble

caisse *f.* box, packing case

calendrier *m.* calendar

califourchon *f.* **à _____** astride

camarade *m.f.* friend, companion

cambuse *f.* *(fam.)* hovel, small poor dwelling

campagne *f.* country

cancre *m.* dunce

canne *f.* cane

canot *m.* boat, dinghy

cantatrice *f.* female singer

cantique *m.* Christmas carol

capitaine *m.* captain

car for, because

caractère *m.* moral character, temperament

carboniser to burn, char

carnet *m,* notebook

carreau *m.*   square; pane of glass

carrière *f.*   career

carrosserie *f.*   body of a car

carte *f.*   card, map

carton *m.*   cardboard

cas *m.*   case, matter

caserne *f.*   barracks; ____ **de pompiers** fire station

casqué   coiffed, capped with

cassé   old, infirm; broken

casser   to break

catholique   catholic

cauchemar *m.*   nightmare

cause *f.*   cause, reason; **à** ____ **de** because of

causer   to chat

cave *f.*   cellar

ce *(pro.)*   it, that

ce (cet, cette, ces)   this, that, these, those

ceci *(pro.)*   this, this thing

céder   to give in, yield, give way

cela (ça) *(pro.)*   that, that thing; ____ **ne fait rien**   it doesn't matter

célèbre   famous

célébrer   to celebrate, honor

célibataire *m.*   bachelor; ____ **endurci**   confirmed bachelor

celui (celle, ceux, celles) *(pro.)*   the one, the ones, that, these, those

cendré   ash-colored

centime *m.*   one hundredth of a franc

centimètre *m.*   centimeter

centre *m.*   center

cependant   however

cercueil *m.*   tomb, coffin

cérémonieux (cérémonieuse)   formal, ceremonious

cerner   to make a ring around; **avoir les yeux cernés**   to have rings or circles under the eyes

certainement   certainly

certes   to be sure, most certainly

certifier   to certify, assure

certitude *f.*   certainty

cesser   to stop, cease, desist

chacun *(pro.)*   each, each one

chaufouin   mean-looking, weasel-faced

chagrin *m.*   grief, sorrow

chaîne *f.*   chain

chair *f.*   flesh

chaire *f.*   rostrum, teacher's chair

chaise *f.*   chair

chaleur *f.*   heat, warmth

chaleureux (chaleureuse)   warm; warm-hearted

chambre *f.*   bedroom

champ *m.*   field; ____ **de tir** rifle range

champignon *m.*   mushroom

chance *f.*   luck

changement *m.*   change

chanson *f.*   song

chant *m.*   song

chanter   to sing

chaotique   chaotic

chapeau *m.*   hat

chapitre *m.*   chapter

chaque   each, every

charbon *m.*   charcoal, coal, coals

charcuterie *f.*   pork butcher shop; delicatessen

chargé   charged; ____ **de** charged with, entrusted with

charger   to load; **se** ____ **de** to take care of

charnière *f.*   hinge

chasser   to chase, chase away, hunt

chassis *m.*   casement, window frame

chat (chatte)   cat

château *m.*   castle

châtelain *m.*   country squire

chaud   warm, hot

chaudement   warmly

chaudron *m.*   cauldron

chauffer   to heat, warm; to stoke up a fire

chauffeur *m.*   driver

chausser (se)   to put on one's footwear

chaussure *f.*   shoe, footwear

chauve   bald

chef *m.*   leader

chemin *m.*   road, path; ____ **de fer**-railroad, train

cheminée *f.*   fireplace, chimney

cheminer   to walk, amble along

chemise *f.*   shirt; file folder

chemisette *f.*   blouse; skimpy night shift

chêne *m.*   oak tree

chenet *m.*   andiron

chèque *m.*   check; ____ **sans provision**   worthless check

cher (chère)   dear; expensive

chercher   to look for, fetch

chercheur *m.*   seeker, searcher

chéri   dear, darling

chérir   to cherish

cheval *m.*   horse; ____ **de course** race horse

chevalier *m.*   knight

cheveu(x) *m.*   hair

cheville *f.*   ankle

chevroter   to tremble, quaver

chez   at the home (office, place) of

chic *(fam.)*   neat, terrific

chien *m.*   dog; ____ **depeluche** stuffed dog

chiffre *m.*   number, digit

choc *m.*   shock

chocolat *m.*   chocolate

choisir   to choose

choix *m.*   choice

choquer   to shock

chose *f.*   thing

chouchou *m.*   favorite, teacher's pet

chouette *(fam.)*   neat, swell

chronique *f.*   chronicle

chronologique   chronological

chuchoter   to whisper

ch...tt (chut!)   Sh! Hush!

ci   here; **de** ____ **de là** here and there; **ci-dessus** above, above-mentioned; **ci-dessous** below, hereunder

cible *f.*   target (for target practice)

cidre *m.*   cider

ciel (pl. cieux) *m.*   sky, heaven

circonstance *f.*   circumstance

circuler   to circulate, move about

citer   to cite, quote

clair   light, clear, bright

clairement   clearly

clairsemé   thin, thinly scattered

clameur *f.*   clamor, noise, outcry

clandestin   clandestine, secret

clarté *f.*   light, brightness

classe *f.*   class; **faire la** ____ to teach

classement *m.*   ranking

classique   classic

claque *f.*   slap, smack

clé, clef *f.*   key

clic *m.*   click

client *m.*   client, customer

clignoter   to wink, blink

cliqueter   to clank, rattle

clochard *m.*   tramp, hobo

cloche *f.*   bell

clos   closed, shut

cochon *m.*   pig

cœur *m.*   heart

cogner (se)   to bump, knock, kick

coiffé   capped

coiffer (se)   to fix one's hair

coiffeur (coiffeuse)   barber, hairdresser

coiffure f.   hairdo; head-gear

coin m.   corner

col m.   collar

colère f.   anger

colibri m.   hummingbird

collaborer   to collaborate

collectif (collective)   collective

collation f.   collation, meal, snack

collectionner   to collect

collectionneur m.   collector

collège m.   secondary school

coller   to glue, paste; to stick

collet m.   collar

collier m.   necklace

colline f.   hill

colonie f.   colony, settlement; _____ **de vacances**   summer camp

colonne f.   column

coloré   ruddy

colosse m.   colossus, giant

combattre   to fight

combien   how; _____ **de**   how many, how much

combustible m.   fuel

comique   comic, amusing, drole

comité m.   committee

commandature f.   command headquarters

commandement m.   command, order

commander   to order, command

comme   as, just as, like, since; _____ **de coutume**   as usual, like

commencement m.   beginning

commencer   to begin

comment   how; what . . . !

commerçant m.   merchant, tradesman

commettre   to commit

commisération f.   compassion, pity, commiseration

commissaire m.   commissioner

compagnie f.   company

compagnon m.   companion, friend

comparaison f.   comparison

compatriote m.f.   fellow countryman (-woman)

complément m.   object, complement

complet (complète)   complete, full; **au** _____   in full force

complètement   completely

comporter (se)   to behave, act

composition f.   essay, theme

compréhensif (compréhensive)   understanding; comprehensive

comprendre   to understand

compromettre   to compromise

compte m.   bill, account, calculation; **faire son** _____   to manage; **se rendre** _____ **de**   to realize

compter   to count on, count

compulser   to inspect, examine

comte m.   count (member of nobility)

concentrer   to concentrate

concernant   concerning

concevoir   to comprehend, express

concierge m.f.   caretaker

concis   concise, terse, succinct

conclure   to conclude

conçu   (p.p. **concevoir**)

concurrence f.   competition

condamné n.m.   condemned person; (adj.) condemned, closed up (door, window)

condamner   to condemn

conduire   to drive, take, lead; **se** _____ to act

confectionner   to make

conférence f.   lecture

conférer   to confer, award, bestow

confier   to entrust

confiture f.   jam, preserves

conflit m.   conflict, struggle

confondre   to confuse, mistake

confort m.   comfort

confus   confused, obscure

congé m.   holiday

congédier   to dismiss

congénère   like, equal

conjecturer   to surmise, conjecture

conjuguer   to conjugate

connaissance f.   knowledge, acquaintance, understanding

connaître   to know; **s'y** _____ **en**   to be expert in

connu   known

conquérir   to conquer

conquête f.   conquest

consacrer   to devote

conseil m.   council; advice

conseiller   to advise

consentir   to consent, agree

consommer   to consume, eat, drink

constamment   constantly

constater   to ascertain

construire   to build

conte m.   short story

contempler   to contemplate, look at

contemporain   contemporary

contenance f.   air, bearing, countenance

contenir   to contain, hold, repress

content   content, happy

contentement m.   contentment

contenter   to content, satisfy; **se** _____ **(de)**   to be satisfied (with)

contenu m.   content(s)

conteur m.   storyteller

continuellement   continually, ceaselessly

contourner   to go around

contracter   to take out (insurance)

contrainte f.   constraint

contraire m.   contrary; **au** _____   on the contrary

contrarié   thwarted, vexed, annoyed

contrat m.   contract

contravention f.   ticket, infraction of law

contre   against; **par** _____   on the other hand

contredire   to contradict; **sans contredit**   without any doubt

contribuer   to contribute

contrôleur m.   conductor, ticket collector

controverse   controversial

convaincre   to convince

convenable   suitable, proper

convenir   to agree, be suitable

conventionnel (conventionnelle)   conventional

convoquer   to notify

copain m. (fam.)   pal, friend

copier   to copy

coquet (coquette)   stylish, flirtatious; **une fortune coquette**   a tidy fortune

corbeille f.   basket

corde f.   rope

Corée f.   Korea

corne f.   horn

cornet m.   cone

corps m.   body

corps franc m.   army commando group

costume m.   suit

côte f.   coast

coté (adj.)   esteemed, thought of

côté *m.* side, aspect, direction; **à _____ de** next to, beside

coton *m.* cotton

cou *m.* neck

couche *f.* layer

coucher to sleep, put to bed; **se _____** to go to bed; **à demi couché** half-reclined

coucher *m.* bedtime

coude *m.* elbow; **coup de _____** nudge

couler to flow, run

couleur *f.* color

couloir *m.* corridor, hallway

coup *m.* blow, stroke; **_____d'oeil** glance; **sur le_____** immediately; **_____ sur _____** time after time; **d'un seul _____** all at once; **_____ de vent** gust of wind; **prendre un _____ de feu** to catch on fire

coupable guilty

coupe *f.* cup

couper to cut

coupure *f.* clipping; cut

cour *f.* courtyard

courageux (courageuse) courageous, brave

courant current; of the present month and year; running; **_____ d'air** draft

courber to curve, bend, stoop, bow

courette *f.* small courtyard

courir to run; **_____ les jupes** to chase skirts, womanize

couronne *f.* crown

course *f.* race

court short

coussinet *m.* small cushion

coûter to cost

coutume *f.* custom, habit; **comme de _____** as usual

couvert *m.* place setting

couvert *(adj.)* covered

couverture *f.* blanket; **_____ chauffante** electric blanket

cracher to spit

craie *f.* chalk

craindre to fear

crainte *f.* fear

craintif (craintive) fearful

crâne *m.* skull, cranium

craquer to crack, give way

cravate *f.* necktie

créateur (créatrice) creative

créer to create

crème *f.* cream

cresson *m.* cress, watercress

crête *f.* crest, top

creuser to dig, deepen

crève-cœur *m.* heartbreak

crevette *f.* shrimp

cri *m.* cry

crier to cry, call out, shout

crise *f.* crisis

crisper to clench, clasp

crispin *m.* leather cuff added to certain gloves

croire to believe, fancy

croisé crossed

croisée *f.* casement window

croiser (se) to cross, meet

crosse *f.* grip

croix *f.* cross

crotté dirty

croyable believable

croyant *m.* believer

cruauté *f.* cruelty

cueillir to pick, pluck

cuiller *f.* spoon

cuire to cook

cuisine *f.* kitchen, cooking

cuisse *f.* thigh

cuit *(p.p. of* **cuire***)*

culotter to break in (a pipe)

cultiver to grow, cultivate

curé *m.* parish priest

curieux (curieuse) curious

cuvette *f.* washbowl

cynique cynical

D

d'abord first, first of all; **tout _____** at first

d'ailleurs besides

dame *f.* lady

damné damned

damner to damn

dans in, into

danse *f.* dance

danser to dance

d'avance in advance

davantage more; any more, any longer

débarrasser to clear, disencumber; **se_____ de** to get rid of, take off

débauche *f.* debauchery

debout standing, upright

débrouiller (se) to manage, get along

début *m.* beginning, start

décevoir to deceive, mislead; to disappoint

déchausser (se) to remove one's footwear

déchiffrer to decipher, figure out

déchirer to tear, tear up, rip

décidément definitely, decidedly

décider to decide, settle; **se _____** to make up one's mind

décoloré colorless

décolorer (se) to fade, grow pale

déconcertant perplexing, disconcerting

décontenancer to embarrass, mortify

décor *m.* scene

découragé discouraged

découragement *m.* discouragement

décourager to discourage, dishearten

découverte *f.* discovery

découvrir to discover

décrire to describe

décrocher to take off, lift

déçu *(p.p.* **décevoir***)*

dédaigneusement disdainfully

dedans inside

dédier to dedicate

défaire to undo

défaut *m.* defect

défendre to defend; forbid

déférent respectful

défi *m.* defiance, challenge

définitivement definitely, finally, for good

défoncer to break in

dégager to redeem

dégâts *m.pl.* damage, havoc, mess

dégoûtant disgusting

dégoûté disgusted

dégoûter to disgust

dégrader to degrade, debase

degré *m.* degree; **au plus haut_____** in the highest degree

déguiser to disguise

déguster to taste, savor

dehors outside, outdoors

déjà already, previously, before

déjeuner to eat lunch

déjeuner *m.* lunch; **petit_____** breakfast

délaissé abandoned, deserted

délibérément deliberately

délicatement delicately

délice m. delight, extreme pleasure

délicieux (délicieuse) delicious; delightful

demain tomorrow

demande f. request; **à la _____** as required

demander to ask; **se _____** to wonder

déménager to move

demeurer to live; to remain, stay

demi half; **à _____** half or semi

dénoncer to denounce, betray

dénoter to denote, indicate

dénouer to untie, loosen

dent f. tooth

dentelle f. lace

dépanner to help

départ m. departure

département m. department

dépasser to go beyond

dépêcher (se) to hurry

dépense f. expense, expenditure

dépenser to spend

dépensier (dépensière) extravagant

dépêtrer to disentangle, extricate

dépit m. spite, grudge; **en _____ de** in spite of

déplacer to displace, move; **se _____** to move

déplaisant unpleasant, disagreeable

déplier to unfold, spread out

déposer to deposit, set down

depuis since, since then; for

dernier last; **ces temps derniers** lately, latest

dérouler (se) to develop, unfold

dérouter to perplex, disconcert

derrière behind

dès from, since, as early as; **dès que** as soon as

désagréable disagreeable

désappointé disappointed

désastre m. disaster

descendre to descend, go down

descente f. descent, downward slope

désert deserted

désespéré desperate, disconsolate, hopeless

désespoir m. despair, helplessness

déshabillé m. morning wrap

déshabiller (se) to undress

désigner to point out

désir m. desire, wish

désirer to wish, want

désolant grievous, distressing

désolé grieved, heart-broken, unhappy

désordre m. disorder; **en _____** untidy

désorienter to disorient, bewilder, confuse

désormais henceforth

desséché withered, dried up

dessert m. desert

dessin m. drawing, sketch

dessiner to draw, sketch

dessous under, underneath, beneath; **par-_____** under

dessus above, upon; on it, thereupon; **au-_____, par- _____** above, over, on top of

destin m. destiny, fate

détaché detached, indifferent (to), removed (from)

détachement m. detachment, indifference

détail m. detail, small thing

détendre to unbend, relax

détendu relaxed, unbent

détente f. relaxation

détériorer to deteriorate, damage, make worse

détester to hate

détour m. roundabout way, indirect manner

détourner to turn away

détresse f. distress, sorrow, grief

détrôner to dethrone

détruire to destroy

dette f. debt; **_____ criarde** pressing, urgent debt

devant in front of; faced with

devanture f. front, facade, shop window

développer to develop; **sous-développé** underdeveloped

devenir to become; discover

dévêtir to undress

deviner to guess, discern, perceive

dévisager to stare at, scrutinize

devise f. motto, slogan

devoir to have to, must, be obliged; to owe

devoir m. duty, task; pl. homework; respects

dévorer to devour

diable m. devil

diadème m. coronet, crown, tiara

diamant m. diamond

diaphragme m. diaphragm

dictionnaire m. dictionary

dieu m. God; **mon Dieu** dear me, my goodness, good gracious

différemment differently

différencier to differentiate, distinguish between

différer to differ; to defer, put off

difficile difficult

digérer to digest, assimilate

diminuer to diminish

dîner to dine, have dinner

dîner m. dinner

dire to say, tell

directeur m. director, manager

diriger to direct; **se _____ (vers)** to head (for)

discours m. talk, speech, address

discret (discrète) discreet

discuter to discuss

disparaître to disappear

disposer to arrange; **_____ de** to have at one's disposal

disposition f. disposition; **prendre des dispositions** to make arrangements

disputer to dispute, contest; **se _____** to quarrel, fight

disque m. record

dissimuler to hide, conceal

dissolu dissolute, loose, licentious

distance f. distance; **à _____** from a distance

distinguer to distinguish, discern, make out

divers various

divorcé m. divorced person

docteur m. doctor

dogmatique dogmatic

doigt m. finger

domestique m.f. servant

dominant important, predominant

dominer to dominate

dommage m. pity, shame, too bad!

don m. gift, natural talent

donc consequently, therefore, then

donner to give; **_____ sur** to lead to, to look out on

dont of which, of whom, whose

doré golden

dormir to sleep

dos m. back

dossier m. back (of seat); record, file

doter to endow, equip

doucement softly, gently; slowly

douceur *f.* gentleness, softness, kindness

doucher to shower

douleur *f.* pain, grief, suffering

doute *m.* doubt; **sans** _____ no doubt, undoubtedly

douter to doubt; **se** _____ **de** to suspect

douteux (douteuse) doubtful, questionable

doux (douce) gentle, sweet

douzaine *f.* dozen

dramatique dramatic

dramatiser to dramatize

dramaturge *m.* playwright, dramatist

drame *m.* drama

drapeau *m.* flag

dresser to draw up (a list); **se** _____ to stand on end; to be situated

droit *m.* right; law

droite *f.* right hand; **à** _____ to the right, on the right

drôle funny, drole, odd

drôlement comically; *(fam.)* very

dru thick

dubitatif (dubitative) doubting

dur hard

durant during; **des années** _____ for years

durcir to harden

durée *f.* duration

durer to last

E

eau *f.* water

éblouir to dazzle, trouble; to fascinate

éblouissant dazzling

écart *m.* divergence, side-step; **à l'**_____ aside, out of the way

écarter to hold apart, separate; **s'**_____ to turn aside, deviate, ramble, wander

échanger to exchange

échapper to escape; **laisser** _____ to let out

échauffer to warm, heat; to excite, irritate

échelle *f.* ladder

échouer to fail

éclaboussé splashed

éclaircir to clear (up); to solve (a mystery)

éclairé lighted, illuminated

éclairer to light, illuminate; **s'**_____ to be lit up

éclat *m.* burst, outburst; _____ **sourd** dull shine

éclatant striking, remarkable

éclater to burst; _____ **de rire** to burst out laughing

éclectique eclectic

école *f.* school

économie *f.* saving, thrift; bargain

écouler (s') to elapse, pass, flow out

écouter to listen, listen to

écran *m.* screen

écraser to crush, flatten

écrier (s') to cry out, exclaim

écrire to write

écrit *m.* writing

écriture *f.* handwriting, penmanship

écrivain *m.* writer

écroulement *m.* collapse

éditeur *m.* publisher, editor

effacer to erase

effarement *m.* bewilderment, distraction, terror

effet *m.* effect, result; **en** _____ indeed, as a matter of fact

efficace effective

efforcer (s') to strive, strain, endeavor

effraction *f.* burglary, housebreaking

effrayer to frighten

effroi *m.* fright, terror, dismay

égal equal, even, level, uniform; indifferent

également equally

égarer to lead (astray); **s'**_____ to become bewildered, lose one's way

église *f.* church

égoïste selfish, egotistical

égout *m.* sewer

égratignure *f.* scratch

égyptien (égyptienne) Egyptian

élargir to widen, enlarge; to square (shoulders)

élémentaire elementary

élève *m.f.* pupil

élevé brought up; **bien** _____ well-bred

élever to raise, rear; **s'**_____ to lift oneself up

élimer to make threadbare

éliminer to eliminate

élire to elect, choose

éloigné removed, distant, remote

éloigner to remove, send away; **s'**_____ to move away, withdraw

emballer (s') to race (motor)

embarras *m.* trouble, difficulty

embarquer to embark, go on board

embêtant annoying

embêter to annoy, bother

embrasser to embrace, kiss, hug

embrouiller (s') to become confused, muddled, mixed-up

émettre to express

émietter to smash, crumble

émission *f.* broadcast, program

emmener to take

émotionnel (émotionnelle) emotional

émouvant moving

émouvoir to move (emotionally), touch, affect

empaler to impale

emparer (s') to grab, seize

empêcher to prevent

empiler to stack, pile up

emplacement *m.* placement, position

emplir to fill

emploi *m.* job, employment

employé *m.* employee

empoigner to grab, grasp, seize

emporter to carry, take; **l'**_____ **sur** to get the better of

emprisonner to imprison

ému *(p.p.* **émouvoir***)* touched, moved

en *(prep.)* in, into, at, by, of, like, within

encadrer to frame

enchaînement *m.* series, connection

enchaîner to chain, bind in chains

enclos *m.* enclosure; *(p.p.* **enclore***)* enclosed

encore yet, still, again

encourageant encouraging

endroit *m.* place

énervant upsetting

énervement *m.* exasperation, excitement

énerver to unnerve, irritate; **s'**_____ to get excited, irritable

enfance *f.* childhood

enfant *m.f.* child

enfantillage *m.* childish act

enfantin childish, infantile

enfer *m.* hell

enfermer to shut in, conceal; **s'____** to lock oneself up, to shut oneself up   enfiler

enfiler to go along (a street)

enfin finally, in fact

enflammer to inflame, stir up; **s'____** to flare up

enfoncer to hammer in, push in; **s'____** to sink, settle down

enfouir to hide (something); to put (something)

enfuir (s') to flee

engager to hire, involve, compel; **s'____** to commit oneself; to enter

engloutir to gulp, swallow

engourdi numb

engraisser to grow fat, become plump

enguirlander to encircle, grow around

enhardir to grow bold

énigmatique enigmatic, puzzling

énigme *f.* riddle, enigma, puzzle

enjamber to climb over

enjoué sprightly, lively

enlever to take off, remove

enneiger to cover with snow

ennemi *m.* enemy

ennui *m.* worry, trouble, boredom

ennuyant boring, annoying

ennuyer to bore, annoy, worry, bother

ennuyeux (ennuyeuse) boring

énorme enormous

énormément enormously

enquérir (s') to inquire about, ask about

enquête *f.* investigation, inquiry

enragé enraged, fuming

enregistrement *m.* recording

enregistrer to record

enrouler to roll up, wind up, wrap up

enseigne *f.* sign; **____ lumineuse-** electric (neon) sign

enseigner to teach

ensemble together; *n.m.* the whole

ensuite then, next, after(wards)

entamer to begin; to reach; to encroach upon; to weaken

entendre to hear, understand, demand; **s'____** to understand one another, get along; **____ parler de** to hear about

enterrement *m.* funeral, burial

enterrer to bury

enthousiasme *m.* enthusiasm

entier (entière) entire, whole, complete

entonner to begin to sing

entourer to surround

entracte *m.* intermission

entraide *f.* mutual help

entraîner to pull, carry along, drag

entrave *f.* shackle, fetter

entraver to shackle, fetter

entre between

entrebâiller to half-open, leave ajar

entrecoupé interrupted

entrée *f.* entrance, entry

entreprendre to attempt, undertake

entreprise *f.* company, business

entrer to enter

entre-temps meanwhile, in the meantime

entretien *m.* upkeep, maintenance

entrouvert half-open

envahir to invade, encroach upon

envergure *f.* sweep, range; **d'____** of great ability

envers towards, to

envie *f.* envy, desire; **avoir ____ de** to want

envieux (envieuse) envious

environ about, approximately

envoler (s') to fly off

envoyer to send; **____ chercher** to send for

épais (épaisse) thick

épaisseur *f.* thickness

épatant splendid, wonderful, terrific

épater to amaze, impress

épaule *f.* shoulder

épeler to spell

éperdu distracted, bewildered

éperon *m.* spur (of land)

épice *f.* spice; **pain d'épice** gingerbread

épier to spy on; to examine

épingle *f.* pin; **____ à cheveux** hairpin

époque *f.* period, era, epoch

épouse *f.* wife, spouse

épouser to marry

épouvantable dreadful, appalling

épouvante *f.* horror, terror, fright

époux *m.* husband, spouse

éprouver to feel, experience

épuisé exhausted, worn out

épuiser to wear out, exhaust

équilibre *m.* equilibrium

équilibré stable, levelheaded

équipage *m.* personnel, crew; equipment

errer to wander

erreur *f.* error

érudit erudite, learned, scholarly

escabeau *m.* stepladder

escalier *m.* stairway

esclave *m.f.* slave

escrimer to fence: **s'____** to strive, try

espace *m.* space, room

espagnol Spanish

espèce *f.* species, breed

espérance *f.* hope

espérer to hope

espiègle mischevious, roguish

espoir *m.* hope

esprit *m.* mind, intellect

essai *m.* essay

essayer to try

essoufflé out of breath

essuie-glace *m.* windshield wiper

essuyer to dry, wipe

est *m.* east

estimer to estimate, esteem

étable *f.* stable

établir to establish

établissement *m.* establishment

étage *m.* floor (of a building)

état *m.* state, condition

étau *m.* vise

éteindre to put out; **s'____** to go out (fire, light)

étendre to stretch out

éternuement *m.* sneeze

éternuer to sneeze

étiquette *f.* ceremony

étiré drawn from

étirer to stretch

étoffe *f.* material, fabric

étoile *f.* star

étoilé starry, star-studded

étonnamment astonishingly, wonderfully

étonnant surprising, astonishing

étonnement *m.* astonishment, amazement

étonner to astonish, amaze, surprise; **s'____** to marvel, be astonished

étouffer to stifle, choke, suffocate

étrange strange

étranger (étrangère) strange, foreign; *n.m.* stranger; **à l'____** abroad

étranglement *m.* strangulation

être to be; *n.m.* being

étreinte *f.* grip
étroit narrow
étrusque Etruscan
étude *f.* study; **faire ses études** to study, go to school
étudiant *m.* student
étudier to study
européen (européenne) European
évader (s') to escape, run away
évasion *f.* escape
éveillé awake
événement *m.* event
éventer (s') to fan oneself
évidemment certainly, obviously
éviter to avoid
évoquer to allude to, call to mind, evoke
exactement exactly
exagéré excessive
examen *m.* test, exam
exceptionnel (exceptionnelle) exceptional
exciter to excite
excroissance *f.* tumor, unnatural growth
excuser to excuse, pardon; **s'____** to apologize
exécrable abominable, detestable
exemple *m.* example; **par ____** for example; **par____!** indeed! imagine!
exercer to practice (a profession)
exercice *m.* exercise
exigeant hard to please, exacting, demanding
exigence *f.* demand
exiger to demand, require
exilé *n.m.* exiled person; *(adj.)* exiled
exiler (s') to go into exile, expatriate oneself
expérience *f.* experience; experiment
explication *f.* explanation
expliquer to explain
exprès on purpose, deliberately
exprimer to express
extérieur *m.* exterior, outside
extraordinaire extraordinary
extrêmement extremely

F

fabriquer to manufacture, make
fabuliste *m.* one who composes fables

face *f.* face; **en ____ de** across from
fâché angry
fâcher to anger, irritate; **se ____** to become angry
facile easy, simple
facilement easily
facilité *f.* ease, facility
façon *f.* way; **de toute ____** in any case
facteur *m.* mail carrier
faction *f.* sentry duty, guard duty
facture *f.* bill
faible weak
faillir to fail; **____ + inf.** to be on the point of
faillite *f.* failure; **faire ____** to go bankrupt
faim *f.* hunger; **avoir ____** to be hungry
faire to make, do; **se____** to happen; **____ de son mieux** to do one's best; **____ mine de** to pretend; **____ part** to inform; **____ voir** to show
fait *m.* fact, matter; **en ____** indeed, as a matter of fact; **au ____** in fact
falloir to be necessary
fameux (fameuse) famous; *(before noun)* infamous
familier (familière) familiar
famille *f.* family
fanfare *f.* brass band
fantaisie *f.* imagination, fancy; **de ____** fanciful; **faire de la ____** to make up a far-fetched story
fantastique uncanny, fanciful, fantastic
fantôme *m.* ghost, phantom
farouchement wildly, savagely
fasciner to fascinate
fatigant tiring, tedious
fatigué tired
fatiguer to tire, wear out
faufiler (se) to thread one's way, sneak in and out
fausser to alter, distort
faute *f.* fault
fauteuil *m.* armchair
fauve musky
faux (fausse) false
faveur *f.* favor
favori (favorite) favorite
favorisé privileged
fébrilité *f.* excitement, agitation

félicité *f.* happiness, bliss
féminin feminine, female
femme *f.* woman, wife; **____ de chambre** lady's maid
fenêtre *f.* window
fer *m.* iron; *pl.* irons, fetters
fer-blanc *m.* tin
ferme firm
fermer to close
fermeture *f.* lock, closing
fermoir *m.* clasp
feu *m.* fire; **____ d'artifice** fireworks display; **mettre le ____** to set fire; **sur le ____** cooking (on the stove); **prendre un coup de ____** to catch on fire, burn
feuille *f.* leaf; page, sheet (of paper)
feuilleter to leaf through, peruse rapidly
feutré silent, padded
fier (fière) proud
fièvre *f.* fever
fiévreusement feverishly
figé stiff, set
figuier *m.* fig tree
figure *f.* face
figurer to represent
fil *m.* thread; *(fig.)* clue
filature *f.* spinning mill
file *f.* file, line
filer to fly, spin
fille *f.* girl, daughter; *(fam.)* prostitute
filleul *m.* godson
fils *m.* son
fin *f.* end; **à la ____** at last
fin *(adj.)* fine, thin, slender, delicate
finalement finally
financier (financière) financial
finement slyly, shrewdly
finir to finish; **____ par** to end up by
fixement fixedly, steadily
fixer to fix, hold; **____ quelqu'un** to stare
flamboyer to flame, blaze, flare
flamme *f.* flame
flanc *m.* side, flank
flanquer to deal, strike (a severe blow)
flaque *f.* patch, spot, puddle
flatter to flatter
flatteur (flatteuse) flattering, pleasing
flèche *f.* arrow
fleur *f.* flower
flotter to float
foi *f.* faith

fois *f.* time; **une ____ de plus** a-
gain, once more; **une ____ par semaine** once a week; **à la
____** both
folie *f.* madness, insanity, folly
folklorique folk
follement madly, foolishly; **s'amuser
____** to have a grand time
foncer to darken
fond *m.* back, far end (of room); subject matter, content
fonder to found
fondre to melt; *(fig.)* to pounce upon
fontaine *f.* fountain
force *f.* strength, power, force
forêt *f.* forest
forgeron *m.* blacksmith
formidable formidable; *(fam.)* wonderful, terrific
fort strong, heavy
fortement vigorously
fou (folle) crazy, insane, wild, frantic
fouiller to go through, rummage
foule *f.* crowd
foulée *f.* stride
fourbe *n.m.* knave, rascal; cleverly de-
ceitful, hypocritical
fourbu very tired, exhausted
fourneau *m.* stove
fourré *m.* thicket
fourvoyer to mislead; **se ____** to go
astray, blunder
foyer *m.* home; hearth, fireside, fire
fraîcheur *f.* coolness, freshness; viva-
city
frais (fraîche) fresh, cool
franc (franche) frank, honest
franchement frankly; without hesita-
tion, clearly
francophone *m.f.* French speaker
frappant striking
frapper to hit, strike
frayeur *f.* fright, fear
frêle frail
frémir to tremble, shudder
frère *m.* brother
fripé crumpled
frisquet (frisquette) chilly
frisson *m.* shiver, chill
frissonner to shiver, quiver
frivole frivolous
froid *m.* cold; *(adj.)* cold
froidement coldly, dispassionately
froideur *f.* coldness
froissé crinkled
fromage *m.* cheese

froncer to wrinkle, pucker; **____ les
sourcils** to knit one's brows, frown
front *m.* forehead
frotter to rub
frustré frustrated, disappointed
fuir to flee
fulgurant striking
fumée *f.* smoke
fumer to smoke
fumigène smoke-producing
funeste fatal, disastrous
fur; au ____ et à mesure little by little
fureter to hunt, rummage
fureur *f.* fury
furie *f.* fury
furieux (furieuse) furious, angry
furtif (furtive) furtive, sly, stealthy
furtivement furtively
fusée *f.* rocket, flare
fusil *m.* gun, rifle; **coup de ____**
gunshot

G

gâchis *m.* *(fam.)* disorder, mess
gage *m.* pawn, pledge, security; **mettre en ____** to pawn
gagner to win, reach, arrive at, earn,
gain
gai gay, happy
gaiment gaily, cheerfully
gaîté *f.* gaiety
galoper to gallop
gamin *m.* urchin
garantir to guarantee
garçon *m.* boy; waiter
garde *m.* caretaker, guard
garder to keep; watch over, guard;
se ____ keep, take care, protect
oneself; to refrain
gardien *m.* guard, caretaker
gare *f.* station
gaspiller to waste
gâteau *m.* cake
gauche left; **à ____** on the left
gaz *m.* gas
géant giant, gigantic
gelé frozen
gémir to groan, moan, murmur sadly
gendarme *m.* policeman
gêne *f.* difficulty, discomfort
gêné annoyed, bothered, embar-
rassed

gêner to bother, annoy
généralement generally
génie *f.* genius
genou *m.* knee
genre *m.* kind, way, style, manner
gens *m.f.pl.* people
gentil (gentille) nice, kind
geste *m.* gesture, movement
gifle *f.* slap in the face
gilet *m.* vest
glace *f.* mirror; ice cream, ice
glauque sea-green
glissade *f.* sliding, slide
glisser to slip, slide
gluant sticky
gonfler to swell, inflate, puff up
gorge *f.* throat; bosom
gorgée *f.* gulp, mouthful
gosse *m.f.* *(fam.)* youngster, kid
goût *m.* taste, inclination
goûter to taste, sample, enjoy
goutte *f.* drop
gouvernement *m.* government
gracieusement graciously; gracefully
gracieux (gracieuse) graceful, cour-
teous, charming, attractive
grade *m.* degree; **prendre ses
grades** to obtain one's degrees
grammaire *f.* grammar, grammar
book
grand big, large; **____ air** open air
grandir to grow
grand-mère *f.* grandmother
graphiquement graphically
gras (grasse) fat, greasy
gratter to scratch
grave serious
gravé engraved
gravement seriously
gré *m.* will, wish, pleasure; **contre son
____** against one's wishes
grenier *m.* attic
grenouille *f.* frog
grillage *m.* grating, wire netting, wire
mesh
grille *f.* railing, wrought-iron fence or
gate
grimper to climb, scale
grincement *m.* scratching, grating
grincer to grind, creak, grate
grogner to growl, snarl
grommeler to mutter, grumble
gronder to scold, to grumble
gros (grosse) *(adj.)* big, heavy; *(adv.)*
much, a lot

grosseur *f.* size, bulk

guère; ne... guère but little, scarcely, hardly

guerre *f.* war

guet *m.* watch, lookout; **au** _____ on the lookout

guetter to be on the lookout for, watch for

guetteur *m.* lookout

guignol *m.* puppet; *(fam.)* clown, fool

guise *f.* manner, way; **à sa** _____ as one pleases

H

habile skillfull, expert, clever, crafty

habillé dressed

habiller to dress; **s'**_____ to get dressed

habit *m.* suit; **être en** _____ to be in evening attire

habiter to live (in)

habitude *f.* habit; **dans ses habitudes** what one is accustomed to; **comme d'**_____ as usual; **avoir l'**_____ **de** to be used to

habitué *m.* frequent customer

habituel (habituelle) habitual, usual

habituer to accustom; **s'**_____ **à** to get used (accustomed) to

hâbleur (hâbleuse) braggart, boaster

hai! well! indeed! bless me!

haie *f.* hedge

haine *f.* hate, hatred

haïr to hate

halte *f.* stopping place, resting place, halt

hanneton *m.* June bug

hanter to haunt

hargneux (hargneuse) surly

harnacher to harness, rig out

hasarder to risk, venture, hasard

hâter to hurry

hausser to raise; _____ **les épaules** to shrug one's shoulders

haut *(adj.)* high; **à haute voix** aloud; *(adv.)* loudly

hauteur *f.* height

hebdomadaire *(adj.)* weekly

héberger to lodge; entertain

hein? eh? what? (expressing surprise)

herbe *f.* grass

héritage *m.* heritage, inheritance

hériter to inherit

héros *m.* hero

hésiter to hesitate

heure *f.* hour; **tout à l'**_____ just now, a little while ago, in a little while; **à l'**_____ on time

heureusement fortunately

heureux (heureuse) happy

heurt *m.* shock, bump

heurter to knock against, bump into, collide with

hier yesterday

histoire *f.* story, tale

historique historical

hocher to shake

hommage *m.* homage, respect, acknowledgment

homme *m.* man

honneur *m.* honor

honte *f.* shame; **avoir** _____ **de** to be ashamed of

honteux (honteuse) ashamed, shameful

hôpital *m.* hospital

hoquet *m.* hiccup

horloge *f.* clock

hormis outside of

horreur *f.* horror

hors out, outside; _____ **de** outside, out of

hôtesse *f.* hostess

huée *f.* jeer, hoot, boo

humain *n.* human being; *(adj.)* human

humilier to humble, humiliate

humour *m.* humor

hurlement *m.* howl, roar, shriek

hurler to howl, cry out

hutte *f.* hut

hymne *m.* song, anthem

hypnotique hypnotic

hypnotiseur *m.* hypnotist

hypocrisie *f.* hypocrisy

hypothèse *f.* hypothesis, assumption

I

ici here

idée *f.* idea

identifier to identify

ignorer to be unaware of, not to know

île *f.* island

illustrer to illustrate

image *f.* picture, mental picture, image

imaginaire imaginary

imbibé soaked, drenched

imiter to imitate

immédiatement immediately

immeuble *m.* building, house

impatiemment impatiently

imperméable *m.* raincoat

impressionner to impress, affect

imprévu unforeseen

improvisateur *m.* improviser, extemporaneous speaker

inactif (inactive) inactive

inadmissible inadmissible, unbelievable

inaperçu unnoticed

inattendu unforeseen, unexpected

inaugurer to open, unveil; to put on (article of clothing) for the first time

inavouable shameful

incendie *m.* fire

incendier to set fire to

incertain uncertain

incertitude *f.* doubt, uncertainty

incongru incongruous, unbecoming

inconnu *m.* unknown person, stranger

incorporer to incorporate

incroyable unbelievable, incredible

indicateur *m.* *(fam.)* informer

indications scéniques stage directions

indice *m.* clue, indication, sign

indien (indienne) Indian

indigène native

indigné shocked, indignant

indignité *f.* unworthiness, baseness, indignity

indiquer to indicate

indiscret (indiscrète) indiscreet

individu *m.* individual

indu unseemly; unexpected; **aux heures indues** at ungodly hours

industrie *f.* industry

inévitablement inevitably

infâme infamous

inférieur inferior

infini infinite, boundless

infliger to inflict

ingénieur *m.* engineer

initier to initiate

injure *f.* insult, injury, offence

injuste unfair, unjust

inondé bathed, covered

inoubliable unforgettable

inquiet (inquiète) worried

inquiéter to worry, harass; **s'**_____ to trouble oneself, worry

inquiétude *f.* disquiet, anxiety, restlessness
insinuer to insinuate, suggest, hint
insoutenable unbearable
inspecteur *m.* inspector
instamment insistently, urgently
instruire to teach, instruct, educate
insupportable unbearable
intensément intensely
interdire to forbid, prohibit
interdit forbidden; *(fig.)* astounded
intéressé *m.* the individual involved, interested party
intéresser to interest; **s'____ à** to be interested in
intéressant interesting
intérêt *m.* interest
intérieur *m.* interior
interlocuteur *m.* person with whom one converses
intermédiaire *m.* intermediary, go-between
interne internal, inner
interrogateur questioning, examining
interrogation *f.* questioning; (in school) a written or oral quiz
interrogatoire *m.* questioning, examination
interroger to question, examine, ask
interrompre to interrupt
intervalle *m.* interval
intervenir to intervene
intimement intimately
intimider to intimidate, frighten
intimité *f.* intimacy; **dans l'____** in private
intituler to entitle, give a title to
intrigue *f.* intrigue, plot
intrigué intrigued, puzzled, curious
introduire to introduce, insert
introspectif (introspective) introspective
intrus *m.* intruder
inutile useless
inventeur *m.* inventor
invité *m.* guest
involontaire involuntary
invraisemblable unlikely, improbable, hard to believe
invraisemblance *f.* improbability, unlikelihood
ironie *f.* irony
ironique ironic
issue *f.* door, doorway, issue, exit
italien (italienne) Italian

itinéraire *m.* itinerary
ivre drunk
ivrogne *m.* drunkard; *(adj.)* drunken, tipsy

J

jadis formerly
jalousie *f.* jealousy
jamais ever; **ne...____** never
jambe *f.* leg
jardin *m.* garden
jeter to throw; **____ un coup d'œil** to glance; **____ un regard** cast a glance
jeu *m.* game
jeune young
jeunesse *f.* youth
joie *f.* joy
joli pretty
joue *f.* cheek
jouer to play
jouet *m.* plaything, toy
jouir de to enjoy; to be in possession of
jouissance *f.* enjoyment, use
jour *m.* day
journal *m.* newspaper
journée *f.* day
juge *m.* judge
jugement *m.* judgment
juger to judge, consider
jumelles *f. pl.* binoculars
jupe *f.* skirt
jurer to swear
jusque to, up to, as far as
juste right, just, fair; **tout ____** close
justement just, precisely, exactly
justifier to justify

L

là there; **là-bas** over there, yonder; **là-haut** up there, upstairs; **là-dessus** thereupon, on that; **là-dessous** underneath
lac *m.* lake
lacet *m.* shoelace
lâche *m.* coward
laisser to leave; allow; **____ tomber** to drop
lait *m.* milk
laitier (laitière) milkman (milkmaid)

lambeau *m.* shred, fragment
lame *f.* piece, sliver
lamentable deplorable, pitiable, woeful
laminoir *m.* rolling mill
lancement *m.* launching
lancer to throw; to cast (a glance); to put forth; **se ____** to rush, dash, throw oneself against
lanceur *m.* one who throws
langage *m.* language
langue *f.* tongue; language
langueur *f.* weariness
lapin *m.* rabbit
large wide, ample, loose
largeur *f.* width
larme *f.* tear
las (lasse) tired, weary
lavage *m.* washing
laver to wash
leçon *f.* lesson
lecteur *m.* reader
lecture *f.* reading
léger (légère) light
légèrement lightly
léguer to bequeath
légume *m.* vegetable
lendemain *m.* next day, day after
lent slow
lentement slowly
lentille *f.* lens
lequel (laquelle, lesquels, lesquelles) who, whom, which, which one, which ones
lessive *f.* laundry, washing
lettre *f.* letter
lever to raise, lift up; **se ____** to get up
lever *m.* getting up, rising
lèvre *f.* lip
libérateur *m.* liberator
libérer to free, liberate
liberté *f.* freedom
librairie *f.* bookstore
libre free, clear, open (space)
lié tied, bound
lien *m.* link, tie
lier to link, connect, bind, tie
lieu *m.* place; **avoir ____** to take place; **tout ____** every reason; **au ____ de** instead of; *n.pl.* **lieux** premises
lièvre *m.* hare
ligne *f.* line
ligue *f.* league

linge *m.*   linen
linotypiste *m.f.*   linotype operator
lire   to read
lisière *f.*   edge
lit *m.*   bed
littéraire   literary
littérature *f.*   literature
liturgie *f.*   liturgy
livre *m.*   book
local *m.*   site, building
loge *f.*   theater box
logique   logical
loi *f.*   law
loin   far; **de ___ en ___**   every now and then
lointain   far away
loisir *m.*   leisure, spare time
long (longue)   long; **le ___ de**   along; **de ___ en large**   to and fro
longtemps   long, a long time
longuement   for a long time; deliberately
lors   then; **___ de**   during, at the time of; **dès ___**   from that time
lorsque   when
louche *f.*   soup-ladle
loucher   to squint, cross one's eyes
loufoque   crazy, absurd
loup *m.*   wolf
loupe *f.*   magnifying glass
lourd   heavy
lueur *f.*   glimmer, ray (of light)
luire   to shine
luisant   shining
lumière *f.*   light
lune *f.*   moon
lunettes *f.pl.*   glasses
lustre *m.*   chandelier
lustré   glossy, shiny
lyrisme *m.*   lyricism

M

machinal   mechanical, automatic
magasin *m.*   store
magie *f.*   magic
magique   magic(al)
magnifique   magnificent, sumptuous
maigre   skinny, thin, meager
main *f.*   hand
maintenant   now
maintenir   to maintain, keep
maire *m.*   mayor

mairie *f.*   town hall
mais   but
maison *f.*   house, business establishment, company
maître *m.*   schoolmaster; **___ d'hôtel**   head waiter
maîtresse *f.*   schoolmistress; mistress
maîtriser   to master; **se ___**   to control oneself
majorité *f.*   majority; **arriver à sa ___**   to come of age
majuscule *f.*   capital letter; *(adj.)* capital
mal   badly; *n.* evil, harm; **faire ___**   to hurt
malade   ill, sick
maladie *f.*   illness, sickness
maladresse *f.*   awkwardness, clumsiness
maladroit   awkward, clumsy
malfaiteur *m.*   evildoer
malgré   in spite of
malheur *m.*   misfortune
malheureusement   unfortunately
malheureux (malheureuse)   unhappy
malice *f.*   malice, spite, mischievousness
malin (maligne)   malicious, wicked
malle *f.*   trunk
malpropre   dirty, untidy
malsain   unhealthy
maman *f.*   mamma
manchette *f.*   cuff
manège *m.*   *(fig.)* ruse, stratagem
manger   to eat; **___ à sa faim**   to eat one's fill
maniaque   eccentric, crotchety
manie *f.*   craze, mania, fad, habit
manière *f.*   manner, way
maniéré   affected, simpering, pretentious
manifester   to show, display clearly
manquer   to fail; to cut (class); to lack, be missing
manteau *m.*   coat
manucure *m.f.*   manicure; manicurist
maquillage *m.*   make-up
marbre *m.*   marble
marche *f.*   step, stair, walking
marché *m.*   market; **par-dessus le ___**   into the bargain, on top of that
marcher   to walk, march; to work (machine)
mari *m.*   husband

marié   married
marin *m.*   sailor
marionnette *f.*   marionette, puppet
marquant   striking, notable
marque *f.*   mark, sign, imprint; note, distinction
marteau *m.*   hammer
marteler   to hammer
masser   to massage, rub
massif *m.*   solid mass (of trees, mountains, etc.)
mat   dull
matière *f.*   matter
matin *m.*   morning
maudire   to scorn, curse
mauvais   bad
mécanique   mechanical
méchanceté *f.*   malice, wickedness
méchant   bad, naughty, wicked
mèche *f.*   wick
méconnaissable   unrecognizable
mécontent *n.m.* dissatisfied person; *(adj.)* unhappy, dissatisfied
mécontentement   displeasure, discontent
médaille *f.*   medal
médecin *m.*   doctor
médecine *f.*   medicine (science of)
méfiance *f.*   suspicion, mistrust
méfier (se)   to distrust, beware of
meilleur   better; **le ___**   the best
mélancolique   melancholy
mélange *m.*   mixture
mêlé   mixed, mingled
mélodie *f.*   melody
même   same, even
mémé *f.*   grannie, nana
mémoire *f.*   memory
menace *f.*   threat
menacer   to threaten
ménage *m.*   housekeeping; **faire le ___**   to do housework
ménagé   arranged
mener   to lead
menottes *f.pl.*   handcuffs
menteur *m.*   liar
menthe *f.*   mint
mentionner   to mention
mentir   to lie
menton *m.*   chin
menu   small, trifling
mépris *m.*   disdain, scorn
méprisant   scornful
mer *f.*   sea
mercenaire *m.*   mercenary (military)

merci   thank you

mère f.   mother

mériter   to merit, deserve

méritoire   meritorious

merle m.   blackbird

merveille f.   marvel, wonder; à ____ admirably; se porter à ____ to be in excellent health

merveilleux (merveilleuse)   marvelous

métier m.   trade, skill

mètre m.   meter

mets m.   food

mettre   to put, put on ; ____ le feu to set fire; ____ au frais to cool; se ____ à to begin; se ____ à table to sit down at the table; se ____ en colère to get angry

meuble m.   piece of furniture

midi m.   noon

miette f.   crumb

mieux   better; le ____ best

mijoter   to simmer; (fig.) to plot

milieu m.   middle, center; surroundings au ____ de in the middle of

militaire   military

mince   thin

mine f.   appearance; avoir bonne ____ to look well; faire ____ de to pretend

minéral   stony

minoritaire adj.   minority

minuscule   small, tiny

minuter   to time

miroir m.   mirror

miroiter   to shine, glisten

misère f.   misery, poverty, destitution, trouble

mitraillette f.   tommy gun, submachine gun

mitrailleur m.   machine gunner

mitrailleuse f.   machine gun

mobiliser   to mobilize, call up

mode f.   style, fashion

modérément   moderately

modestement   modestly

modestie f.   modesty

moelle f.   marrow (of bone)

mœurs f.pl.   manners, customs, morals, habits

moindre   lesser, le ____ the least, slightest

moins   less; à ____ que unless; de less than; au ____ at least

mois m.   month

moitié f.   half

monde m.   world, people, society; tout le ____ everybody, everyone

mondial   worldly, universal

monnaie f.   change

monotone   montonous, dull

monstre m.   monster

monstrueux (monstrueuse)   monstrous, dreadful

montagne f.   mountain

montagneux (montagneuse)   mountainous

monter   to go up, climb up, ascend; ____ la garde to mount the guard; ____ à bord to climb on board

montre f.   watch

montrer   to show

moquer   to mock; se ____ de to make fun of

moqueur (moqueuse)   mocking, scoffing

morale f.   moral (of story)

morceau m.   piece, bit

mordant   biting, scathing

mort f.   death; (adj.) dead

mot m.   word; famille de mots word family; ____ apparenté cognate

moteur m.   motor

motif m.   reason

mou (molle)   soft

mouche f.   fly

moucher   to trim (wick)

mouchoir m.   handkerchief

moue f.   pout; faire la ____ to pout

mourir   to die; ____ à petit feu to die slowly; be kept hanging

mousse f.   foam

mouton m.   sheep

mouvement m.   movement; ____ de recul backward movement

moyen m.   means, way

moyenne f.   average

muet (muète)   mute, silent

mur m.   wall

mûr   mature

muraille f.   high wall, thick wall

murer   to wall up, in; (fig.) to shade, screen, conceal

murmurer   to mutter, whisper, murmur

musée m.   museum

musicien m.   musician

musique f.   music

mutisme m.   speechlessness, silence

mystère m.   mystery

mystérieux (mystérieuse)   mysterious

mystificateur m.   hoaxer

N

nager   to swim

naïf (naïve)   naive

naître   to be born

nantir   to provide; ____ de to provide with

nappe f.   tablecloth

narine f.   nostril

narrateur m.   narrateur

narrer   to narrate, relate

natte f.   mat

nature morte f.   still life

naturellement   naturally

navire m.   ship

né (p.p. naître)   born

néanmoins   nevertheless

néant m.   nothingness

négatif (négative)   negative

négligé   neglected, unnoticed

nègre   negro, black

neige f.   snow

nerveusement   nervously

nerveux (nerveuse)   nervous

net (nette)   clear, distinct; (adv.) at once, point-blank

nettoyer   to clean

neuf (neuve)   new; quoi de ____? What's new?

neveu m.   nephew; petit-____ grand-nephew

nez m.   nose

ni   nor; ni... ni neither ... nor

niais m.   fool, simpleton

nid m.   nest

nier   to deny

noce f.   wedding, wedding festivities; faire la ____ to lead a dissolute life

nocturne   nocturnal, nightly

nœud m.   knot

noir   black; n.m. sorrow, misfortune; black man

noirâtre   blackish

noircir   to blacken, darken

noisetier m.   hazelnut tree

noix f.   nut, walnut

nom m.   name, noun

nombre m.   number; être du ____ to be one of (them)

nombreux (nombreuse) numerous, many
nommer to name, call
nord *m.* north
nostalgie *f.* nostalgia; _____ **du pays** homesickness
nostalgique nostalgic
notaire *m.* notary
note *f.* note; grade
noter to jot down
noué knotted, tied
nouer to knot, tighten
nourrir to nourish, feed
nourriture *f.* food
nouveau (nouvel, nouvelle, nouveaux, nouvelles) new; **de** _____ again; **nouveaux mariés** newlyweds
nouvelle *f.* short story; **les nouvelles** the news
noyer *m.* walnut tree
nu bare
nuage *m.* cloud
nuance *f.* shade, hue; *(fig.)* shade of meaning
nuit *f.* night
nul (nulle) no one, none, no man; _____ **part** nowhere, anywhere
nuque *f.* nape of the neck

O

obéir to obey
obéissance *f.* obedience
objet *m.* object
obligé obliged, bound, compelled
obligeance *f.* kindness
obséder to haunt, obsess, possess
observatrice *f.* observer
obstiner to be obstinate; **s'**_____ to insist, persist
occasion *f.* opportunity, chance
occupé occupied
occuper to occupy, hold; **s'**_____**de** to be busy with, to take care of
occurrence *f.* happening, occasion; **en l'**_____ under the circumstances, in this case
odeur *f.* odor, smell
œil *m.* *(pl.* **yeux)** eye; **coup d'**_____ glance
œuf *m.* egg
œuvre *f.* work
officier *m.* officer
offrir to offer, give

oie *f.* goose
oiseau *m.* bird
ombrager to shade, cover
ombre *f.* shadow
omettre to omit, leave out
oncle *m.* uncle
onctueux (onctueuse) warm and sensual; unctuous
onde *f.* wave
ondé wavy
ondoyer to undulate, slither
ongle *m.* fingernail
opérette *f.* light opera
opprimer to oppress
or now, but
or *m.* gold; _____ **massif** solid gold
orage *m.* storm
ordinaire ordinary, customary; **d'** _____ ordinarily
ordinairement usually
ordinateur *m.* computer
ordonnance *f.* arrangement, order
ordonner to order; **s'**_____ to arrange, put in order
ordre *m.* order
oreille *f.* ear
organisation *f.* organization
organiser to organize
orgueil *m.* pride, conceit
orgueilleusement proudly
oriental eastern
originalement originally
orné ornate, decorated
oser to dare
ôter to remove
otite *f.* otitis, inflammation of the inner ear
ou or; **ou... ou** either ... or
où where; when
oublier to forget
ouest *m.* west
ours *m.* bear
ouvert open; **grand** _____ wide open
ouvertement openly, overtly
ouverture *f.* opening, gap
ouvrage *m.* work
ouvrier *m.* worker, laborer
ouvrir to open

P

paillette *f.* spangle
pailleté spangled

pain *m.* bread; **petit** _____ roll
paisible peaceful
paix *f.* peace
paletot *m.* overcoat
pâleur *f.* pallor, wanness
pansement *m.* bandage, dressing
pantalon *m.* trousers, pants
pantoufle *f.* slipper
papier *m.* paper
par by, out of; **par-dessus** over; **par-dessus le marché** into the bargain, on top of that
parachutiste *m.* paratrooper
parages *m.* regions; **dans ces** _____ hereabouts
paraître to seem, appear
parc *m.* park, grounds, estate
parce que because
parcourir to travel through, proceed through, wander about
pare-brise *m.* windshield
pareil (pareille) similar, like, such a
parent *m.* parent, relative
parenté *f.* kin, relatives
parer to fend off
paresseux (paresseuse) lazy
parfait perfect
parfaitement perfectly
parfois sometimes
parfum *m.* perfume, scent
pari *m.* bet, wager
parler to speak, talk; **à proprement ment** _____ so to speak
parler *m.* way of speaking
parmi among
parole *f.* word, speech
paroxysme *m.* highest limit, climax
parrain *m.* godfather
part *f.* share, part, portion; **faire** _____ **de** to inform about; **de ta** _____ of you (on your part); **nulle** _____ nowhere, anywhere
partager to share
parti *m.* party, side; choice
participe *m.* participle
participer to participate
particulièrement particularly
partie *m.* part; party (function); **faire** _____ **de** to be a part of
partir to leave
partout everywhere
paru *(p.p.* **paraître)**
parvenir to reach, come to, attain, succeed in

pas *m.* footstep, step; *(adv.)* not; _____ **du tout** not at all

passage *m.* time spent, passage

passant *m.* passer-by

passé past

passer to spend, pass, go; **se** _____ to happen; **se** _____ **de** to do without; _____ **pour** to seem

passe-temps *m.* pastime, hobby

passionnant exciting

passionné impassioned, enthusiastic

patauger to flounder

pâté *m.* pie; _____ **de sable** sand-pie

paterne paternal, benevolent

patiner to skate

pâtisserie *f.* pastry; tearoom

patrie *f.* country, fatherland

patron *m.* boss, employer

patte *f.* paw; **se mettre à quatre pattes** to get down on all fours

paupière *f.* eyelid

pauvre poor

pavé *m.* pavement

pavillon *m.* little house in suburbs

payer to pay; **se** _____ to treat oneself to

pays *m.* country; locality, neighborhood

paysage *m.* countryside, landscape

paysan (paysanne) *n.* peasant

peau *f.* skin

pêcher to fish

peigne *m.* comb

peigner to comb

peindre to paint

peine *f.* pain, anguish, trouble; **à** _____ scarcely; _____ **perdue** waste of time, effort

peiné troubled, saddened

peiner to labor, toil

peintre *m.* painter

peinture *f.* painting, paint

péjoratif (péjorative) pejorative, derogatory, depreciatory

peloton *m.* squad, platoon; _____ **d'exécution** firing squad

penché bent over

pencher to lean, bend

pendant *(adj.)* hanging; *(prep.)* during

pendre to hang, suspend

pénétrant penetrating

pénétrer to penetrate

pénible painful, troublesome

pensée *f.* thought

penser to think; _____ **à** to think about

pension *f.* board and lodging

pente *f.* slope

percer *(fig.)* to see through

percevoir to perceive, gather, collect

percher to perch

perdre to lose; _____ **son temps** to waste one's time

père *m.* father

période *m.* degree, pitch

péripétie *f.* adventure, mishap

périr to perish

permettre to permit, allow

perplexe perplexed, puzzled

perron *m.* (flight of) steps; stoop

perruque *f.* wig

personnage *m.* character of story or play

personnalité *f.* personality

personne *f.* person, anyone; **ne...** _____ no one

personnel (personnelle) personal

personnellement personally

peseur *m.* weigher

pessimiste pessimistic; *n.m.f.* pessimist

péter to crack, snap, burst

petit little, small; **le** _____ the little one; _____ **-fils** grandson

petitesse *f.* smallness

pétrole *m.* oil

peu little, few

peuple *m.* people, nation

peuplé heavily populated

peur *f.* fear; **avoir** _____ to be afraid

peut-être perhaps

phénomène *m.* phenomenon

philosophe *m.* philosopher; *(adj.)* philosophical

philosophique philosophical

photographe *m.f.* photographer

photographie *f.* picture, photograph

phrase *f.* sentence

physiquement physically

pièce *f.* piece, object; room; play (theater)

pied *m.* foot

piège *m.* trap

pierre *f.* stone

piétiner to step on, trample on

piquant spicy

pique-nique *m.* picnic

piquer to stick; to heighten, stimulate

pire worse

piteusement piteously, woefully

pitié *f.* pity

pitoyable pitiful

pittoresque picturesque

place *f.* place, seat; (town) square

placidement placidly, calmly

plafond *m.* ceiling

plage *f.* beach

plaider to plead, practice (law)

plaindre to pity; **se** _____ to complain

plaine *f.* flat country

plaintivement plaintively

plaire to please

plaisanter to joke

plaisanterie *f.* joke, jest

plaisir *m.* pleasure, delight

plan *m.* map, plan

plancher *m.* floor

plaque *f.* patch

plat *n.m.* dish, platter, course (of a meal); *(adj.)* flat, level, straight

plateau *m.* tray

plein full, complete; **en pleine nuit** in the middle of the night

pleinement fully, entirely, thoroughly

plénitude *f.* fullness

pleurer to cry

pli *m.* crease, fold

plissé pleated

plonger to immerse, plunge, bury

pluie *f.* rain

plume *f.* pen, quill pen

plupart *f.* the most, majority

plus more; **non** _____ neither; **ne...** _____ no longer; **de** _____ moreover

plusieurs several

plutôt rather

poche *f.* pocket

poésie *f.* poetry

poignée *f.* doorknob

poignet *m.* wrist

poil *m.* hair (of animals); hair (of persons, other than that of head)

point moment, point; **au** _____ perfect; **ne...** _____ not (lit. forceful)

pointe *f.* point, tip

poire *f.* pear

poireau *m.* leek

poisson *m.* fish

poitrine *f.* chest, bosom

poivre *m.* pepper

poli polished, polite

policier *m.* policeman

poliomyélite *f.* polio
politique political
polonais Polish
pompier *m.* fireman
ponctuation *f.* punctuation
pont *m.* bridge
populaire popular; working class
porte *f.* door
porte-avions *m.* aircraft carrier
portée *f.* range (of gun)
porte-monnaie *m.* wallet, purse
porter to carry, wear, bring; _____ in-térêt à quelqu'un to take an inter-est in someone; **se** _____ **à merveille** to be in the best of health
porteur *m.* bearer, carrier
portier *m.* doorkeeper
posément sedately
poser to ask; to place
posséder to possess, own, have
poste *m.* post, station
pot *m.* pot, jug
potage *m.* soup
pouce *m.* thumb; inch
poulet *m.* chicken
pour in order to, to, for; _____ **que** in order that
pourpre purple
pourquoi why
poursuite *f.* pursuit
poursuivre to pursue, follow
pourtant however; (and) yet
pourvu que provided that
pousser to push, utter, put forth; to grow; _____ **du coude** to nudge
poussière *f.* dust
pouvoir to be able, can; *n.m.* power, authority
pratique *f.* practice, application
pré *m.* field, meadow
précédent preceding
prêcher to preach
précieux (précieuse) precious
précipitamment headlong, quickly
précipité hurried, hasty
précipiter (se) to rush, throw oneself, dash headlong
précis exact, precise
précisément precisely
préciser to be specific, state pre-cisely
préconçu preconceived
prématurément prematurely
premier (première) first

prendre to take, grasp, take hold of; _____ **au tragique** to take seri-ously; _____ **un coup de feu** to burn, catch on fire; _____ **garde to** pay attention to, watch out for
préoccuper to preoccupy, worry; **se** _____ to worry, be anxious about
préparatif *m.* preparation
près near; _____ **de** near; **à peu** _____ about, nearly, almost
prescription *f.* statute of limitations
présider to chair, preside over
presque almost
pressé hurried, in a hurry
pressentir to have a foreboding of
presser to press, squeeze, urge; **se** _____ to hurry
pression *f.* pressure
prêt ready, prepared; _____ **à** on the verge of
prétendre to claim, affirm
prétentieux (prétentieuse) preten-tious, showy
prêter to lend
prêteur *m.* lender; pawnbroker
prétexter to allege
preuve *f.* proof
prévenir to inform, warn
prier to ask, beg, entreat; **je t'en prie** I beg of you, please
prière *f.* prayer
primitif (primitive) primitive
printemps *m.* spring
pris caught
prise *f.* capture, danger; **hors de** _____ free, out of danger
prisonnier *m.* prisoner
priver to deprive
prix *m.* price; prize
probablement probably
procès-verbal *m.* minutes, official re-port
prochain next
proche near, close
procureur *m.* prosecutor
prodige gifted; **enfant** _____ child prodigy
prodiguer to lavish, squander
produire to produce
professionnel (professionnelle) pro-fessional
profiler (se) to be outlined
profit *m.* profit; **au** _____ **de** for the benefit of

profiter to profit; _____ **de** to take advantage of
profond profound, deep
profondément deeply, intensely
profondeur *f.* depth
proie *f.* prey; **en** _____ **à** prey to, vic-tim of
projet *m.* plan
projeter to plan, project
promenade *f.* outing, walking
promener to walk, to take for a walk; **se** _____ to go for a walk, drive
promettre to promise
pronom *m.* pronoun
prononcer to pronounce, utter
propagande *f.* propaganda
propre clean; (before noun) own
propreté *f.* cleanliness
propriétaire *m.* landlord, proprietor
protéger to protect
prouver to prove
provenir to derive, originate, come; _____ **de** to be due to, as a result of
provocant provocative; irritating
provoquer to provoke, cause, give rise to
psychologie *f.* psychology
psychologique psychological
psychologiquement psychologically
puis then, afterwards, next
puisque since, considering
puissance *f.* power
punir to punish
punition *f.* punishment
pupitre *m.* desk

Q

quand when; _____ **même** just the same
quant à as for
quart *m.* quarter, fourth part
quartier *m.* quarter, district
quasiment almost
que (conj.) that, than, how, as; **ne...** _____ only; (pro.) that, whom, which, what
quel (quelle) which, what, what a
quelconque any, whatever, ordinary
quelque some, a few; **en** _____ **sorte** in a way, as it were
quelque chose something, anything
quelque part somewhere, anywhere

quelquefois sometimes
quelqu'un someone, anyone
querelle f. quarrel
quereller to quarrel
questionner to question
quête f. quest, search
quêter to beg
queue f. tail; end
qui which, who, whom
quitter to leave; hang up (telephone)
quoi what, which; **n'importe** _____
no matter what; **à** _____ **bon?**
what's the good of?
quoique although
quotidien (quotidienne) daily; n.m.
daily life

R

rabbin m. rabbi
raccommoder to mend, repair
racheter to buy again, buy back
racine f. root, origin
raconter to tell, relate
radiophonique broadcasting
rafale f. gust of wind; burst of gunfire
raffiné refined, delicate, nice
raide straight, stiff
raidir (se) to tighten, stiffen
raisin m. grape
raison f. reason, motive; **avoir** _____
to be right; **comme de** _____ as
one might expect
raisonnable reasonable
raisonnement m. reasoning
raisonner to reason, consider; declare
rajeunir to renovate, rejuvenate
rajuster readjust, put in order again
ramasser to pick up
rameau m. branch (of a tree)
ramener to take back
rang m. rank, order; **de premier**
_____ first-rate
rangé positioned, arranged
ranger to tidy up, clean, set in order
rapetisser to shrink
rapidement rapidly
rappeler to remind, recall; **se**_____
to remember
rapporter to bring nearer, bring together, report; **se**_____ **à** to refer
(to), to have reference (to)
rapprochement m. relationship

rapprocher to bring near again, to
bring (objects) closer
rapprocher (se) to come nearer, approach
rarement rarely
raser to shave
rassurer to reassure, comfort
raté ruined, botched
ravoir to have again, get back
rayon m. ray
réagir to react
réaliste realistic; n.m.f. realist
rebaptiser to rename
reboutonner to rebutton
rebut m. outcast
récepteur m. receiver (telephone)
recevoir to receive
réchauffer to reheat, warm up again;
se _____ to get warm again, warm
oneself
recherché sought after, choice
rechercher to get, seek
récipient m. container, receptacle
récit m. story, account, narrative
réclamer to beg for, demand
récompense f. reward
récompenser to reward
reconnaissable recognizable
reconnaissant grateful
reconnaître to recognize, acknowledge, know
recouvrir to cover up, cover again
récré f. (fam.) recreation, playtime, re-
cess
récrire to rewrite
rectifier to adjust
recueil m. collection
recueillir to gather; **se**_____ to collect
one's thoughts, collect oneself
recul m. backward movement
reculer to move back; **se** _____ **de**
to draw back from, stand back from
rédiger to draw up, draft
redingote f. frock coat
redoubler to redouble
redouter to fear, dread
redresser to straighten
réduire to reduce
réel (réelle) real
rééternuer to sneeze again
refermer to close again
réfléchir to think, reflect, ponder
reflet m. reflection
réfrigérateur m. refrigerator

refroidir to cool
réfugier (se) to take refuge
regard m. look, expression, glance
regarder to look at, watch
régime m. diet, regime
règle f. rule, ruler; **dans les règles**
according to the rules
règlement m. rule, regulation
régner to reign
regorger to overflow, abound
regret m. regret, longing for; **à**
_____ with reluctance, grudgingly
regretter to regret, be sorry
régulier (régulière) regular, uniform
reine f. queen
réintégrer to return, reinstate
rejeter to reject, throw off, throw
back
rejoindre to join, reach, connect with
relâcher to relax, loosen, slacken
relever to raise, lift; **se** _____ to get
up, get to one's feet
relier to join, connect, tie
relire to reread
remarquable remarkable
remarque f. remark, comment
remarquer to notice, remark, observe
rembourser to reimburse, repay
remède m. remedy
remercier to thank
remettre to put on again, put off, put
back, give back
remis recovered
remplaçant m. substitute
remplacer to replace
remplir to fill
renard m. fox
rencontre f. meeting, encounter
rencontrer to meet, encounter
rendez-vous m. appointment;
date
rendre to give back, return; **se** _____
to go; **se** _____ **compte** to realize;
_____ **visite à** to visit (a person)
renforcer to reinforce, strengthen
renifler to sniff
renoncer to give up, abandon, re-
nounce
renouer to tie again
renouveler to renew, revive
renseignement m. information
renseigner to inform
rentrée f. return, homecoming, re-
opening of school

rentrer   to come back, go back, return home, return

renverser   to turn over, reverse, invert

répandre   to spread, spill, scatter; **se ___** to spread out

réparer   to repair, mend, patch

repartir   to leave again

repas *m.*   meal

repasser   to iron; to pass again

répéter   to repeat

répliquer   to reply, retort

replonger   to immerse again, plunge again

répondre   to answer, reply; **___ de** to hold oneself responsible, answer for

réponse *f.*   answer

repos *m.*   rest, repose

reposer   to replace; **se ___** to rest

repousser   to spurn, repulse, reject, push away

reprendre   to take on again, go back to, resume

reprise *f.*   patch, mended spot; resumption; **à plusieurs reprises** on several occasions

réprobateur (réprobatrice)   reproachful

reproche *m.*   reproach, reproof

reprocher   to reproach

reproduire   to reproduce

résigné   resigned

résigner   to resign, give up; **se ___** to resign oneself, to submit

résolu (*p.p.* **résoudre**)   resolute, determined; solved

résonner   to resound, resonate, reverberate

résoudre   to resolve, solve

respirer   to breathe; sniff, smell

responsabilité *f.*   responsibility

ressaisir (se)   to regain one's self-control

ressembler   to resemble

ressentir   to feel deeply, experience

resserrer   to tighten

ressort *m.*   spring

ressortir   to go out again

reste *m.*   remainder; *pl.* remains (of a meal), leftovers; **du ___** besides, moreover

rester   to stay, remain; **il me reste** I (still) have

restituer   to return, restore, give back

résultat *m.*   result

retard *m.*   delay, lateness; **en ___** late

retenir   to hold back, detain, keep back, secure

retentir   to echo, ring

retirer   to pull out, withdraw; **se ___** withdraw, to take one's leave

retour *m.*   return; **de ___** back

retourner   to return; **se ___** to turn around

retraite *f.*   hiding place, retreat

rétrécir   to shrink

retrouver   to find again, see again, rediscover; **se ___** to find oneself, return

réunion *f.*   meeting, gathering

réunir   to gather, join

réussir   to succeed, do successfully

rêve *m.*   dream

réveiller   to waken; **se ___** to wake up

révélateur (révélatrice)   revealing

révéler   to reveal

revendre   to sell again

revenir   to return

rêver   to dream

reverdir   to become green again

rêverie *f.*   reverie, dreaming, meditation

rêveur (rêveuse)   pensive

revivre   to revive

revoir   to see again

revue *f.*   review, inspection; magazine, journal; **passer en ___** to inspect

ricaner   to snicker, smirk

ridé   wrinkled, lined

rideau *m.*   curtain

rien   nothing; **ne... ___** nothing, not anything; **___ d'autre** nothing else

rigoler   to giggle

rigolo (*fam.*)   funny, comical, drole

rime *f.*   rhyme

rire   to laugh; **éclater de ___** to burst out laughing; **___ jaune** to give a forced laugh, give a sickly smile; *n.m.* laughter

risque *m.*   risk, hasard

risquer   to risk, endanger

rive *f.*   bank (of river), shore

rivière *f.*   river

robe *f.*   dress; **___ de nuit** nightgown

rocailleux (rocailleuse)   rocky, stony

rocher *m.*   rock

rocheux (rocheuse)   rocky

rôdeur *m.*   prowler, vagrant

roi *m.*   king

roman *m.*   novel

romancier *m.*   novelist

rompre   to break

rond   round, full, plump; **en ___** in a circle

ronde *f.*   cursive writing; **faire des rondes** to go on rounds

ronfler   to snore; to roar, whirr (like an engine)

ronger   to gnaw, consume; to torment

rossignol *m.*   skeleton key; nightingale

rotin *m.*   rattan, cane

rôtir   to roast

roucouler   to coo

roue *f.*   wheel

rouge à lèvres *m.*   lipstick

rougir   to blush

rouillé   rusted

roulement *m.*   roll (of drum)

rouler   to roll, ride, drive, run

rude   harsh

rue *f.*   street

rugir   to roar, bellow

ruisseau *m.*   stream, brook; (*fam.*) gutter

Russie *f.*   Russia

rustique   rustic, country

S

sablé   covered with sand

sacrifier   to sacrifice, give up

sage   wise; well-behaved

saigner   to bleed

sain   healthy, safe, wholesome

saisi   seized, possessed

saisir   to seize, grasp

saison *f.*   season

salaire *m.*   salary, wages

sale   dirty; nasty; (*fam.*) disagreeable, stupid; **avoir une ___ tête** to look atrocious

salir   to soil, dirty

salle *f.*   room; **___ à manger** dining room; **___ de séjour** family room

salon *m.*   living room, parlor

saluer   to greet, wave

sang *m.* blood

sanglot *m.* sob

sans without; _____ **que** without, unless

santé *f.* health

sarcastique sarcastic

sardonique sardonic, scornful, mocking

satisfait satisfied, pleased

sauf except

saut *m.* hop, leap, jump

sauter to jump; _____ **aux yeux** to be obvious

sauvage savage, wild

sauvagerie *f.* wildness, savagery

sauver to save; **se** _____ to run away

savoir to know

savoir *m.* knowledge, learning

saynète *f.* playlet, sketch

scandaleux (scandaleuse) scandalous, shameful

scandaliser to scandalize, shock

sceptique *m.f.* sceptic; *(adj.)* sceptical

scierie *f.* sawmill

scolaire scholastic, school, educational

sculpteur *m.* sculptor

seau *m.* pail, bucket

sec (sèche) dry

sèchement curtly, dryly

sécher to dry

sécheresse *f.* dryness, drought

secondaire secondary, minor

secouer to shake

secours *m.* help; **au** _____ ! help!

secousse *f.* jerk, jolt, bump

séduire to attract, charm

seigneur *m.* lord, nobleman

sel *m.* salt

selon according to

semaine *f.* week

semblable alike, similar, of the same kind

semblant semblance, appearance; **faire** _____ **de** to pretend

sembler to seem, appear

semer to scatter, spread

sens *m.* meaning

sensé sensible, levelheaded

sensible sensitive

sentier *m.* footpath, path

sentinelle *f.* sentry

sentir to feel, smell; **se** _____ to feel

séparer to separate

série *f.* series

sérieusement seriously

sérieux (sérieuse) serious; **prendre au** _____ to take seriously

serpette *f.* pruning knife

serré crowded

serrer to clench, press, tighten, hold tight; _____ **la main** to shake hands

serrure *f.* lock

servir to serve; **se** _____ **de** to use

serviteur *m.* servant

seuil *m.* threshold; doorstep

seul single, only, alone; lonely

seulement only

sévir to deal severely, act severely

seyant becoming, attractive

si *(conj.)* if; *(adv.)* so, so much; yes *(in answer to a negative question);* _____ **bien que** with the result that

siècle *m.* century

sifflement *m.* whistling

siffler to whistle

siffloter to whistle softly

signalement *m.* description

signaler to point out, draw attention to

significatif (significative) significant

signifier to mean, signify

silencieux (silencieuse) quiet, peaceful, silent

silhouette *f.* silhouette, profile, outline

simplement simply

singulier (singulière) singular; peculiar, odd

sinistre sinister, grim

sinon if not

situer to situate, place, locate

société *f.* society, company, corporation

sociologie *f.* sociology

sœur *f.* sister

soie *f.* silk

soif *f.* thirst; **avoir** _____ to be thirsty

soigné cared for, well-groomed

soigner to look after, take care of, take pains with

soigneusement carefully

soin *m.* care

soir *m.* evening

soirée *f.* evening; evening party

soit so be it!; **soit... soit** either ... or

sol *m.* ground, floor

soldat *m.* soldier

soleil *m.* sun

solennel (solennelle) solemn

solitaire solitary, lonely

sombre dark, gloomy

somme *f.* sum, amount; **en** _____ on the whole, in short

somme *m.* nap

sommet *m.* summit, top

son *m.* sound, ringing

son *m.* bran

sonder to test, try out, examine

songer to consider, dream, think

sonner to ring

sonnerie *f.* ringing

sonore sonorous, resonant

sonorité *f.* resonance

sorte *f.* manner, way, kind; **de** _____ **que** so that; **en quelque** _____ in a way, as it were; **de la** _____ in that way, like that

sortie *f.* exit, going out, departure; evening out

sortir to go out, leave

sot (sotte) stupid, foolish, absurd

sou *m.* an old French coin worth one hundredth of a franc; *(French Canadian)* cent

souci *m.* worry, care, concern

soucoupe *f.* saucer

soudain sudden, suddenly

souffle *m.* breath

souffler to blow, puff

souffrance *f.* suffering

souffrir to suffer, endure, bear

souhaiter to wish

soulagement *m.* relief, solace

soulever to raise, lift up; **se** _____ to rise up, revolt

soulier *m.* shoe

souligner to stress, emphasize, underline

soupçonner to suspect

souper to have supper

soupière *f.* soup tureen

soupirer to sigh

souple pliant, supple

sourcil *m.* eyebrow; **froncer les sourcils** to frown, scowl

sourd deaf; hollow, muffled, dull

sourdre to swell, well up

souriant smiling

sourire to smile

sourire *m.* smile

sous under

sous-marin underwater

souterrain *m.* underground passage, tunnel

souvenir to occur to the mind; **se ____ de** to remember, recall

souvenir *m.* memory, remembrance

souvent often

souverain(e) *m.f.* sovereign, monarch

soyeux (soyeuse) silky

spasmodique spastic

spectacle *m.* show, entertainment, spectacle, sight

spectateur *m.* spectator

spontané spontaneous

spontanément spontaneously

strophe *f.* stanza, verse of a poem

stupéfaction *f.* amazement

stupéfait amazed, astounded

stupeur *f.* stupor, amazement

stupidement stupidly

stylo *m.* pen

subir to undergo

subit sudden, unexpected

subjuguer to subdue, master, subjugate

sublime sublime, lofty, noble

subside *m.* subsidy

subtil subtle; nice; discerning, clever

subtilité *f.* subtlety, shrewdness

succès *m.* success

sucre *m.* sugar

sucré sweetened, sugary

sud *m.* south

suffire to suffice, be enough

suffisamment sufficiently

suffisant sufficient, enough

suffocant suffocating, stifling

suggérer to suggest

suicider (se) to commit suicide

suisse Swiss

suite *f.* continuation; **tout de ____** immediately; **par ____** as a result, consequently

suivant next, following

suivre to follow

sujet *m.* subject; reason; **à son ____** about it (him, them); **au ____ de** about

superflu superfluous, unnecessary

supérieur superior

supplémentaire supplementary, additional

supporter to sustain, endure, bear, tolerate, put up with

supposer to suppose, imagine

supprimer to suppress, omit

sur on, upon

sûr sure, reliable, certain

suraigu shrill, high-pitched

surcroît *m.* addition, increase; **par ____** in addition; *(fam.)* to boot

sûrement certainly, surely

surgir to spring up, appear

surmené overworked

surnaturel (surnaturelle) supernatural

surplus *m.* surplus, excess; **au ____** moreover

surprendre to surprise

surpris surprised

sursauter to jump, start, give a start

sursis *m.* reprieve, postponement

surtout especially

surveiller to watch over, supervise

survenir to arrive (happen) unexpectedly, befall

survivant *m.* survivor

survivre to survive

suspect suspicious, doubtful

suspendre to hang up, hang from, suspend

symboliser to symbolize

sympathie *f.* sympathy, fondness, liking

symphonie *f.* symphony

T

tabatière *f.* snuffbox

tabellion *m.* notary

tableau *m.* chalkboard

tablier *m.* apron

tache *f.* stain, spot

tâche *f.* task, job

tacher to soil

taille *f.* waist, figure, size

tailler to cut; prune

tailleur *m.* tailor; suit

taire to suppress, say nothing; **se ____** to be silent

tambour *m.* drum

tandis que while, whereas

tant so, so much, so many; **____ que** as long as

tapage *m.* noise; *(fam.)* racket

taper to tap, strike, slap, hit; **____ dessus** to punch; *(fam.)* to hit on

tapis *m.* rug, carpet

tapisser to cover

tapisserie *f.* tapestry, hanging

tapoter to tap

tard late

tarder to delay

tarte *f.* pie, tart

tartine *f.* slice of bread and butter or of bread and jam

tas *m.* pile, heap

tasse *f.* cup

tasser to compress, pack tightly; pile up

tâter to feel, touch

taureau *m.* bull

teindre to dye, tint

teint *m.* color, tint

tel (telle) such, like, as; **un ____** such a; **____ que** such as

tellement so, to such a degree

témoignage *m.* testimony, witness, evidence

témoigner to testify, give evidence

témoin *m.* witness

tempête *f.* tempest, storm

temps *m.* time, weather; **de ____ à autre** now and then; **de ____ en ____** from time to time; **en même ____** at the same time

tendre to offer; **____ un piège** to set a trap

tendresse *f.* tenderness

tendu tense, strained

ténèbres *f.pl.* darkness, night, gloom

tenez! well! look here!

tenir to hold, hold up, take care of; **____ de** to take after; **____ à** to insist on; **____ bon** to stick to, hold on to; **se ____** to keep, remain

tenter to tempt

tenue *f.* outfit

terminer to finish

terrain *m.* ground, land

terre *f.* earth; **par ____** on the ground; **pipe en ____** clay pipe

terreur *f.* terror, fear

terrible terrible, dreadful; *(fam.)* marvelous, terrific

terrifiant terrifying

terrifier to terrify

testament *m.* will, testament

tête *f.* head

têtu stubborn, obstinate

thé *m.* tea

théâtre *m.* theater

théière *f.* teapot

tiède warm, tepid

tiens! well! look here! really! you don't say so!

tiers *m.* third

timidement timidly

tir *m.* shooting, firing; **champ de _____** rifle range

tiré drawn, worn out, haggard

tire-bouton *m.* button hook

tirer to pull; to derive, obtain; to shoot; **_____ partie de** to make use of; **_____ au jugé** to fire blindly; **_____ d'embarras** to get someone out of a scrape; **se _____** to extricate oneself

tireur *m.* marksman

tiroir *m.* drawer

tisonner to poke, stir (a fire)

tisonnier *m.* poker

tissu *m.* material, fabric

toile *f.* canvas, cloth

toit *m.* roof

toiture *f.* roof

tombant falling; **à la nuit tombante** at nightfall

tomber to fall

ton *m.* intonation

tordre to twist, contort, disfigure

torrentiel (torrentielle) torrential; impetuous

tort *m.* wrong

tôt soon

toujours always, still, ever

tour *f.* tower

tour *m.* turn; **_____ à _____** one by one

tourbillonner to turn rapidly, swirl

tourment *m.* torment, torture, anxiety

tourmenter to torment

tournemain *m.* **en un _____** in a split second, quickly

tourner to turn; **se _____** to turn around

tousser to cough

tout all, completely, the whole, everything; **_____ à coup** suddenly; **_____ d'un coup** suddenly; **_____ à l'heure** a while ago; in a little while; **_____ de suite** immediately; **_____ le monde** everyone, everybody; **_____ au long** all the way through; **_____ de même** just the same; **pas du _____** not at all; **tous deux** both

toutefois still, nevertheless

tracer to trace, draw

traditionnel (traditionnelle) traditional, customary

traduction *f.* translation

traduire to translate

tragédie *f.* tragedy

tragique tragic; **prendre au _____** to take too seriously

trahir to betray

train *m.* speed, pace, rate; noise; **bon _____** well, quickly; **en _____ de** in the process of

traîneau *m.* sleigh

traîner to drag, trail, linger, remain

trait *m.* feature; gulp; stroke, mark; deed, act

traitement *m.* treatment

traiter to treat

tramway *m.* tram, streetcar

tranche *f.* slice

tranquille calm, peaceful, tranquil

tranquillement calmly, peacefully; easily

transmettre to transmit, convey

transparaître to show through

transpirer to perspire

traquer to trap, pursue

traumatisme *m.* trauma

travail *m.* work; **_____ ménager** household task

travaillé worked, labored; tormented, obsessed

travailler to work, study

travailleur (travailleuse) hard working

travers *m.* breadth; **à _____** through; **en _____** across; **de _____** awry, askew; the wrong way

traverser to cross

trempé soaked

très very, much, very much, greatly

trésor *m.* treasure

trêve *f.* truce; **_____ de plaisanterie** no more joking

tribu *f.* tribe

triche *f.* *(fam.)* cheating

triompher to triumph

tripoter to toy around with

triste sad

tristement sadly

tristesse *f.* sadness

tromper to deceive, cheat, be unfaithful to; **se _____** to make a mistake

trompette *f.* trumpet

trop too much, too

tropique tropical; *n.m.pl.* **les tropiques** the Tropics

trottinette *f.* scooter

trottoir *m.* sidewalk

trou *m.* hole

troubler to disturb, confuse

trouer to make a hole

troupeau *m.* herd, flock

troussé dressed, dressed up

trouver to find; consider; **se _____** to be found, located

truffe *f.* truffle

truite *f.* trout

tyrannique tyrannical

tu (*p.p.* **taire**)

tuer to kill

tuile *f.* tile

tutelle *f.* guardianship

tuyau *m.* pipe, tube; *(fam.)* tip, hint

typique typical

tyran *m.* tyrant

U

ultérieur ulterior; later

univers *m.* universe

usage *m.* custom, common use

user to use, employ; **s'_____** to wear out

usine *f.* factory

utile useful

utiliser to use, utilize

V

vacances *f.pl.* vacation

vacarme *m.* uproar, noise, racket

vache *f.* cow

vacillant vacillating, wavering, erratic

vagabondage *m.* vagrancy

vagabonder to wander about

vague *f.* wave

vaincre to conquer, vanquish

val *m.* valley

valable valid, good

valeur *f.* value, worth

valeureux (valeureuse) brave, courageous, gallant

valise *f.* suitcase

vallée *f.* valley

valoir to be worth; **_____ mieux** to be better

vanter to praise; **se ____** to brag
vapeur f. vapor, haze
veille f. the night before; the vigil
veillée f. social evening; vigil, watch (over a body)
veiller to be awake; to watch over
veinard m. lucky devil
veine f. luck
vélo m. bike
vendre to sell; (fig.) to betray
venir to come; **____ de + inf.** to have just
vent m. wind; **un coup de ____** a gust of wind
vente f. sale
ventre m. abdomen, belly; **avoir du ____** to have a paunch
verbalement verbally
verdure f. greenery
vérifier to verify
véritable true, genuine, real
vérité f. truth
verre m. glass
verrue f. wart
vers (prep.) towards
vers m. verse, line of poetry
verse; à ____ in torrents
verser to pour
vertu f. virtue
veste f. jacket
veston m. (man's) jacket
vêtement m. garment
vêtu clothed, dressed
veuf m. widower
viande f. meat
vibrer to vibrate
vide m. empty space

vide (adj.) empty
vider to empty
vie f. life
vieillard m. old man
vieillir to grow old
vieux (vieil, vieille, vieux, vieilles) old
vif (vive) brisk, keen
vigoureux (vigoureuse) vigorous
vigueur f. vigor
vil vile, cheap, base
vilain nasty, naughty, ugly
vilenie f. meanness, vile action
villa f. country house
ville f. city
vin m. wine
violon m. violin
visage m. face
viscère m. internal organ; pl. depth of being, viscera
viser to aim
visiblement obviously, evidently
visière f. visor
visiteur m. visitor
vite quickly, swift, rapid
vitesse f. speed
vitre f. windowpane
vitrine f. glass showcase; shop window
vivant living, alive; (fig.) lively, animated
vivement briskly, keenly, quickly
vivre to live
vocabulaire m. vocabulary
vœu m. vow, wish
voici here is, are
voie f. way, path

voilà there is, are
voile m. veil
voiler to veil, conceal, cloud over
voir to see; **n'avoir rien à ____ avec** to have nothing to do with
voire (adv.) nay, indeed; **____ même** or even, and even
voisin neighboring; n.m. neighbor
voisinage m. neighborhood
voiture f. car
voix f. voice; **à haute ____** aloud
vol m. theft; **____ à la tire** pocket picking
voler to steal; to fly
voleur m. thief
volontaire m. volunteer
volonté f. will, willingness, good will
volontiers gladly, willingly
voltiger to fly about, flutter
volumineux (volumineuse) voluminous, bulky
vouer to vow, devote
vouloir to want, wish; **____ bien** to be willing; **____ dire** to mean; **s'en ____ de** to regret; **en ____ à** to hold a grudge against
voûté vaulted
voyageur m. traveler
voyelle f. vowel
vrai true, real
vraiment truly, really
vue f. sight
vulgaire ordinary

Y

yeux m.pl. (sing œil) eyes

PERMISSIONS